GOLDMANN
ESOTERIK

Buch

Wir alle sind nach der Vorstellung des tibetischen Buddhismus auf unserem Weg zur Erleuchtung unfreiwillig dem ewigen Kreislauf von Tod und Wiedergeburt ausgeliefert. Dieses Prinzip gilt jedoch nicht für Lamas, die Lehrer oder Meister dieser Religion, die, weit fortgeschritten auf dem Weg zur Erleuchtung, über ihr Kommen und Gehen selbst bestimmen.

So begann mit dem Tod des hochverehrten Lama Thubten Yeshe im Jahre 1984 auch die Suche nach dem Kind, in dem dieser außergewöhnliche Mensch sich wiederverkörpern sollte. Der verstorbene Lama hatte sein Leben der Aufgabe gewidmet, den tibetischen Buddhismus im Westen populär zu machen, und mehr als dreißig geistige Zentren auf der ganzen Welt gegründet. Nachdem er zunächst in Träumen seinen Schülern die Wiederkehr angekündigt hatte, fanden seine Anhänger auch bald in der Gestalt des Anfang 1985 geborenen spanischen Jungen Ösel die Wiederverkörperung ihres geliebten Lehrers.

Vicki Mackenzie schildert in diesem Buch ebenso eindringlich wie liebevoll ihre intensiven Begegnungen mit dem alten und dem jungen Lama; sie beschreibt die Entwicklung des Jungen, die Prüfungen, denen er unterzogen wurde. Vor allem aber zeichnet sie ein Bild seiner unverkennbaren Seelenverwandtschaft mit dem Verstorbenen und schildert sein intuitives Wissen über die alten Bräuche. So besteht unter seinen Anhängern die Gewißheit, daß die von Lama Yeshe begonnene Aufgabe weitergeführt wird.

Autorin

Vicki Mackenzie, seit vielen Jahren der tibetisch-buddhistischen Bewegung verbunden und persönliche Schülerin des als Ösel reinkarnierten Lama Yeshe, hat die Suche nach dem neuen Körper ihres Lehrers und das Aufwachsen des Kindes aus nächster Nähe verfolgt und dokumentiert.

Vicki Mackenzie

Die Wiedergeburt

Ein tibetischer Lama kehrt zurück
Lama Thubten Yeshes Rückkehr als
Ösel Hita Torres

Aus dem Englischen übertragen
von Sylvia Wetzel

Mit einem Vorwort
von Thomas Wartmann

GOLDMANN VERLAG

Titel der Originalausgabe: Reincarnation. The Boy Lama.
Bloomsbury Publishing Ltd., London 1988

Deutsche Erstausgabe

Der Goldmann Verlag
ist ein Unternehmen der Verlagsgruppe Bertelsmann

Made in Germany · 6/91 · 1. Auflage

Umschlaggestaltung: Design Team München
Umschlagphoto: Thomas Wartmann, München
Satz: IBV Satz- und Datentechnik GmbH, Berlin
Druck: Presse-Druck, Augsburg
Verlagsnummer: 12139
Lektorat: BL/Ilse Wagner
Herstellung: Gisela Rudolph
ISBN 3-442-12139-6

Inhaltsverzeichnis

Mögen alle Lebewesen frei sein vom Leiden und seinen Ursachen.
Mögen alle Lebewesen wahres Glück erlangen.

Widmung der tibetisch-buddhistischen Tradition

Danksagung

Von ganzem Herzen möchte ich Lama Thubten Yeshe, Lama Tenzin Ösel Rinpoche und Lama Zopa Rinpoche danken. Für ihre freundliche Mitarbeit und Unterstützung bin ich außerdem Maria Torres Crespo tief verpflichtet, ebenso Paco Hita Garcia und seiner Familie, Robin Bath und den Menschen, die in Kopan und im Vajrapani-Zentrum leben.

Das Kind der weisen Mönche

Ein Vorwort von Thomas Wartmann

Wildes Kindergeschrei durchbricht die Stille des Klosters. Der Tibeter-Junge Tenzin hat dem Spanier Ösel, einem fünfjährigen Knirps in kastanienrotem Mönchsgewand, den Papierflieger zerknüllt. Das will der sich natürlich nicht gefallen lassen. East meets west, die Fäuste fliegen. Das Gerangel kommt zu einem jähen Ende, als Tenzin plötzlich aus der Nase blutet und verarztet werden muß. Niemand achtet auf den kleinen Ösel, der in einem Nebenzimmer verschwunden ist. Bis er wiederauftaucht, ebenfalls aus der Nase blutend, sich neben den schniefenden Tenzin setzt und dessen Stirn küßt. Keiner spricht aus, was viele im Raum denken: Typisch Lama, so weit geht sein Mitgefühl, so groß ist sein Herz.

Die Szene spielt in Rabten Choeling, einem buddhistischen Außenposten in der westlichen Welt. Das Zentrum für höhere tibetische Studien liegt auf dem Mont Pélerin oberhalb des Genfer Sees, und der Knabe mit den guten Eigenschaften ist nicht irgendein Junge, sondern eine Wiedergeburt, ein Lama.

Ösel, auf tibetisch »klares Licht«, fünf Jahre alt, gilt als Reinkarnation des hochverehrten Lama Thubten Yeshe und ist die Hoffnung von Millionen Tibetern und Anhängern des Mahayana-Buddhismus auf der ganzen Welt. Anerkannt von Seiner Heiligkeit dem XIV. Dalai Lama, Friedensnobelpreisträger und selbst Wiedergeburt, soll er einmal eine Brückenfunktion zwischen Ost und West einnehmen, in einer Person die Weisheit von Orient und Okzident vereinen. Nichts weniger als das.

Ösel Hita Torres, das jüngste von fünf Kindern einer Familie aus Andalusien, lebt getrennt von seinen Eltern, aber in ständigem Kontakt mit ihnen. Die Mönche im Kloster hoch über dem Genfer See hüten ihn wie einen Diamanten. Bei Tisch hat er einen Ehrenplatz, im Tempel sitzt er gleich neben Abt Gonsar Rinpoche. In ein, zwei Jahren, sagt der Abt, soll Ösel zur Ausbildung in die neue Sera-Mönchsuniversität im indischen Exil geschickt werden und nach rund vierzehn Jahren möglichst noch ein naturwissenschaftliches Studium in den USA absolvieren, damit er die Kultur, der er entstammt, nicht vergißt.

Ösel hat Freunde wie den Tibeter Tenzin, den Neffen des Abtes, er klettert in den Bäumen herum und spielt Streiche wie jedes andere Kind seines Alters auch. Aber bereits heute spricht er Spanisch und Englisch fließend, ein alter Geshe lehrt ihn auch schon Tibetisch. Das braucht er, um später die alten Schriften der Lamas verstehen zu können.

Der tibetische Buddhismus, eine Spätform des Mahayana-Buddhismus, kam im siebten Jahrhundert von Indien nach Tibet. Er gründet sich auf den von Buddha gelehrten Prinzipien von Ursache und Wirkung (Karma) und Wiederverkörperung (Reinkarnation) mit dem Ziel der Befreiung und Erleuchtung des Individuums. Die nach einer Schätzung rund zwanzig Millionen Anhänger leben vorwiegend in den Himalayaländern, zunehmend aber gibt es auch Gläubige im Westen. Spirituelles (früher auch politisches) Oberhaupt der tibetischen Buddhisten ist der Dalai Lama, der allerdings, im Gegensatz etwa zum christlichen Papst, keine Befehlsgewalt über seine Anhänger hat.

Lamas wiederum (am besten mit Lehrer oder Meister zu übersetzen) sind in der Regel hochgestellte Mönche und Nonnen, mitunter auch Laien. Ein Lama hat durch persönliche Erfahrung meditativer Zustände in Verbindung mit einem intensiven Studium buddhistischer Philosophie und Psychologie tiefe Einsichten in die Natur der Psyche und der Welt erfahren und unterstützt seine Schüler auf ihrem geistigen Weg.

Ein inkarnierter Lama ist nach buddhistischem Glauben ein hochentwickeltes spirituelles Wesen, weit fortgeschritten auf dem Weg zur erleuchteten Buddhaschaft. Anders als der Normalsterbliche, der unfreiwillig dem Samsara, dem ewigen Kreislauf von Geburt und Tod unterworfen ist, besitzt er Kontrolle über sein Kommen und Gehen. Er kann das Wann, Wie und Wo seiner Inkarnationen, die alle nur dem Zweck dienen, den Menschen beim »Dharma«, dem geistigen Weg, zu helfen, selbst bestimmen. Und hat natürlich im nächsten Leben freie Platzwahl.

Lama Thubten Yeshe, Ösels Vorgänger sozusagen, hatte ein bewegtes Leben geführt. Er starb am 3. März 1984 im Alter von nur 49 Jahren in Los Angeles, genau zwanzig Minuten vor dem Beginn des buddhistischen Neujahrstages – und somit an exakt dem Datum, das er ein Jahr zuvor im Gespräch einem seiner Schüler mitgeteilt hatte. Daß Klein-Ösel aus Andalusien nun ausgerechnet in einem tibetischen Kloster in der französischen Schweiz heranwächst, ist, so sagen die Gläubigen, kein Zufall, sondern wie vieles in seinem erst kurzen Leben auf wunderbare Weise vorherbestimmt. Dazu muß ein wenig ausgeholt werden:

Thubten Yeshe war im Mai 1935 in Tolung, einem kleinen tibetischen Dorf auf dem Dach der Welt, als Sohn einfacher Bauern geboren worden. Als er drei Jahre alt war, hatten Nonnen eines zwei Reitstunden entfernten Klosters in diesem kraftstrotzenden Kind die Wiedergeburt ihrer kürzlich verstorbenen Äbtissin erkannt und es daraufhin immer wieder zu religiösen Zeremonien in den Konvent geholt. Mit sechs gaben die Eltern seinem brennenden Verlangen nach einer religiösen Ausbildung statt. Sie brachten den Jungen nach Sera, der großen alten Klosteruniversität unweit von Lhasa. Dort lebte, debattierte und studierte er die nächsten achtzehn Jahre mit 10000 anderen Mönchen – wie in einem klerikalen Bienenstock.

1959 zwang ihn die chinesische Invasion Tibets zur Flucht. Gemeinsam mit dem eher introvertierten Lama Zopa bekam der extrovertierte, joviale Yeshe in Nepal, dem Hippie-Mekka der späten sechziger Jahre, ersten Kontakt mit Suchenden aus dem Westen. Yeshe richtete mit Zopa in Kopan oberhalb von Kathmandu ein Kloster ein, aber er war alles andere als ein »Love and peace«-Guru. Er redete Tacheles mit seinen Schülern, kritisierte ihre »bedauernswerten Supermarkt-Vergnügungen«.

Den Export des tibetischen Buddhismus in den Westen, das machte Lama Yeshe nun zu seiner Lebensaufgabe. In wenigen Jahren gründete er über dreißig geistige Zentren rund um den Globus, ohne dabei viel auf erstarrte Konventionen zu geben. Er selbst benutzte auf dem Hausaltar Parfüm aus der Spraydose anstelle von Räucherstäbchen, weil er es praktischer fand, und zierte den heiligen Ort zudem noch mit einem Spielzeug-Flieger. Schließlich waren es ja Flugzeuge, die ihm die Erfüllung seiner Mission ermöglichten.

»The West is the test«, formulierte der Tibeter griffig, wenn er vor der sturen Übernahme asiatischer Traditionen im Buddhismus warnte: »Ein Buddha ist nichts weiter als ein vollkommen erwachtes Geschöpf. Das ist alles. Ein Buddha hat nicht nur gelbe Haut und Schlitzaugen. Jede Kultur, in die der Buddhismus eingedrungen ist, hat den Buddha in seinen eigenen Farben gemalt. Der Westen wird westliche Buddhas erschaffen. Aber das macht doch nichts!«

Als Entertainer war er unschlagbar, der Lama, der sich selbst einen »Gorilla vom Himalaya« nannte. Wo er auch hinkam, lag das Publikum ihm zu Füßen, gebannt von der Leidenschaft und Vehemenz seiner Auftritte, aber auch von seinem unschlagbaren Humor. Lama Yeshe sprach mit dem ganzen Körper, ruderte mit den Armen und zog komische Gesichter, wenn er Sätze wie diesen sagte: »Dharma, der spirituelle Weg, ist wie ein amerikanisches Bett. Jeder paßt rein!«

Wo immer er auf seinen weltumspannenden Reisen hinkam, sofort setzte er sich im Hotelzimmer vor den Fernseher und sah sich Werbesendungen an, um zu wissen, was die Leute wollten. Er verhielt sich dabei wie ein tibetischer Anthropologe, der Feldforschung im Westen betreibt: Der Lama hatte den Spieß umgedreht, er beobachtete uns.

In Hongkong vertauschte Yeshe seine rotgoldene Robe (Rot für Mitgefühl, Gold für Weisheit) gegen Schlips und Kragen und besuchte den Nightclub seines Hotels. Anschließend hatte er einen neuen Ausdruck für Leute gefunden, die ihre Zeit vergeuden: Night-clubbers. Disneyland amüsierte ihn köstlich, und in Las Vegas zockte er nicht nur im Kasino, er schleifte den eher zögerlichen Lama Zopa gar in einen Striptease-Schuppen und bestellte Eiscreme.

In San Francisco hatte es ihm die schillernde Homosexuellen-Szene angetan. Der Lama marschierte mit auf der »Gay Parade«, wollte selbst intimste Details ganz genau wissen. Um zu dem Schluß zu kommen, daß die männlichen Schwulen einfach besser aussehen als die weiblichen.

Er kochte wie ein Weltmeister, kannte alle Ingredienzien eines

Risotto Milanese und besaß den grünen Finger eines begnadeten Gärtners. Lama liebte das Leben, alle liebten Lama. Leider war er krank, sehr krank sogar. Bereits Anfang der siebziger Jahre hatten amerikanische Ärzte ihm noch höchstens drei Monate gegeben. »Tut mir leid«, hatte Yeshe geantwortet, »ich bin noch nicht soweit«, und noch zehn Jahre so weitergelebt, wie er auch Auto fuhr: mit Vollgas. Im Dezember 1983 verschlechterte sich sein Zustand rapide. Das Herz war stark vergrößert, schaffte nach über 200 kleineren Infarkten keine Leistung mehr. Ein Angiogramm zeigte, daß die Arterien bei Lama Yeshe aus dem Herzen heraus- und an den Seiten heraufgewachsen waren. Nur dadurch hatte er überhaupt so lange leben können.

Eigentlich hätte es einem hohen Lama wie ihm zugestanden, sich jetzt mit Schülern oder anderen Lamas an einen abgelegenen Ort zurückzuziehen und sich dort in Ruhe auf die nach buddhistischer Auffassung wichtigste aller Meditationen, den Schritt in den Tod, vorzubereiten. Nicht so Lama Yeshe. Als letzte Bühne wählte er die chromblitzende Intensiv-Station des Cedars-Sinai Hospital in Los Angeles, das wahrscheinlich modernste Herzzentrum der Welt, wo ansonsten Filmmogule und Ölmagnaten ihre Infarkte auskurieren. Nachdem der aus der Schweiz herbeigeeilte Lama Song Rinpoche noch einmal geheime Mantras mit Lama Yeshe gesprochen hatte, registrierten die Ärzte auf den Monitoren im Nebenraum ein letztes Aufflackern des Herzschlages, dann nichts mehr...

Stirbt ein hoher Lama, kann sich die Suche nach der Wiedergeburt über mehrere Jahre erstrecken; Träume müssen gedeutet, Orakel befragt, oft mehrere Kandidaten getestet werden. Lama Yeshe erschien bereits wenige Monate später seinem Weggefährten Lama Zopa im Traum und kündigte so seine baldige Rückkehr an. Zopa sah ein westliches Baby mit hellen, durchdringenden Augen, das auf dem Boden eines Meditationsraumes herumkrabbelte. Ein orakelnder Mönch gab bekannt, das Kind käme in Spanien zur Welt und seine Mutter hieße Maria; dann steuerte eine klarsichtige Nonne noch den Namen des Vaters bei: Paco.

War es Zufall, daß es in Andalusien tatsächlich ein Paar gab, das alle Voraussetzungen ideal erfüllte? Paco Hita und Maria Torres waren beide Schüler Lama Yeshes gewesen und leiteten ein buddhistisches Zentrum in den Alpujarra-Bergen. Am 12. Februar 1985, draußen blitzte und donnerte es, wurde im Kreißsaal des staatlichen Krankenhauses von Granada Ösel Hita Torres geboren, ein eigentlich ungewolltes Kind. Die Torres hatten bereits vier Kinder unter sechs Jahren und wußten kaum, wie sie diese ernähren sollten. Maria war trotz Spirale schwanger geworden, just zu dem Zeitpunkt, als Lama Yeshe seinem Freund Zopa im Traum erschienen war.

Lama Zopa, der inzwischen von Nepal aus die Leitung der weltweiten, noch von Lama Yeshe gegründeten FPMT-Organisation – Foundation for the Preservation of the Mahayana Tradition (Stiftung zur Erhaltung der Mahayana-Tradition) – übernommen hatte, eilte nach Spanien und erkannte auch prompt das Kind mit den hellen, durchdringenden Augen. Es sei, berichtete Maria, mit offenen Augen und ohne zu weinen auf die Welt gekommen.

Auf einem alten Video-Tape über die letzte Begegnung zwischen Paco, Maria und Lama Yeshe, aufgenommen über ein Jahr vor dessen Tod, hatte er davon gesprochen, wie sehr ihn die klare Luft der Alpujarra-Berge an den Himalaya erinnere: »Einmal in der Zukunft möchte ich eine Menge Zeit hier oben verbringen.« Zu Paco und Maria gewandt fügte er hinzu: »Euch werde ich nie vergessen. Sogar wenn ich sterbe, werde ich euch nicht vergessen. Wir haben viel Busineß, viel Karma-Busineß zwischen uns.«

Lama Zopa holte den 14 Monate alten Ösel nach Indien zu den traditionellen Tests, die alle inkarnierten Lamas bestehen müssen. Das Baby wurde vor mehrere Gebetsketten und Glocken gesetzt, unter denen sich auch die von Lama Yeshe befanden. Ösel hatte keine Probleme, seine Mala und Glocke herauszupicken. Dann setzte Lama Zopa Klein-Ösel auf Lama Yeshes alten Thron im Tempel des Tushita Retreat Centers, und siehe da, das von der Reise völlig erschöpfte Kind erwachte zu neuer Vitalität. Ösel warf seine Baby-Flasche weg, schaukelte juchzend vor und zurück, ruderte mit den Armen, schwang die Glocke über seinen Kopf, wie es tibetische Lamas tun, und lachte, lachte, lachte. »Hier ist euer Guru«, sagte Lama Zopa, und einige im Raum weinten.

Die Trennung Ösels von seinen Eltern und Geschwistern verlief stufenweise. Neben einer spanischen Nonne waren Vater oder Mutter auf allen Reisen immer an seiner Seite, eine Zeitlang lebte die ganze Familie in Nepal unweit vom Kloster, um jederzeit für Ösel erreichbar zu sein. Für Paco und Maria war es anfänglich nicht einfach, die Gefühle für ihr Baby mit denen für ihren verstorbenen Lehrer und Meister in Einklang zu bringen. Wie geht man um mit einem Baby-Lama? Darf man ihm einen Klaps geben, wenn er zu frech wird?

Ösel sei, erzählte Maria der englischen Autorin Vicki Mackenzie, ganz einfach anders als seine Geschwister. Nicht nur seine Vorliebe für tibetische Nahrung, sondern für alles Tibetische schlechthin war offensichtlich: Gesalzenen Buttertee, der selbst erwachsenen Europäern das Gesicht verziehen läßt, schlürfte Ösel schon als Kleinkind genüßlich hinunter, stundenlang nahm er begeistert an Pujas, den rituellen Gebeten, teil; stundenlang saß er vor dem Fernseher und sah sich Videos vom Dalai Lama an, dessen TV-Bild er immer wieder begeistert küßte. Sein Interesse an religiösen Dingen, so Maria, sei aus ihm selbst gekommen.

Ganz im Stil Lama Yeshes jettete auch Ösel um die Welt, wurde herumgereicht in den Zentren, die er, ein Leben zuvor, gegründet hatte. Alle wollten den Lama sehen. In Kalifornien, berichtet Vicki Mackenzie, erkannte der Dreijährige zwar keinen der Schüler, die Lama Yeshe bis zum Tode gepflegt hatten, lief aber im Vajrapani-Zentrum, wo Yeshe verbrannt worden war, sofort zu der Stelle, an der eine tibetische Gedenkstätte zu seinen Ehren errichtet worden war und rief begeistert: »Was für eine schöne Stupa ihr mir gemacht habt!« Von der Echtheit seiner Reinkarnation überzeugte er einmal einen Mönch in Frankreich, der ihm bei einem weiteren Test mehrere Sonnenbrillen zur Auswahl anbot, indem er ihm Lama Yeshes Gläser auf den Kopf haute. Mal sprang er aufgeregt um einen Jeep herum, den Lama Yeshe benutzt hatte. Der Fahrer mußte sich beschimpfen lassen, weil das Nummernschild noch immer nicht richtig montiert war.

Auf dem Mont Pélerin in der Schweiz unterliegt der Alltag des jungen Lamas dem strikten Rhythmus des Klosterlebens: Morgens und abends ruft der Gong zum Gebet, mittags die Glocke zum Essen. Ösel ist ein lebhaftes, manchmal wildes Kind, robust, bodenständig und grenzenlos neugierig. Wie Lama Yeshe. Lama Ösel bewohnt Zimmer Nummer 13, das schon Seine Heiligkeit, den Dalai

Lama, beherbergt hat. Dort blicken tibetische Gottheiten der Weisheit verzückt von den Wänden. Und was sehen sie? Legoland, Pinocchio, Asterix und Obelix, einen Computer für Kinder, den »Talking Wizz-kid«.

Basili Llorca, Ösels derzeit wichtigste Bezugsperson, ein spanischer Mönch und gelernter Pädagoge, führt den künftigen Würdenträger mit fester, liebevoller Hand. Er erprobt die buddhistischen Tugenden von Geduld und Toleranz bei der Erziehung Ösels, aber wenn er es zu bunt treibt, kriegt er auch mal eine drauf, der kleine Lama. Dem Jesuiten-Motto »Gebt mir ein Kind, bis es sieben Jahre alt ist, und es gehört mir für den Rest seines Lebens« mag Basili sich nicht anschließen: »Jeder Mensch ist anders. Auch wenn große Hoffnungen an ihn geknüpft werden – nur Lama Ösel kann entscheiden, was einmal aus Lama Ösel werden wird.«

»Oft ist es schwierig«, sagt Gonsar Rinpoche, der Abt, »bei der Suche nach einem inkarnierten Lama die Zeichen richtig zu deuten und aus vielen Kandidaten einen auszuwählen. Letzte Beweise gibt es nicht, aber genausowenig kann jemand beweisen, daß Lama Ösel nicht Lama Yeshe ist.«

Einleitung

Es war ein besonders trostloser Morgen. Regen zerriß die schiefergrauen Wellen, die gegen mein Hausboot peitschten, das millimetergenau zwischen den übrigen schwimmenden Häusern am Londoner Chelsea-Kai vertäut war. Seit drei Monaten war dieses Boot mein stolzer Besitz; sechsundzwanzig Meter Themse-Hausboot, die man in ein erstaunliches Maß an moderner Bequemlichkeit verwandelt hatte. Doch an diesem Samstagmorgen im Oktober 1986 war das Wetter ein Spiegel meiner Stimmung.

Für gewöhnlich erfüllte mich meine Umgebung mit ihrem ständig sich verändernden Spiel des Lichts auf dem Wasser und dem Tanz der Gezeiten mit stiller Freude und der Zufriedenheit einer Einzelgängerin, die das Ungewöhnliche gewagt hatte. Doch an diesem Morgen erschien mir das Leben ganz besonders bedrückend. Um ehrlich zu sein, meine persönliche Niedergeschlagenheit spiegelte eine weit größere, weniger scharf umrissene, aber umfassendere Unzufriedenheit wider. Und auch der Umzug hatte sie trotz aller Romantik nicht völlig beseitigen können. Ich war mir nicht sicher, was los war. Eine Art Lebensüberdruß, denn das Leben war im Grunde inhaltsleer.

Eigentlich gab es keinen Grund zur Klage. Mein Leben war erfolgreich, privilegiert, komfortabel und abwechslungsreich. Ich hatte viele Länder bereist, viele Abenteuer erlebt und viel gelernt. Meine Karriere als englische Journalistin hatte mir in den letzten achtzehn Jahren jede Menge an Herausforderungen, Spaß, Bildung und Krisen gebracht. Doch die Begegnung mit berühmten, berüchtigten und faszinierenden Menschen und der Adrenalinstoß, der mich durchfuhr, wenn ich den Redaktionsschluß einhalten konnte, hatten, als ich vierzig wurde, ihre anregende Wirkung auf mich verloren. Jetzt richtete sich das Auge der stets kritischen, gut ausgebildeten Journalistin auf sich selbst. Es ging wieder einmal um die uralte Frage, das abgegriffene Klischee vom »Sinn des Lebens«.

Freundschaften machten das Leben zweifellos leichter. Es gab viele Freunde – eine reiche Quelle von Freude, Amüsement, Trost, geistige Nahrung. Und doch...

Da klingelte das Telefon. Ich hörte die sanfte Stimme von Yeshe Khadro, einer buddhistischen Nonne aus Australien, die ich seit längerem kannte; ich war ihr in England und auf meinen Reisen in Nepal und Indien begegnet.

»Hallo, Vicki. Hier ist jemand, der gerne mit dir sprechen will.« Es wurde still, und dann ertönte aus dem Hörer eine Folge von Glucksen, Gurren und Geplapper, was für den, der da sprach, wohl einen Sinn ergab.

»Das«, sagte Yeshe Khadro, als sie nach einer Weile den Hörer wieder nahm, »war Lama Ösel.«

Dieses Mal war mein Schweigen Ausdruck reinen Erstaunens. Lama Ösel war gerade zwanzig Monate alt. Ein Phänomen, von dem ich bislang nur gehört hatte. Ich gehörte, zwar eher am Rande, aber doch ernsthaft, einem tibetisch-buddhistischen Kreis von Personen an, die die außergewöhnliche Nachricht von einem spanischen Kind in den letzten zwei Monaten in große Aufregung versetzt hatte. Dieses Kind galt als die Reinkarnation des heißgeliebten, hochverehrten tibetischen Lehrers, Lama Thubten Yeshe, der vor zweieinhalb Jahren, am 3. März 1984, in Kalifornien gestorben war.

Meine Niedergeschlagenheit war schlagartig verschwunden. Ich hatte Lama Yeshe acht Jahre lang gekannt; ich hatte bei ihm studiert, mit ihm gelacht und im Laufe der Zeit eine tiefe Verbundenheit zu ihm hergestellt. Mehr als jede andere Person hatte er mein Leben radikal verändert. Wie sehr das der Fall war, hatte ich erst begriffen, als er im Alter von knapp fünfzig Jahren einem Herzleiden erlag. Zusammen mit Tausenden von andern Menschen, mit denen er in Berührung gekommen war, trauerte ich um ihn. Ich vermißte ihn immer noch sehr.

Als echter Praktizierender des Mahayana hatte er versprochen, nach seinem Tode immer wieder zurückzukommen und allen Wesen auf ihrem Weg zur Erleuchtung beizustehen. Ich hatte ihn das sagen hören und, da er nicht zu Lügen neigte, es mir gemerkt. Das Thema Reinkarnation faszinierte mich. Ich beschäftigte mich so lange damit, bis der Gedanke von der Kontinuität des Bewußtseins, das sich in unterschiedlichen körperlichen Formen manifestiert, zumindest logisch gedacht einen Sinn ergab. Wir werden alle wiedergeboren – wie man mir erzählt hatte, seit »anfangloser Zeit« –, doch nur ein spiritueller Meister kann diesen Vorgang kontrollieren und in einer Zeit und unter Umständen wiedergeboren werden, die der Fortsetzung der eigenen Arbeit am dienlichsten sind.

So lautete die Theorie. Jetzt war ich mit der Praxis konfrontiert. Konnte das stimmen? Hatte Lama Yeshe sein Wort tatsächlich gehalten und war zurückgekommen? Kann man tatsächlich in einem menschlichen Körper wiedergeboren werden, wenn man einmal gestorben ist? Und ist es möglich, diesen Vorgang zu beeinflussen? Das waren enorm wichtige Fragen, und ihre Antworten überstiegen wohl das, was die Menschen gemeinhin für möglich halten.

Dieses Kind mußte ich sehen. Ich vereinbarte eiligst einen Termin, um Lama Ösel und seine Eltern am nächsten Tag bei einem kurzen Zwischenaufenthalt in London zu treffen. Sie waren auf dem Weg nach Kalifornien; dort sollte Lama Ösel die Menschen und den Ort kennenlernen, an dem er in seiner vorherigen Inkarnation gestorben war!

Am nächsten Morgen stand ich vor der Tür des Londoner Manjushri Zentrums, einer unauffälligen Doppelhaushälfte in Finsbury Park, im Norden von London. Lama Yeshe hatte es 1978 gegründet, um den weltmüden Menschen in der großen Metropole einen Zugang zu tibetisch-buddhistischer Philosophie und Meditation zu eröffnen. Es gab einen Lehrer, der ständig dort wohnte, einen großen, fröhlichen, freundlichen Tibeter mit einem runden Gesicht, Geshe Wangchen (den Lama Yeshe selbst dorthin geschickt hatte), eine kleine Gruppe hingebungsvoller Schüler und eine wachsende Gemeinschaft von regelmäßigen Besuchern.

Yeshe Khadro ließ mich ein; sie ist eine attraktive Frau mit vorschriftsmäßig kurzgeschnittenem Haar und trägt Kleidung in den Farben Kastanienbraun und Gold.

Hinter ihr stand in einer leuchtendgrünen Latzhose ein kräftiges Kleinkind mit kurzem blondem Haar, Pausbacken, einer hohen, intelligenten Stirn und durchdringenden haselnußbraunen Augen. Der Junge war völlig mit seinem Spiel beschäftigt – einem komischen Ding, zwei Augen, die am Ende von zwei an einem Stirnband befestigten Sprungfedern tanzten und mit einer Taschenbatterie beleuchtet wurden.

Mein Geist und meine Augen starrten ihn an. Wie konnte dieses kleine Kind der große tibetische Lehrer sein, den ich so gut gekannt hatte? Lama Yeshe hatte eine braune Haut, schwarze Haare, mandelförmige Augen, er war einssiebzig groß, wog zweiundsiebzig Kilo, war Anfang vierzig und, nun ja, Tibeter! Wie konnte ich diesen hellhäutigen, blonden, kleinen, westlichen Jungen, der weder Englisch noch Tibetisch (noch Spanisch) sprach, mit unserem heißgeliebten »Lama«, wie jeder ihn liebevoll genannt hatte, gleichsetzen. Fragen tauchten auf: Macht die Erscheinung, machen die äußerlichen Züge und Formen, die wir mit einem bestimmten Namen und einer bestimmten Persönlichkeit in Verbindung bringen, wirklich die wahre Identität von einem Menschen aus? Was ist überhaupt eine Person?

Das Kind schaute nicht auf und sagte auch nicht mit einem Lächeln des Wiedererkennens: »Hallo Vicki, schön, dich wiederzusehen! Wie geht es dir, meine Liebe? Wie geht es deiner Familie, meine Liebe?« (Lama sprach jeden mit »mein Lieber« oder »meine Liebe« an). Das hatte ich fast erwartet. Lama Yeshe hätte mich sofort erkannt. Er hätte mich an sich gezogen, hätte gelacht, Späße gemacht, Liebe, Wärme und Mitgefühl ausgestrahlt – wie er es immer getan hat.

Dieses Kind schaute kaum in meine Richtung. Keine Vertrautheit, kein Kichern. Nichts. Er setzte einfach sein Spiel fort. Wie *konnte* Lama Ösel der wiedergeborene Lama Yeshe sein? Und doch hatte Lamas engster Freund und Kollege, Lama Zopa Rinpoche, langwierige Untersuchungen durchgeführt und bestätigt, daß dieses Kind tatsächlich die Reinkarnation von Lama Yeshe war.

Der Dalai Lama selbst, das spirituelle und weltliche Oberhaupt des tibetischen Volkes und eine weltweit geachtete Persönlichkeit, hatte Lama Zopas Ergebnisse bestätigt und öffentlich verkündet, daß Lama Ösel tatsächlich der wiedergeborene Lama Yeshe ist. Keiner dieser beiden angesehenen Männer erzählt gerne Lügengeschichten, und sicherlich lag ihnen nichts daran, Sensationen zu schüren. Sie hatten beide ihre Glaubwürdigkeit riskiert, es stand viel auf dem Spiel. Sie waren sich beide sicherlich der Skepsis bewußt, mit der der Westen ihre Ankündigung aufnehmen würde.

So waren in den ersten Augenblicken dieser ersten Begegnung meine Emotionen eine Mischung aus Enttäuschung und Faszination. Es schien ungehörig, wenn nicht gar überheblich, das Urteil dieser beiden spirituellen Meister nicht zu beachten. Ich beschloß, noch ein wenig zu bleiben und mir alles anzuschauen. Es schien das mindeste, was ich tun konnte.

Als ich die stämmige, kleine, grüngekleidete Gestalt ansah, mußte ich lächeln. Völlig unbeeinflußt von den neugierigen Blicken, die auf ihn gerichtet waren, legte er das Spielzeug auf seinen Kopf. Er ging hin und her und betätigte den Schalter, damit die Augen aufleuchteten. Er hielt inne, hob und senkte seinen Kopf und beobachtete mit einer Art heimlicher innerer Freude das Lichtmuster auf dem Teppich. Dann stolperte er hinaus in den Garten und spielte weiter mit seinem neuen Spielzeug. Die Sache war klar. Der kleine Junge war ein absoluter Clown. Ich schrie vor Lachen. Der gespielte Ernst, mit dem er sein privates Spiel fortsetzte, vergrößerte meine Freude nur. Er verulkte uns zweifellos, fand Spaß daran, komisch auszusehen, und freute sich an der absurden Situation, zwei zusätzliche Augen auf seinem Kopf zu haben.

Und dann fiel es mir wie Schuppen von den Augen. War Lama Yeshe nicht stets ein Alleinunterhalter gewesen? Lama Yeshe schnitt Grimassen, erzählte Witze, hatte eine diebische Freude an Unsinn und vollführte manchmal die unglaublichsten Possen, wenn er meinte, dadurch seine Botschaft vermitteln zu können. Vor allem demonstrierte Lama Yeshe über jeden Zweifel hinaus, daß heilig zu sein nicht bedeutete, eingebildet, zurückhaltend, kühl oder humorlos zu sein.

Ich schaute wieder auf Ösel. Er schien eines der selbstgenügsamsten Kinder zu sein, denen ich je begegnet war. Sicherlich würde keines der Kinder meiner Freunde in seinem Alter derartig lange mit einer solch konzentrierten Aufmerksamkeit mit einem einzigen Spielzeug spielen. Er war jetzt fast eine Stunde damit beschäftigt, ohne ein Zeichen von Ermüdung. Auch beeinträchtigten ihn die Blicke der Menschen nicht, die einzig und allein ins Zentrum gekommen waren, um ihn anzuschauen.

Am nächsten Tag besuchte ich das Manjushri-Zentrum noch einmal – dieses Mal, um an einer besonderen Begrüßungszeremonie teilzunehmen, mit der Lama Ösel in London willkommen geheißen wurde. Der Meditationsraum war voller ehemaliger Schüler von Lama Yeshe; sie waren aus ganz England gekommen und wollten den lebenden Beweis für die Reinkarnation mit eigenen Augen sehen. Keiner wußte, was er erwarten konnte oder empfinden würde. Als die Gesänge und Gebete begannen, öffnete sich die Tür, und Ösels Vater Paco kam herein. Er trug Ösel auf dem Arm und setzte ihn auf den erhöhten Sitz (oder »Thron«, wie es in der tibetischen Tradition heißt), der für gewöhnlich Lehrern vorbehalten ist. Wir trauten unseren Augen nicht. Vor uns saß der kleinste Lama, den wir je gesehen hatten. Statt der grünen Latzhose vom vorigen Tag trug er die traditionelle tibetische Mönchskleidung – ein gelbes Unterhemd und kastanienbraune Gewänder. In den Händen hielt er jedoch seine Flasche und seinen Ball. Zu seinen Füßen saß sein früherer Freund, Geshe Wangchen, und seine Eltern, Paco Hita und Maria Torres.

Ösel schaute uns alle aufmerksam an und begann zu lachen. Körperlich sah er zwar völlig anders aus, doch das laute, spontane, schallende Gelächter hätte von Lama Yeshe kommen können. Wie oft hatte er uns auf diese Weise begrüßt. Auf jeden Fall löste das Lachen die Spannung. Nach wenigen Minuten hatte Ösel die Situation völlig in der Hand, und schnell entstand die Atmosphäre eines Picknicks. Das war kein lammfrommes Kind, das unnatürlicherweise in eine religiöse Rolle gezwungen worden war (wie ich zugegebenermaßen zuerst gedacht hatte, als ich sah, wie er in den Gewändern auf den Thron gesetzt wurde).

Dieses Kind war eine Führerpersönlichkeit, ein extrovertierter Mensch mit einem ausgeprägten Sinn für Humor und einer klaren Intelligenz. Ein kleines Kind mit einer enormen Energie und einem Charisma, mit dem er die Aufmerksamkeit aller auf sich ziehen konnte. Ich schaute ihn unverwandt an und wußte nicht, was ich denken sollte. Später fragte ich Geshe Wangchen, was er glaube. »Ich habe letztlich keinen Beweis dafür, daß Ösel Lama Yeshe ist, aber hier«, und er deutete auf sein Herz, »da habe ich das Gefühl, daß er es ist.«

Ich ging zurück zu Paco und Maria und verabredete mich mit ihnen in ihrem Haus in Bubión in Südspanien. Die Journalistin in mir wußte, daß das eine Geschichte war, die viele faszinieren würde, eine Geschichte, der ich nachgehen mußte. Dazu mußte ich mehr von Ösel sehen und herausfinden, wer oder was er tatsächlich war.

Als ich mir abends zu Hause die seltsamen Ereignisse dieses Tages durch den Kopf gehen ließ, erinnerte ich mich plötzlich an einen Traum, den ich vor einigen Monaten gehabt hatte. Ich befand mich in einem großen Raum mit einer Gruppe westlicher Buddhisten, als Lama Yeshe hereinkam. Er fing ein Gespräch mit mir an, lachte und ging dann wieder weg. Kurz darauf kam er mit einem Baby wieder, legte es in meine Arme und ging wieder weg. Ich war überrascht. Es war eindeutig nicht mein Baby; es gehörte tatsächlich einem der westlichen Schüler, und ich wußte nicht, was ich mit diesem Kind anfangen sollte. Lama Yeshe war offensichtlich bemüht, mir etwas zu zeigen. Und das war geschehen, lange bevor die Nachrichten über Ösel mich erreichten.

Konnte Ösel dieser Lama in einer anderen Gestalt sein? Millionen Fragen tauchten auf. Wie konnte ich das überhaupt wissen? Wenn man Ösel schon in Roben gesteckt, auf einen Thron gesetzt und wie Lama Yeshe behandelt hatte, hatte er überhaupt eine Chance, jemand anderes zu werden? Man konnte ihn schließlich konditionieren, eine bestimmte Rolle zu erfüllen. Hatten die Jesuiten nicht immer gesagt: »Gebt uns ein Kind, bevor es sieben Jahre alt ist, und es gehört uns für den Rest seines Lebens.« Was war hier so anders? Das waren alles Fragen, die ich unbedingt stellen wollte.

Andererseits war es vollkommen einsichtig, daß Lama Yeshe, wenn er entschlossen war, wiederzukommen, einen westlichen Körper wählen würde. Denn Lama Yeshes großes Werk hatte darin bestanden, seine altehrwürdigen, reinen Lehren in den Westen zu bringen. Als Bodhisattva (eine Person, die auf Nirvana verzichtet und immer wieder auf die Erde zurückkommt, bis alle Wesen befreit sind) würde er sich der Aufgabe verpflichtet fühlen, die er begonnen hatte. Und wo gäbe es einen besseren Ort als unter den Menschen, mit denen er gearbeitet hatte?

Lama Yeshes vordringlichstes Anliegen bestand darin, die Mauern zwischen den Völkern niederzureißen und die Kluft zwischen Ost und West zu überbrücken. Er war ein wirklich bemerkenswerter Mensch, einer der außergewöhnlichsten, die ich je getroffen habe.

1
Die Begegnung

Daß ich auf meinem Lebensweg tibetischen Lamas begegnet bin, kann ich im Rückblick nur als Schicksal – oder in deren Sprache als »Karma« – begreifen. Im Oktober 1976 waren sie das letzte, wonach mir der Sinn stand. Ich arbeitete in meinem Büro bei der *Daily Mail*, wo ich Feature-Autorin für die Frauenseite war, als das Telefon klingelte. Leslie Kenton, die Redakteurin für Gesundheit und Schönheit, wollte den Herausgeber sprechen. Ich hatte Leslie ein Jahr zuvor auf einer Dienstreise in der Schweiz kennengelernt, und wir waren Freundinnen geworden. Was hatte sie vor?

»Ehrlich gesagt, ich fahre nach Nepal. Ich will mit den Lamas meditieren«, antwortete sie. (Leslie recherchierte jedes Thema, über das sie schreiben wollte, mit äußerster Gründlichkeit.) Ich hörte mich sagen: »Wunderbar. Was für eine tolle Sache.«

»Komm doch mit«, schlug Leslie spontan vor.

»Warum nicht? Ja, gerne«, antwortete ich.

Sie wollte in drei Wochen losfahren.

Es schien ein absurder Plan. Ich hatte nicht die leiseste Vorstellung von Buddhismus, Lamas oder Nepal. Mit meinem Wissen über Meditation sah es genauso aus. Nichts. Diese Idee beschwor abscheuliche Bilder von einer einsamen Person herauf, die in einem eiskalten Hof stundenlang vor einer leeren Wand sitzt, bis sich ihr ein inneres Tor öffnet, das ALLES offenbart. (Ich hatte offensichtlich in meiner Kindheit einen drittklassigen Film über Zenmeister gesehen.) Ich *wußte*, daß ich das nie tun könnte. Innenschau und Stillsitzen waren nichts für mich. Bestenfalls würde ich das zwei Tage lang aushalten. Der Meditationskurs sollte einen Monat dauern.

Mein Erstaunen darüber, daß ich einem solch außergewöhnlichen

Abenteuer zugestimmt hatte, machte einer seltsamen Überzeugung Platz, daß das, was ich vorhatte, absolut richtig war. Nachdem ich den Hörer aufgelegt hatte, fühlte ich mich auf unerklärliche Weise glücklich. Sehr selten hatte ich bisher in meinem Leben das Gefühl gehabt, daß mein Leben »richtig« war, daß ich mich irgendwie auf dem »richtigen Weg« befand, und daß es nur galt, loszulassen. Jetzt schien ein solcher Zeitpunkt gekommen zu sein.

Wenn ich heute, nach zwölf Jahren, zurückschaue, kann ich erkennen, daß ich für die folgende Erfahrung reif gewesen war. Eine lange, schwierige Beziehung war im vorangegangenen Jahr zu Ende gegangen, und ich war in Hongkong gewesen, auf der »Suche« nach etwas, was ich nur im Osten glaubte finden zu können. Ich fand es nicht. Meine Arbeit als Beraterin für Öffentlichkeitsarbeit bei der Polizei (als der Polizeipräsident gerade wegen Korruption im Gefängnis saß) enttäuschte und langweilte mich. Meine Wohnung war schön, mit Blick auf das Südchinesische Meer, wo die rotbeflaggten Dschunken langsam hin und her fuhren; doch die Menschen, denen ich begegnete, jagten in erster Linie dem allmächtigen Dollar hinterher. Nach fünf Monaten kehrte ich enttäuscht und niedergeschlagen nach London und zur *Daily Mail* zurück.

Doch das Gefühl, das mich zu dieser Eskapade veranlaßt hatte, war nicht völlig erloschen. Ich begriff es damals nicht, es war eine Art spiritueller Durst, etwas, was mich seit meiner Kindheit begleitet hatte. Ich hatte eine seltsame, glücklicherweise eklektische religiöse Erziehung – meine Mutter war protestantisch und mein Vater römisch-katholisch. Ich war in der Kirche von England getauft und anglo-katholisch konfirmiert worden. Auf meinen Reisen im Gefolge meines Vaters, einem Offizier der Königlichen Marine, hatte ich presbyterianische Schulen und katholische Konvente besucht. Wir gingen in die Kirche, die unserer jeweiligen Wohnung am nächsten lag. Diese offene Herangehensweise an Religion und Kirche gefiel mir (schon von klein an mißtraute ich engstirnigem religiösem Denken). Nirgendwo jedoch konnte ich Antworten auf die Fragen finden, die mich plagten. Ich spürte intuitiv, daß Jesus Zugang zu wahrer Weisheit hatte; doch die Schriften, die Kirche, die Nonnen und Priester konnten mir das nie zu meiner Zufriedenheit erklären. Es reichte nicht aus, zu hören, er sei der Sohn Gottes. Was ließ ihn auf dem Wasser gehen und die Brotlaibe und Fische vermehren? Da er als Mensch lebte, ging es um mehr als das, was die vagen Erklärungen von »Gnade« und »Glauben« nahelegten – sein Menschsein war ein Hinweis darauf, daß wir zumindest dasselbe Potential besaßen, es ihm gleichtun konnten. Er selbst wies mehrfach darauf hin: »Alles, was ich von meinem Vater gelernt habe, habe ich euch kundgetan«, oder die berühmte Aussage: »Das Königreich des Himmels ist in euch.« Ich sehnte mich danach, das »Wie« und »Warum« zu verstehen.

Als ich später studierte, erhielt ich durch die Gedichte von William Blake und T. S. Elliot einen Eindruck von dem Begriff der Wahrheit. Ich machte einige Abstecher in die esoterischen Traditionen des Westens, las Bücher über Spiritualismus, besuchte Medien und erlangte eine Ahnung von einer Ordnung, die hinter der äußeren Erscheinung der Dinge verborgen lag. Die Mysterien des Universums und die Gründe für unser Hiersein erscheinen, durch die Brille des Okkultismus gesehen, faszinierend, doch stellten sie mich letztlich intellektuell nicht zufrieden. Den Aussagen der meisten Medien konnte man nicht ganz trauen, da sich ihre eigenen Vorstellungen oft mit den Aussagen vermischten, die sie weitergaben. Wie konnte man den Erklärungen körperloser Geister trauen? (Es gibt allerdings Ausnahmen wie beispielsweise Rosemarie Brown; sie ist weltberühmt für die Musik, die sie von »toten« Komponisten erhält. 1974 machte ich ein Interview mit ihr für die *Daily Mail*, und später wurden wir enge Freundinnen. Im Laufe der Jahre konnte ich mich von der Echtheit ihrer psychischen Kräfte überzeugen, vor allen Dingen deshalb, weil sie auf einem tiefen christlichen Glauben beruhen und nicht in der spiritualistischen Bewegung begründet sind.)

Ich glaube, ich war auf der Suche nach einem lebenden Meister. Nach jemandem, den ich sehen und berühren konnte, mit dem ich sprechen konnte. Nach einer Person, die mir aus ihrer eigenen Erfahrung die Geheimnisse und die Weisheit erläutern konnte, nach denen ich mich so sehnte. Nichts davon war mir bewußt. Auf jeden Fall sprach ich niemals mit jemandem darüber.

Ich hatte nicht einmal in meinen eigenen Gedanken Worte für das, was ich suchte. Es war einfach da, plagte mich und versetzte mich in ziemliche Unruhe. Und so war ich tagsüber damit beschäftigt, Termine einzuhalten, und meine Abende und Nächte verbrachte ich auf Partys, wo der Fluß der als witzig geltenden Konversation für gewöhnlich nur von der Menge des Weines übertroffen wurde. Das Leben machte Spaß, war schnell, »in« und gedankenlos.

Im Rückblick scheint es nicht so seltsam, daß ich bereit war, mit Leslie nach Nepal zu fliegen, um die Lamas kennenzulernen. Die Aufregung beim Buchen der Flugtickets und beim Beschaffen von Visa, Impfungen und warmer Unterwäsche – es ist im November und Dezember kalt in Nepal – verscheuchte beinahe meine Angst vor dem, was mich erwartete.

Es war ganz und gar nicht so, wie ich es mir vorgestellt hatte. Unser Reiseziel, das Kloster Kopan, lag auf einem Hügel mit Blick auf das Tal von Katmandu. Es war wunderschön. Mit seinen riesigen Stauden von ächzendem Bambus, den blühenden Frangipani-Bäumen und Kamelienbüschen und den Gebetsfahnen, die vor einem blauen Himmel flatterten, mit den Bergketten des Himalaya im Hintergrund wirkte der Ort sehr einladend. Die Gemeinschaft bestand aus einer kleinen Gruppe tibetischer Lamas, einer Menge kleiner Jungen, die dort in die Schule gingen, und einer Handvoll westlicher Menschen, die als buddhistische Mönche und Nonnen ordiniert waren. Sie machten alle einen entspannten Eindruck und lächelten.

Man zeigte mir meine Unterkunft, ein kleines Zimmer mit einem Betonfußboden, das ich mit sieben anderen Frauen unterschiedlichen Alters und aus verschiedenen Ländern teilen sollte. Auf dem Boden lagen dünne Schilfmatten, auf denen ich nach einigem Zögern meinen Schlafsack ausrollte, und an den Fenstern befanden sich Gitter, die, wie ich richtig annahm, wenig Schutz vor den eisigen Nachtwinden des Himalaya boten. Das war nicht wie zu Hause. Kein Badezimmer, kein Waschbecken, kein heißes Wasser (selbst das kalte Wasser mußte tagtäglich den Hügel heraufgetragen werden), und die Toilette bestand aus einem Loch im Boden.

Die New Yorker Nonne, die uns die Zimmer gezeigt hatte, las den Tagesplan vor: 4.30 Uhr Wecken, 5.00 Uhr Treffen im Meditationszelt, 6.00 Uhr Sojabohnenkaffee, 6.30 Uhr eine weitere Meditation im Zelt, 8.00 Uhr Frühstück mit Porridge, 9.00 Uhr Belehrungen, 11.30 Uhr eine weitere Meditation, 12.30 Uhr (vegetarisches) Mittagessen, 14.00 Uhr Diskussionsgruppe, 15.30 Uhr weitere Belehrungen, 17.30 Uhr Tee, 18.00 Uhr Meditation, 19.30 Uhr heiße Schokolade, 20.00 Uhr eine weitere Meditation, und um 21.00 Uhr war Bettruhe.

Das ergab zusammengerechnet etwa zwölf Stunden Sitzen (im Schneidersitz auf einem Kissen) auf derselben Stelle, neben denselben Menschen, und das jeden Tag, dreißig Tage lang ohne Pause. Tibeter kennen nämlich weder Wochenende noch Sonntag.

Das war noch nicht alles. Es gab keinen Alkohol, keinen Tabak, keine Drogen, keine Sexualität, man durfte weder Briefe schreiben noch empfangen, es gab kein Radio, keine Zeitungen, keine Bücher mit Ausnahme von Fachliteratur (es gab natürlich weder Fernsehen noch Telefon an diesem abgelegenen Ort), und man durfte das Gelände nicht verlassen. Diese Regeln, so erfuhr ich später, wurden aufgestellt, um eine für die Klärung des Geistes möglichst günstige Umgebung zu schaffen, und sie waren nicht als Strafe gedacht.

Zweihundert Personen aus aller Welt hatten den Ruf nach Kopan vernommen – jede hatte eigene, sehr persönliche Gründe. Die meisten waren Hippies, die sogar Umwege von ihrer Tour auf sich genommen hatten, um die Lamas zu treffen. Ich betrachtete die »Freaks«, wie sie sich nannten, aus den Augenwinkeln, und sie taxierten mich ebenfalls. Ich hatte in meinem ganzen Leben noch nie ein solches Meer von indischer Baumwolle gesehen. Sie schauten neugierig auf meinen Kaschmirpullover und meine italienischen Strickhosen – die ich lediglich der Wärme wegen gekauft hatte. Nach anfänglicher gegenseitiger Abneigung begannen wir einander zu mögen. Ich faßte eine besondere Zuneigung zu den Frauen in meinem Zimmer: Mo war eine zweiundzwanzigjährige Frau aus Alaska, deren Vater bei der Marine war; sie selbst hatte drei Jahre lang auf einem Fischereidampfer gearbeitet und als Filmvorführerin Sexfilme gezeigt; Lynne kam aus Kanada; sie reiste den Gurus in Indien hinterher und fotografierte unterwegs das Leiden der Bevölkerung; die sanfte, braunäugige Felicity aus Australien wollte Nonne werden; und Suzanna, eine mutige junge Frau aus Italien, war seit ihrer Begegnung mit Lama Yeshe auf Heroinentzug. Sie hatte in ihrem Leben schon viel erlebt – eine Scheidung, chronische Depressionen, Drogenabhängigkeit und zwei Selbstmordversuche. »Ich weiß, wie sich innerer Schutz anfühlt«, sagte sie. Erst seit sie im vorigen Jahr Lama Yeshe in Frankreich begegnet war, gab es für sie einen Grund zu leben.

Trotz der scheinbaren Kargheit herrschte große Aufregung. Hier gab es endlich ein Abenteuer zu erleben. Die Journalistin in mir schätzte genau die Möglichkeiten der »Geschichte« ab, in der ich steckte! Am nächsten Morgen stand ich in der Dämmerung schweigend auf dem Hügel und betrachtete ehrfürchtig den orangefarbenen Sonnenaufgang über den schneebedeckten Gipfeln des Himalaya; langsam enthüllte die Sonne die wirbelnden Nebel unten im Tal, und lediglich die Spitzen der Bäume waren zu sehen – ein Erlebnis, das nur wenigen gegeben ist. Genauso wenige erhalten Einweihungen in die Rituale des tibetischen Buddhismus mit seinen unheimlichen Klängen der gemeinsam rezitierten Mantras, den geisterhaften Tönen der langen Hörner und Gongs und den seltsamen, vielköpfigen und vielarmigen Gottheiten auf den bunten Wandbehängen in der Meditationshalle.

Gerüchte über die Lamas machten die Runde. Sie seien hellsichtig, besäßen außerordentliche psychische Kräfte, bräuchten weder Schlaf noch Nahrung; einige könnten fliegen; andere ihren Körper willentlich materialisieren und dematerialisieren. Die ganz hohen, hieß es hinter vorgehaltener Hand, könnten im Lotussitz »sterben« und wochenlang so verweilen, wobei ihre Körper nicht verwesen würden, sondern angenehme Düfte ausströmten. Ganz schön wilde, mystische Geschichten.

Der Kurs hieß »Lamrim« oder »Stufenweg zur Erleuchtung«. Nichts Geringeres. Brillant aufgebaut von Tsongkhapa – einem Heiligen aus dem 14./15. Jahrhundert, dem Begründer der größten Schule des tibetischen Buddhismus, der Gelug-Schule. Der Lamrim ordnet die Stufen, die ein spiritueller Schüler auf dem Weg zur völligen Befreiung, zum Einswerden mit dem Höchsten beschreiten muß. Dieser Stufenweg wurde uns in langen Vorträgen von Lama Zopa Rinpoche erläutert, der auf einem hohen, mit prächtigem Brokat geschmückten Thron saß. Wie ein Weiser aus dem Mittelalter trug er seinen heiligen Text in ein viereckiges Seidentuch eingeschlagen und hob jedes einzelne lose Blatt beim Lesen hoch, denn die Buchbindekunst hat Tibet noch nicht erreicht.

Lama Zopa war der erste spirituelle Meister, den ich sah. Er war derjenige, den wir während des Kurses am häufigsten sahen, und sollte eine entscheidende Rolle in dem nun folgenden Drama spielen.

Mein erster Eindruck von ihm war ganz und gar nicht der eines spirituellen Supermannes. Er trug eine Brille und war klein, dünn und gebeugt von der Tuberkulose, die er sich in Indien nach seiner Flucht aus Tibet wegen des chinesischen Einmarsches zugezogen hatte. Doch seine vogelähnliche, wenig einnehmende Gestalt verwandelte sich geheimnisvoll in eine Person von beeindruckender Statur, sobald er seinen hohen Sitz eingenommen hatte und uns die Lehren des Buddha weitergab. In seinen einfachen kastanienbraunen und goldenen Gewändern (Rot steht für Mitgefühl und Gold für Weisheit) strahlte er eine kraftvolle Mischung von absoluter Autorität und völliger Bescheidenheit aus. Er nahm uns alle für sich ein. Er war eine Autorität ohne jede Spur von autoritärer Haltung. Er zog uns alle in seinen Bann. Er warf sich dreimal vor dem Bildnis des Buddha nieder, bevor er den Thron bestieg und auch nach dem Vortrag; und Tag für Tag erzählte er von der Bedeutung des alten Textes. Er sprach sowohl aus eigener Erfahrung und las auch aus den Schriften. Nicht ein einziges Mal sah ich ihn nach Worten suchen, über eine Bedeutung stolpern, zögern oder müde werden, irritiert oder ärgerlich sein. Nie bin ich einem Redner oder Priester wie ihm begegnet. Sein einziger Wunsch bestand darin, uns so viel von seinem großen Schatz an Wissen zu geben, wie wir aufnehmen konnten. Wir ermüdeten weit schneller als er.

Zuerst war es schwierig, die Bedeutung seiner Worte herauszufinden. Die meisten von uns verstanden nur wenig. Seine schlechte englische Aussprache, unterbrochen von einem ständigen Husten, machte das Zuhören zu einem frustrierenden Unternehmen. Wir waren von weit her gekommen, um die alte Weisheit kennenzulernen; hier gab es sie endlich, und sie wurde uns immer noch vorenthalten. Seltsamerweise »stimmten« wir uns nach zwei oder drei Tagen der Geduld »ein« und verstanden plötzlich alles, was er sagte. Dann erst erkannten wir, was für ein begabter Redner er war! Und so lehrte er uns den Lamrim, wie ihn Buddha vor zweitausendfünfhundert Jahren gelehrt hatte und wie er in ununterbrochener mündlicher Überlieferung zu ihm gelangt war.

Er erzählte uns, dieses Leben sei kostbar und wir sollten es nicht für selbstverständlich halten, denn es sei selten und schwer zu erlangen, und wir könnten damit sehr viel erreichen. Er sprach in aller Ausführlichkeit über den Tod, seine unabänderliche Gewißheit, die grausame Ungewißheit dessen, wie, wann und wo er zu uns kommt, und all das mit dem Ziel, uns ein intensives Gefühl für das Leben zu vermitteln. Er pries das Karma, das universelle Gesetz von Ursache und Wirkung, und sprach davon, wie wir hilflos im Netz unserer unbewußten Negativitäten gefangen sind; denn jede Handlung von Körper, Rede und Geist zieht eine Reaktion nach sich, und so kreisen wir endlos und ohne Kontrolle auf dem Rad von Geburt und Tod. Er sprach über Geist oder Bewußtsein als einem Strom ohne Anfang und Ende, der seinen Eigenschaften entsprechend neue Formen der materiellen Existenz annimmt – die Theorie der Reinkarnation. In anschaulichen Einzelheiten beschrieb er die unterschiedlichen »Zustände«, in die der Geist geraten kann – die Zustände des Himmels und der Hölle, die eine bemerkenswerte Ähnlichkeit mit Dantes Beschreibungen vom Inferno und vom Paradies hatten. Das war Buddhas Diagnose vom Leid der Menschen; Lama Zopa ging weiter und nannte uns das Heilmittel. Es war harte Arbeit. Doch ich war begeistert von dem klaren und soliden Lehrgebäude. Hinter den Worten stand die geballte Kraft einer jahrhundertealten, ungebrochenen Tradition.

Den Weg aus diesem ganzen traurigen Durcheinander weist die tiefgründige Weisheit der »Leerheit« – diese ewige Philosophie, die uns zuerst auf der intellektuellen und dann auf der intuitiven Ebene lehrt, daß nichts von dem, was ist, einschließlich unserer Vorstellung von einem Selbst, irgendeine unabhängige Wirklichkeit besitzt. Wenn wir damit aufhören, nach allen Phänomenen als konkret und selbstexistent zu greifen, erlangen wir Befreiung.

Das war ein Paradies für Denker. Hier gab es endlich die Antworten, nach denen ich gesucht hatte. Ich erkannte, daß die großartige Gabe und das großartige Genie des tibetischen Buddhismus darin bestand, den Weg zu einem Ort zu formulieren, den die Mystiker aller Zeiten kannten. Den Ort der unbeschreiblichen Seligkeit, wo man sein Ego verliert und eins wird mit dem Ganzen.

Hier endlich wurden die Mysterien erklärt. Wenn du die Mauer der falschen Wahrnehmung durchbrichst – unsere grundlegende Unwissenheit –, dann ist alles möglich. Die Begrenzungen des Geistes gibt es nicht mehr; er ist, wie sie sagen, ohne Anfang und Ende.

Und darauf folgten die Lehren über Mitgefühl, der Prüfstein des Mahayana-Buddhismus, der davon ausgeht, daß es ohne ein selbstloses Herz keine Befreiung gibt. Es gab lange, lange Belehrungen nicht nur darüber, daß wir alle Lebewesen in allen Universen lieben *müssen*, sondern *wie* wir sie lieben können. Lama Zopa sprach über Gleichmut, darüber, wie wichtig es sei, unsere Gefühle von Mögen, Nichtmögen und Neutralität in ein Gleichgewicht zu bringen und zu erkennen, daß nur unser Ego uns dabei immer im Weg steht und uns daran hindert, allen gegenüber Wohlwollen zu empfinden, gleichgültig, ob sie uns gefallen oder nicht. Darüber hinaus lehrte man uns, daß jedes Lebewesen im Grunde gut ist und daß wir ohne Güte nicht überleben könnten. Unter der Anleitung von Lama Zopa bekam selbst eine Tasse Tee eine andere Bedeutung, wenn er die zahllosen Wesen aufzählte, die beim Pflanzen und Ernten der Teeblätter gestorben waren; wie viele Menschen sich abgemüht hatten beim Säen, Ernten, beim Transport, Verpacken und Verkaufen. Bei den Tibetern wird die Kostbarkeit des Lebens überall heilig gehalten. Die Güte der anderen, inbesondere die der eigenen Mutter, die einem das Leben geschenkt hat, muß vergolten werden. Welch ein Unterschied zu den modernen psychoanalytischen Theorien, die den Eltern und der frühen Kindheit die Schuld an all unserem Leiden zuweisen.

Für die Lamas reicht es nicht aus, die höchste Weisheit, die Leerheit, zu erlangen. Leerheit, so sagen sie, führt ins Nirvana, zum Ende allen Leidens; doch das sei ein hohler Sieg, wenn ringsum alle im Morast ihres selbstverursachten und doch unbegriffenen Leidens gefangen sind. Nirvana ist letztlich immer noch ein Egotrip. Daher verpflichten sich die Anhänger des tibetisch-buddhistischen Weges, der Seligkeit des Nirvana zu entsagen, und kehren immer wieder in alle Bereiche leidvollen Daseins zurück, bis sie jedem einzelnen Lebewesen den Weg aus dem Leiden heraus gewiesen haben. Es ist ein langer und beschwerlicher Weg, doch der einzige echte Pfad zur Erleuchtung. Ein Wesen, das ein solches Versprechen abgelegt hat, wird »Bodhisattva« oder »Edles Wesen« genannt.

All das wurde uns wie auf dem Silbertablett dargeboten – zuerst durch die Vorträge von Lama Zopa und dann in der Meditation. Zu meinem großen Erstaunen entdeckte ich, daß ich in gewisser Weise meditieren konnte. Hier gab es kein System, nach dem man stundenlang vor einer leeren Wand sitzt oder ein geheimes Mantra rezitieren muß, um transzendentale Seligkeit zu erlangen; uns wurde statt dessen beigebracht, unseren Geist zur Ruhe zu bringen, unsere Aufmerksamkeit auf das Kommen und Gehen des Atems zu konzentrieren, und diese Konzentration dann auf die Lehren zu richten. Ein Mönch führte uns bei der Meditation und nannte uns die Kernpunkte des Vortrages, den wir gerade gehört hatten. Wir sollten uns darauf konzentrieren und diese Punkte auf unsere eigenen Erfahrungen beziehen. Auf diese Weise gelangt der Pfad zur Erleuchtung vom Kopf ins Herz und wird Wirklichkeit. Erst wenn das geschehen ist, kann die Verwandlung beginnen.

Doch das war nicht einfach. Als ich anfing zu meditieren, merkte ich schnell, wie wenig Kontrolle ich über meine Gedanken hatte; sie rasten hin und her und folgten unzähligen unwichtigen, zusammenhanglosen, nichtigen Ideen. All diese Aspekte meiner selbst, die für gewöhnlich unter der Geschäftigkeit und den Ablenkungen meines Alltags verborgen lagen, gelangten langsam an die Oberfläche: Irritierbarkeit, Wut, Enttäuschung, Eifersucht, Zweifel, Furcht, Unsicherheit, Stolz – die ganze Skala der unangenehmen Gefühle. Das erste Mal in meinem Leben mußte ich mich ihnen stellen; und nicht nur das, ich mußte die Verantwortung für sie übernehmen: Die Erste Edle Wahrheit des Buddha besagt, daß du zuerst dein eigenes Leiden erkennen mußt, bevor du es beseitigen kannst. Wir saßen zwar still inmitten des mächtigen Himalaya, doch erkletterten wir die Berge des Geistes, eine Aufgabe, die weit mehr Mut kostete. Nie waren mir die Worte von Carl Gustav Jung passender erschienen als jetzt: »Weltraumflüge sind eine bloße Flucht, eine Flucht vor uns selbst; denn es ist leichter, zum Mars oder zum Mond zu fliegen, als das eigene Wesen zu ergründen.«

Und so schlug ich mich mit schmerzenden Knien, harten körperlichen Bedingungen, den Lehren und den Meditationen herum, und dabei ging ich weit über das »journalistische« Interesse hinaus, das mich angeblich anfangs bewegt hatte. Ich bekam eine Ahnung von dem, was Thomas Merton, der Trappisten-Priester und Autor, der sich mit östlichen Religionen befaßt hatte, als das umfassendste spirituelle System beschrieben hatte, das die Menschheit kennt.

Nicht daß ich mit allem übereingestimmt hätte. Es gab vieles, was mir fremd war, nicht nur die kulturell bedingte Präsentation, sondern auch die Inhalte. Zum Glück durften wir anderer Meinung sein. Wie ich bemerkte, schätzen die Lamas nichts mehr als Argumente. Sie waren in der Tat gute Gesprächspartner und beteiligten sich mit ganzem Herzen an jeder Diskussion über das Dharma (wie der spirituelle Weg im allgemeinen genannt wurde). Der Weg des tibetischen Buddhismus führt über persönliche Erforschung und eine individuelle Reflexion der Wahrheit. Buddha selbst sagte: »Die Weisen behandeln meine Lehren wie Gold. Sie prüfen es, indem sie es reiben, schneiden und dem Feuer aussetzen. So macht es mit meinen Lehren. Vertraut nicht blind.« Das gefiel meinem von Natur aus zweifelnden, skeptischen Intellekt gut.

Doch hatte ich ernsthafte Bedenken, ob die Lehren für den Westen allgemein geeignet seien. Sie waren psychologisch, philosophisch und spirituell brillant, doch die starke kulturelle Prägung und der mittelalterliche Kontext machen es den westlichen Menschen aus dem zwanzigsten Jahrhundert nahezu unmöglich, sie zu verstehen. Lama Zopa gab uns die Lehren genau so weiter, wie sie Tsongkhapa im Tibet des 14. und 15. Jahrhunderts gelehrt hatte. Das war schwer zu verdauen. Ich konnte mir nicht vorstellen, wie das Gerede von den Höllen, der karmischen Vergeltung, der Glaube an verschiedene Arten von Geistern, Göttern und Gottheiten, die wie blaue Stiere aussehen, die tausend Arme und mehrere Köpfe haben, in Clapham angenommen werden würde! Wie schade. Eigentlich hatten diese Lehren sehr viel zu geben.

Auf dem Höhepunkt meiner Verzweiflung wegen dieser altmodischen Umsetzung der Lehren kam Lama Yeshe hereinspaziert. Er kam zu uns, rund und fröhlich, strahlte vor Glück und sagte unerklärlicherweise, wo immer er ging, »Dankeschön«, »Vielen Dank«, »Dankeschön«. (Erst später erfuhr ich, daß die höchste Stufe der spirituellen Entwicklung von einem Zustand der Dankbarkeit geprägt ist.) Lama Yeshe dankte ständig allen, ob sie draußen auf der Wiese in der Sonne lagen oder stundenlang seinen Lehren zuhörten.

Er beeindruckte mich sofort. Ich hatte noch nie bei jemandem eine solche Wärme, eine solche Freude, eine solch überwältigende Menschlichkeit erlebt. In einem Augenblick widerlegte Lama Yeshe alle meine Vorstellungen darüber, daß Weise aus dem Osten kühl und undurchschaubar seien, und triviale Dinge wie Emotionen und Gefühle längst hinter sich gelassen hätten. Nachdem er seine Niederwerfung vor den Buddhas gemacht hatte und auf den Thron geklettert war, schaute er uns alle an und brach in Gelächter aus.

»Irgendwelche Probleme?« fragte er und brüllte wieder vor Lachen. Er muß von den zahllosen Fragen erfahren haben, die uns durch den Kopf gingen. Jemand wagte die Frage: »Wie könnte der tibetische Buddhismus in einen normalen westlichen Alltag integriert werden?«

»Alle müssen das auf ihre eigene Weise bewerkstelligen«, antwortete er und verfiel dann in das seltsamste Englisch, das ich je gehört habe; er hatte es von den Hippies gelernt, den ersten Menschen aus dem Westen, denen er begegnet war. »Buddhismus und Meditation bedeuten nicht auszuflippen. Buddhismus ist kein Trip. Denkt nicht: Ich bin etwas ganz Besonderes... ich mache eine ganz besondere östliche Meditation«, er vollführte eine urkomische Pantomime eines westlichen Menschen, der sich voller Selbstüberschätzung in der Meditation versucht, und fuhr fort: »Buddhismus ist etwas Inneres. Er bedeutet, das eigene Potential zu sehen und zu entfalten. Alle besitzen Buddha-Natur, jeder Mann und jede Frau besitzen Weisheit und Mitgefühl.

Klammert euch nicht an die östlichen Formen. Buddha bedeutet einfach ein erwachtes Wesen. Das ist alles. Ein Buddha braucht keine gelbe Haut und Schlitzaugen zu haben. Jede Kultur, in die der Buddhismus gelangt, hat den Buddha auf ihre Weise gemalt. Der Westen wird westliche Buddhas hervorbringen. Das macht nichts.«

Die Enttäuschung und die Verzweiflung verschwanden. Hier sprach ein Lama meine Sprache (oder so etwas Ähnliches wie meine Sprache!). Verschwunden waren die mittelalterlichen Worte aus den mittelalterlichen Schriften. Hier war ein moderner Psychologe, allerdings mit rasiertem Kopf und in bestimmter Kleidung, und er strahlte diese besondere Qualität der zwar undefinierbaren, aber unwiderlegbaren spirituellen Wahrheit aus.

Lama Yeshe fuhr fort, direkt mit uns zu sprechen, unsere Fragen zu beantworten und uns seine Erklärungen des Mahayana-Buddhismus zu geben. Zusammen mit der reinen Linie, die uns Lama Zopa verkündet hatte, ergab alles ein vollständiges Bild. Sie waren das vollkommene Paar. Der eine introvertiert, der andere extrovertiert; der eine konventionell, der andere fortschrittlich. Zwei Seiten derselben Medaille. Doch war es Lama Yeshe, der mich erreichte. Ich war noch nie jemandem begegnet, der sich so um Kommunikation bemühte. Er setzte seinen gesamten Körper ein, um seine Botschaft zu übermitteln; er schnitt Grimassen, fuchtelte mit den Armen, er führte uns an der Nase herum, zog uns auf und äffte uns sogar nach. Er machte die haarsträubendsten Aussagen: »Das Dharma ist wie ein amerikanisches Bett – jeder paßt rein! Ihr schlauen Leute, ihr glaubt, daß euer Supermarktvergnügen real ist. Ich sage euch, ihr fühlt euch hundeelend. Doch ihr könnt dieses Elend in ewigwährende beseligende Schokolade verwandeln! Ha! Jetzt werdet ihr gleich sagen: ›Er ist ja verrückt, dieser Gorilla aus dem Himalaya.‹ Nun ja, ich bleibe dabei. Prüft es nach.«

Trotz seines chaotischen Englisch verstanden wir alle genau, was er sagte. Unsere Supermarktwelt mit ihrer Überfülle von materiellen Gütern lindert die geistige Unruhe und Krankheit nicht, die sich nicht allzu weit unter der Oberfläche befinden. Lama Yeshe verkündete seine Botschaft mit einer Verve und einer Dynamik, die unwiderstehlich waren. Ich akzeptierte zwar nicht den ganzen tibetischen Buddhismus, doch ihn akzeptierte ich auf jeden Fall. Er war alles, was ich von einem spirituellen Meister erwartete: strahlend, voller Lebensfreude und hatte gleichzeitig ein feines Gespür für unseren inneren Kummer; er war unfehlbar weise, voller Bescheidenheit, ohne Ego und mit sprühendem Humor. Hörte er von den Absurditäten des Lebens, erzählte man ihm einen Witz oder empfand er eine spontane Freude, so brach er in schallendes Gelächter aus, warf seine Gewänder über den Kopf und schlug sich mit seinem Rosenkranz auf die Schenkel. Wenn das Heiligkeit war, dann war sie der Nachahmung wert.

Später verabredete ich ein Treffen mit ihm. Ich wollte ihn mir genauer anschauen, sehen, ob der Lama-Yeshe-Effekt unter vier Augen der gleiche war wie in einer Gruppe. Etwas nervös kletterte ich die Stufen zu seinem kleinen Zimmer über der Gompa hinauf, zog meine Schuhe aus und trat ein.

Er saß auf einem niedrigen Sitz, der mit einem tibetischen Teppich bedeckt war, und deutete auf ein Kissen neben sich, auf das ich mich setzen sollte. Ich erinnere mich nicht an vieles von dieser Unterhaltung (ich hatte keine wichtige Frage), nur daß ich mich sofort entspannte, als würden wir uns seit Jahren kennen. Ich hätte mit ihm über alles sprechen können. Er war ungemein warmherzig und menschlich. Einmal beugte er sich vor und sagte: »Wir beide, wir verstehen uns gut, meine Liebe.« Damals dachte ich, daß er auf etwas Offensichtliches hinwies – daß wir miteinander sprechen konnten. Später erhielt diese scheinbar belanglose Bemerkung eine zusätzliche Bedeutung.

Ich stieg die Treppe wieder hinunter und fühlte mich erhoben und seltsam glücklich. Damals wußte ich es noch nicht, doch Lama Yeshe hatte etwas in mir berührt, und ich würde nie wieder dieselbe sein. Als ich einige Tage später ihn und Kopan verließ, glaubte ich felsenfest, daß ich keinen von ihnen je wiedersehen würde. Es schien keinen Grund dafür zu geben – doch das beweist lediglich, wie wenig Weisheit ich besaß.

Leslie Kenton und ich flogen so unvermittelt wieder aus Nepal ab, wie wir hingeflogen waren. Unsere Freundschaft war durch diese gemeinsame Erfahrung intensiver geworden. Nach Leslies Rückkehr begann ihre äußerst erfolgreiche Karriere als Autorin – ihr erstes Buch, *Die Freude der Schönheit* (The Joy of Beauty) war inspiriert von den Einsichten, die sie aus ihrer Zeit mit den Lamas gewonnen hatte. Für mich war der Kulturschock bei meiner Rückkehr nach London weit größer als der Schock der Entbehrungen, den ich bei jenem ersten schicksalsschweren Schritt in das tibetischbuddhistische Kloster erlebt hatte.

2
Der Westen ist die Prüfung

Erst in meiner vertrauten Umgebung und mit meinen alten Freunden ging mir schließlich die Bedeutung jenes Monats in Kopan auf. Ich hatte mich verändert. Früher hatte mich das Tosen der großen Metropole in Erregung versetzt, jetzt war es mir unerträglich geworden. Die Partys langweilten und ermüdeten mich; früher hatte ich die Gespräche witzig gefunden, jetzt fand ich sie belanglos, eine traurige Verschleierung eines Lebens, das im Grunde ohne Bedeutung war; um neun Uhr wollte ich immer ins Bett. Es waren vor allem die Gesichter auf der Straße und in der U-Bahn, die mich erschütterten. In ihnen lag eine dumpfe Spannung und Schwere, die Strafe dafür, daß sie sich von der Hektik der westlichen Gesellschaft mitreißen ließen; nur um dafür als »Lohn« ein größeres Auto und vier Wochen Urlaub im Ausland zu erhalten. Ist das alles, was wir mit unserem »kostbaren menschlichen Leben« anfangen können? Ist das alles, was wir mit unserem umfassenden menschlichen Potential zuwege bringen? Unwillkürlich »überprüfte« ich mein Leben, wie uns Lama Yeshe geraten hatte.

Auf noch radikalere Weise veränderte sich meine Karriere. Ich konnte unmöglich weiterhin den Anforderungen des schnellen Vollzeit-Boulevardjournalismus mit seiner Betonung auf Wirkung statt Wahrheit genügen. Wie konnte ich einen glücklichen Tod sterben, wenn ich wußte, daß ich den Großteil meines beruflichen Lebens mit Belanglosigkeiten verbracht und dabei Tatsachen verzerrt und viele Menschen verletzt hatte? Ich beschloß freiberuflich zu arbeiten, um so mehr Einfluß auf das, was ich schrieb, zu haben. Anfangs kostete das viel Nerven, und ich lebte in finanzieller Unsicherheit, doch die berufliche und persönliche Befriedigung entschädigte mich dafür mehr als genug.

Doch Kopan und die Lamas hatten mir noch mehr gegeben. In diesen ersten Wochen nach meiner Rückkehr erfuhr ich einen Frieden und ein inneres Glück, die ich nie für möglich gehalten hatte. Der Lohn für all die anstrengenden Stunden, in denen ich mit schmerzenden Knien in der Kälte und manchmal im Dunkeln meditiert hatte. Wer hätte geglaubt, daß das so viel bedeuten würde? Das innere Leben wühlte mich auf. Nun wußte ich, daß, was das Leben auch brachte, Glück und Leid von der Reaktion meines Geistes abhingen. Die Verantwortung lag bei mir, und es lag auch an mir, Einfluß darauf zu nehmen. Hatte man mir nicht in den dreißig Tagen buddhistischer Unterweisungen gesagt, daß sich alles im Leben ständig verändert (etwas anderes zu erwarten heißt, Leiden herauszufordern)? Und daß die einzige wahre Quelle von Glück in uns selbst liegt.

Trotz des verrückten Lebens, das weiter um mich herum ablief, begriff ich, daß ich etwas wirklich Vernünftiges gefunden hatte. Kurz vor Weihnachten schaltete ich das Radio ein und hörte eine Sendung über die große Mystikerin aus dem vierzehnten Jahrhundert, Juliane von Norwich. Ihre letzte optimistische Vision nach einer Reihe von Visionen, in denen sie das Leiden Christi am Kreuz nachvollzogen hatte, war wie ein Echo meiner Gefühle, »Alles wird gut sein, und alles wird gut sein, und alle Dinge werden gut sein.«

Jeden Morgen meditierte ich auf meinem Kissen, auf meiner Federkernmatratze, und versuchte die kleine Flamme in meinem Herzen am Leben zu halten. Zwangsläufig ließ der Kopan-Effekt nach einigen Monaten nach, ebenso die Regelmäßigkeit meiner Meditationen. Daß sie so lange nachwirkten, kann ich im Rückblick nur der Kraft ihrer Echtheit zuschreiben. Doch untergrub der Druck des Lebens in dieser schnellebigen, materialistischen Welt in Verbindung mit den geistigen Gewohnheiten eines langen Lebens den Frieden und die Ruhe, die ich so unerwarteterweise gefunden hatte. Meine chronischen Rückenschmerzen, die aus nervöser Anspannung entstanden waren, machten mir in diesem Herbst deutlich, daß ich die Gelassenheit aus Nepal tatsächlich nicht mehr besaß. Sie verschwand so langsam, daß ich ihr Verschwinden zuerst nicht einmal bemerkte. Doch da ich sie einmal gefunden hatte, konnte ich sie auch wieder finden. Dieses Mal ging ich nicht in den Osten, sondern in das nähere Manjushri-Institut, ein ehrfurchtgebietender Landsitz im Stil der Viktorianischen Gotik, an den Ufern der Morecambe Bay in Ulverston, Cumbria, das Schüler von Lama Yeshe vor kurzem in England gegründet hatten.

Es ist der Anfang eines immer noch andauernden Versuches, die tibetisch-buddhistische Philosophie in ein normales westliches Alltagsleben zu integrieren. Die kastanienbraunen und goldenen Gewänder hatten mir noch nie gefallen. Ich wollte mir auch nicht den Kopf scheren und eine Tibeterin werden. Noch konnte ich das äußere Drum und Dran der buddhistischen Rituale mit guten Gefühlen annehmen, denn es hatte keine offensichtliche Bedeutung für irgend etwas innerhalb meines kulturellen Umfeldes. Nein. Wenn die buddhistischen Lehren einen echten Wert besitzen, so mußten sie, für mich jedenfalls, auf die Welt anzuwenden sein, aus der ich kam. Der Westen war die Prüfung.

Und so gab es in den folgenden Jahren ein ständiges Hin und Her – von meinem Londoner Dasein zu verschiedenen tibetisch-buddhistischen Zentren, und ich »überprüfte« mein Leben. Es gab weiterhin Aspekte der Lehren, die ich nicht annehmen konnte (es war mir nie leichtgefallen, zu glauben), doch der tibetische Buddhismus im allgemeinen und Lama Yeshe im besonderen besaßen genügend Anziehungskraft, um mein Interesse und auch meine Fragen wachzuhalten.

Als Lama Yeshe in einem Sommer nach England kam, um im Manjushri-Institut einen Kurs abzuhalten, eilte ich hin. Viele Dinge gingen mir durch den Kopf. Die brennendste Frage war jedoch die Frage nach Gott. Buddhisten glauben nicht an einen Schöpfer oder eine einzige, erste Ursache für das Dasein. Sie sind der Meinung, daß eine solche Prämisse sowohl unlogisch als auch unmöglich ist, da auch eine erste Ursache eine Ursache haben *muß*. Sie sprechen statt dessen von einem »Geist ohne Anfang und Ende«. Das bereitete mir Kummer. Mein christlicher Hintergrund war zu stark, als daß er durch ein paar buddhistische Meditationskurse beseitigt werden konnte. Was ließ die Bäume wachsen, wenn nicht eine schöpferische Kraft, die wir Gott nennen? Wer war der führende Kopf hinter allem, wenn nicht Gott?

Lama Yeshe schaute mich genauso an wie in Kopan, strahlte

Güte, Wohlwollen, Humor, Bescheidenheit und diese undefinierbare Qualität aus, die man nur unbeholfen mit innerer Weisheit beschreiben kann. Er leitete den Kurs mit seinem einzigartigen Charisma. Wie früher saß ich konzentriert da. Ich begriff, daß es nicht so sehr die Worte allein waren, die die Bedeutung vermittelten, sondern sein ganzes Sein. Wir konnten sehen, hören und spüren, was er sagen wollte – was im Buddhismus immer auf das gleiche, das erwachte Wesen, hinausläuft –, weil eines dieser Wesen vor uns saß.

Eines Nachmittags war meine Chance gekommen, Lama Yeshe wegen der Frage nach Gott zur Rede zu stellen, denn es gab draußen auf dem Rasen ein gemeinsames Picknick. Er hörte mir zu, wie ich mich durch meine komplizierte Frage quälte, strahlte mich an und gab mir die Frage sofort zurück: »Wer ist Gott deiner Meinung nach? Ein alter Mann im Himmel?« fragte er mich. »Nein. Natürlich nicht. Er ist ein Prinzip, eine schöpferische Kraft, ein Gesetz der Liebe«, erwiderte ich kläglich und erkannte verlegen, was für unklare Vorstellungen ich eigentlich von Gott hatte. Lama Yeshe schaute mir direkt in die Augen: »Gott ist Geist, Buddha ist Geist – beide sind offener, allwissender Geist. Sie sind das gleiche«, sagte er.

Nicht ganz überzeugt ging ich wieder weg und »prüfte« weiter. Ich fand einen christlichen Priester, der an Lama Yeshes Kurs teilnahm und in seinem Priestergewand am Ufer entlang spazierte. Wie konnte ausgerechnet jemand wie er die christliche Lehre mit einem tibetisch-buddhistischen Kurs vereinbaren? Verwirrte ihn das nicht?

»Auf einer grundsätzlichen Ebene haben wir vieles gemein. Es gibt viele Ähnlichkeiten, insbesondere die altruistische Haltung, die besagt, liebe deinen Nächsten und halte ihm die andere Wange hin«, sagte er. »Auf der nächsten Ebene trennen wir uns – der Buddhismus hat beispielsweise keine Theorie über Gott. Doch ganz oben treffen wir uns wieder, es gibt keine Trennung mehr. Wir sprechen die gleiche Sprache, doch ohne Worte.« Ich nickte und fühlte eher, was er meinte, als daß ich es verstand. Wahrheit muß Wahrheit sein, gleichgültig auf welchem Weg man sich ihr nähert.

Mir kam eine Zen-Geschichte, die ich gehört hatte, in den Sinn. Ein großes buddhistisches College in Japan vertrat die Meinung, man müßte etwas Positives tun, um die Kluft zwischen allen wichtigen Religionen in der Welt überbrücken zu helfen. Die Studenten organisierten eine entsprechende Konferenz und luden alle führenden Autoritäten der wichtigen Glaubensrichtungen ein; sie saßen um einen großen Tisch und freuten sich über die lebhaften Debatten und den philosophischen Gedankenaustausch. Nachdem sie alle nach Hause gegangen waren, beschlossen die Zen-Meister, das Experiment zu wiederholen, jetzt jedoch die höchsten spirituellen Praktizierenden der Hauptreligionen einzuladen. Dieses Mal gab es keine Gespräche und keine Debatten – die Meister saßen alle um den großen Tisch herum, lächelten einander an und nickten mit den Köpfen.

Immer noch ging mir das Thema »Gott« durch den Kopf, wenn mich auch jetzt die buddhistischen Erklärungen intellektuell und auch emotional mehr befriedigten; da stieß ich auf das Transkript eines Vortrages, den Lama Yeshe in Italien zum Thema »Geist und Geistesfaktoren« gehalten hatte. Dieser Vortrag gab nicht nur Einblick in die äußerste Tiefgründigkeit von Lama Yeshes Weisheit, sondern auch Hinweise auf Gott.

»Es gibt zwei Dinge«, sagte Lama Yeshe. »Das eine ist die Realität, wie sie ist – die Welt der Objekte. Und das zweite ist das Begreifen – die Konzepte des Bewußtseins, das das versteht, was es gibt. Auf tibetisch heißt das eine Yül – Objekt – und das andere Yülchen – Bewußtsein. Und die Erklärung der Tibeter besagt folgendes: Wirklichkeit und Bewußtsein durchdringen einander. Sie sind völlig eins.

Das Christentum nun beschreibt Gott in Begriffen von Allgegenwart, nicht wahr? Gott ist allgegenwärtig. Er durchdringt die Wirklichkeit, vollständig. So heißt es.

Und im Buddhismus heißt es, Bewußtsein ist allgegenwärtig, es umfaßt alles, was es gibt, vollständig, außen und innen, unter der Erde und im Himmel, alles, was es gibt. Es gibt somit nichts, was das Bewußtsein nicht erfassen könnte. Dieses Konzept, diese Theorie scheinen ganz einfach zu sein. Doch ich bin sicher, daß das für den Intellekt vieler westlicher Menschen nicht einfach ist. Überprüft das. Prüft das nach!«

Das war auf jeden Fall etwas, worüber ich lange nachdenken konnte.

Der Knabe Ösel (»klares Licht«) kann in der Gesellschaft der Mönche, die sich um seine Erziehung kümmern, gelegentlich unbeschwert kindlichen Spielen nachgehen.

Meine nächste Begegnung mit Lama Yeshe fand in Dharamsala, Nordindien, statt, dort wo der Dalai Lama und die tibetische Exilregierung zu Hause sind. Lama Yeshe hatte Schüler aus aller Welt persönlich nach Dharamsala eingeladen, wo seine Heiligkeit zum ersten Mal den westlichen Schülern in seinem eigenen Tempel tantrische Belehrungen über Mahamudra geben wollte. Ich hatte zwar keine Einladung erhalten, beschloß aber, mich zwei Freunden anzuschließen, die sich dorthin auf den Weg machten. Als ich im einzigen Hotel dieses wunderschönen Ortes in den Bergen ankam, lief ich sofort Lama Yeshe über den Weg. Ich sagte, ich hoffe, daß es ihn nicht störe, daß ich ohne Einladung gekommen sei. »O nein, meine Liebe. Wir beide haben eine ganz besondere Kommunikation.« Schon wieder sagte er das. Was hatte das zu bedeuten? Mehr sagte er nicht, wechselte ein paar höfliche Worte mit mir und ging weiter. In den zehn Tagen des Kurses saßen wir im Tempel zu Füßen dieses außergewöhnlichen Dalai Lama, und die ehrwürdigen tibetischen Lamas saßen draußen und hörten die Belehrungen über Lautsprecher; Lama Yeshe kümmerte sich ganz besonders um seine westlichen Gäste. Wir wurden überall herumgezeigt. So viele westliche Menschen hatten durch ihn zum tibetischen Buddhismus gefunden, und er bemühte sich sehr um uns. Während der Woche führte er eine Gruppe von uns den steilen Bergweg hinauf zu seinem Retreat-Zentrum, einem wunderschönen Haus im Kolonialstil mit Veranda und herrlichem Blick auf den Himachal Pradesh. Es hatte während der Woche heftig geschneit – die größten Schneeflocken, die ich je gesehen hatte –, und als wir unterwegs anhielten, um Luft zu holen, fiel ein großer Klumpen Schnee von einem Ast herunter, direkt auf meinen Rücken. Lama sah das und brach in Lachen aus: »Das ist der Segen Gottes für dich!« witzelte er. Er hatte eindeutig unser Gespräch von vor über zwei Jahren nicht vergessen. Dann stellte er sich fröhlich vor einem riesigen Schneemann in Positur, den jemand gebaut hatte. Ich begriff damals, daß er meinen Geist durch und durch kannte. Überraschenderweise machte mir das überhaupt nichts aus.

Das nächste Mal begegneten wir uns in London, wo ich bei der Organisation seiner Tour mitgeholfen hatte, die einen öffentlichen Vortrag in St. John's, Smith Square, miteinschloß. Meine Aufgabe bestand darin, Lama Yeshe in meinem Auto herumzufahren – ein bescheidener Ford, der zu diesem Anlaß gewaschen und poliert worden war. Es war das erste Mal, daß ich die Gelegenheit zu längeren, detaillierteren Gesprächen mit Lama Yeshe hatte. Während er neben mir auf dem Vordersitz durch London fuhr, stellte er mir allerlei persönliche Fragen.

Ob ich verheiratet sei. Nein. Ob ich das je gewollt habe. Nicht wirklich – das häusliche Leben hatte mich nie interessiert. Ob ich mir je Kinder gewünscht hätte. Nein. Lama nickte zustimmend. »Das brauchst du auch nicht. Das kann auch viel Leid mit sich bringen«, sagte er und drückte damit genau meine Empfindungen aus. Die Zustimmung eines solch weisen Wesens gab mir ein Gefühl der Sicherheit. Die Verbindung zwischen uns wurde immer tiefer.

Am letzten Tag seines Besuches erteilte er einer kleinen Gruppe in der October Galerie in der Old Gloucester Street Belehrungen, und am Ende stellten sich alle an, um seinen Segen zu erbitten. Mir fiel auf, daß jede Person ein kleines Geschenk mitgebracht hatte – alle, außer mir. Ich hielt mich bis zum Schluß zurück; mir war meine Gedankenlosigkeit peinlich. Als ich schließlich an die Reihe kam, sagte ich schnell: »Lama, es tut mir leid, aber ich habe nichts mitgebracht.« Er beugte sich vor und antwortete, wobei sein Gesicht fast das meine berührte: »Ich möchte nur dein Herz.« Ich war sprachlos. Das Herz zu verschenken, sich wirklich hinzugeben, war das Schwerste, doch das einzige Geschenk, das wirklichen Wert besaß.

Trotzdem betrachtete ich Lama Yeshe nie als meinen »Guru«, in dem Sinne, wie diese Worte heutzutage von vielen westlichen Menschen benutzt wird – eine Person, der man sein Leben ganz und gar widmet und auf jede Autonomie des Denkens und Handelns verzichtet. Das war eine Stellung, die Lama Yeshe nie angestrebt hatte und die ich gewiß nie akzeptiert hätte. In der Tat blieb er völlig unbeeindruckt vom »Guru-Geschäft«, das ihm einige seiner Schüler aufzudrängen suchten. Er zog Menschen vor, die sich natürlich verhielten und stets sie selbst blieben. Er verabscheute jede Art von Unterwürfigkeit.

Einmal sagte er: »Ich hätte es verabscheut, wenn mein Lehrer gesagt hätte ›Trink dies‹, ›Iß das‹. Ich gebrauche lieber meine eigene Intelligenz, meine eigene Intuition und treffe meine eigenen Entscheidungen. Genauso solltet ihr euer Leben selbst gestalten und eurer Buddha-Natur vertrauen. Natürlich könnt ihr auf Ratschläge hören, aber letztlich solltet ihr eurer eigenen Intelligenz vertrauen.«

Bei meinem höchst unabhängigen Naturell war das der einzige Standpunkt, mit dem ich je übereinstimmen konnte. Als ich später das Buch *Der Weg der weißen Wolken* von Lama Govinda las, erhielt ich ein zutreffenderes Bild von der wirklichen Funktion eines Guru: »Ein Guru ist weit mehr als ein Lehrer im gewöhnlichen Sinn. Ein Lehrer gibt Wissen, ein Guru jedoch gibt sich selbst. Die wirklichen Lehren eines Guru sind nicht seine Worte, sondern das, was ungesagt bleibt, denn es übersteigt die Möglichkeiten der menschlichen Sprache. Der Guru *inspiriert* im wahrsten Sinne des Wortes; er ist jemand, der uns mit seinem eigenen lebendigen Geist erfüllt.«

So gesehen war ich mehr als gewillt, Lama Yeshe als meinen Guru anzunehmen.

3
Lama – der Mensch

Im Laufe der Jahre hörte ich viele faszinierende und amüsante Geschichten über Lama Yeshe; sie halfen mir, ein vollständigeres Bild von ihm als Mensch zu gewinnen, und sie überzeugten mich davon, daß er in der Tat ein außergewöhnliches Wesen war. Nichts war für ihn unmöglich oder zu ausgefallen, wenn es dazu beitrug, die Gesellschaft besser zu verstehen, aus der seine Schüler kamen, und die Einflüsse zu erkennen, die ihr Wesen prägten. Bei dem äußerst konventionellen Umfeld, aus dem er stammte, war seine Offenheit revolutionär. Er war ein großartiger Mensch. Das wichtigste Ziel in seinem Leben bestand darin, alle Menschen zu erreichen, und mit seiner universellen Botschaft überschritt er geographische, rassische und philosophische Grenzen.

In Hongkong legte er seine Roben ab und kleidete sich in Hose, Hemd und Krawatte und besuchte den Nachtclub in seinem Hotel. Er wollte wissen, was westliche Menschen unter anspruchsvoller Unterhaltung verstehen. Wer weiß, was er wirklich dachte. Er wollte immer, daß es allen Menschen gutgeht, aber wenn er einmal eine spöttische Bemerkung über Menschen machen wollte, die ihre Zeit verschwenden, so nannte er sie »Night-Clubbers«.

In Australien kleidete er sich in Shorts, T-Shirt und einen breitrandigen Hut und war eine Woche unterwegs. Niemand wußte, wo er sich aufhielt. Er kam braungebrannt zurück und verkündete, er sei am Strand gewesen, denn das sei ja wohl das, was die Australier unter »Vergnügen« verstehen.

Auch versetzte er bei einem Besuch in den Vereinigten Staaten nicht wenige Leute in Erstaunen, als er sich in Las Vegas an den Spieltisch begab! Er schleppte den widerstrebenden Lama Zopa (der, wenn es nach ihm gegangen wäre, viel lieber in seinem Zimmer meditiert hätte) nach Disneyland, wo er fast alles ausprobierte und einen Micky-Maus-Hut aufsetzte – und er ging sogar in ein Striptease-Lokal, wo die beiden ein Eis aßen und sich von den Eskapaden der Dame auf der Bühne überhaupt nicht schockieren ließen. Lama Yeshe war auf jeden Fall kein bißchen prüde. Er kam nicht nur aus einer Gesellschaft, in der alle körperlichen Funktionen, einschließlich der Sexualität, ohne die ziemlich neurotische Bewertung unserer zivilisierten Welt akzeptiert werden; als Lama hatte er die sexuelle Energie genau studiert und gelernt, wie man sie auf dem spirituellen Weg nutzt. In der Folge fanden westliche Menschen, daß er, wenn es um sexuelle Schwierigkeiten ging, überraschend gut zuhören und ausgezeichnete, präzise Ratschläge geben konnte.

Seine weltliche Erziehung machte einen weiteren Schritt vorwärts, als er in San Francisco mit einem homosexuellen Schüler gesprochen hatte; er bat, ihn in eine Homosexuellen-Bar mitzunehmen und nahm später an der Homosexuellen-Parade teil. Es machte ihm großen Spaß, und er stellte, dem Vernehmen nach, endlos viele Fragen. Er war verständlicherweise fasziniert von der Homosexuellen-Szene, denn so etwas hatte es in Tibet nicht gegeben; er wollte ganz genau wissen, wie die Bewegung anfing, was die Homosexuellen wollten und was sie miteinander machten! Er zeigte nie auch nur den Anflug von Empörung, nur Wissensdurst. Am Ende dieses ungewöhnlichen Tages stellte er fest, daß die männlichen Homosexuellen besser aussahen als die weiblichen. Lama Yeshe war ein Anthropologe, er drehte den Spieß um und studierte uns. Er beobachtete unsere Spezies und fand heraus, auf welch seltsame Weise wir aßen und tranken, wie wir miteinander umgingen und wie wir uns paarten. Waren wir wirklich dieses rückständige, barbarische Volk, für das uns seine Landsleute im allgemeinen hielten?

Sein Verhalten bei diesen Feldstudien und seine allgemeine Vertraulichkeit mit seinen westlichen Schülern und Schülerinnen hatte einige Irritationen unter seinen konservativeren Mitlamas und der tibetischen Gemeinde zur Folge – obgleich der Dalai Lama und einige hochrangige Lamas in der spirituellen Hierarchie das Wesen seiner Mission genau verstanden. Die engstirnigeren unter ihnen hatten jedoch das Gefühl, daß er damit in gewisser Weise seine Gelübde brach. Lama Yeshe erzählte selbst die Geschichte, wie seine

Schwester, die in Delhi lebt, eines Tages mit Tränen in den Augen zu ihm kam und ihn bat, die »Westler« zu verlassen und sich von ihr ein langes Retreat finanzieren zu lassen, damit er wieder auf den rechten Weg zurückfinde. Bei einer anderen Gelegenheit, als er wieder mit einigen Familienmitgliedern und ein, zwei westlichen Schülern zusammensaß, erzählte er von seinem Besuch in Tibet im vorigen Monat. Er sprach mit grimmiger Stimme von einer unschätzbar kostbaren Buddha-Statue, die die Chinesen in den Fluß geworfen hatten. Dann erzählte er die Geschichte ein zweites Mal und brach in Gelächter aus. Das Lachen wurde immer lauter: »Die Buddha-Statue lag in Scherben im Fluß«, brüllte er. Seine Geschwister schauten ihn entgeistert an wegen seiner Respektlosigkeit. Hatte Lama Yeshe seinen Verstand verloren? Nur die anwesenden Schüler verstanden, was er meinte. Es war unerheblich, ob die Buddha-Statue in Scherben lag; es gilt, die innere Bedeutung der Botschaft des Buddha zu verehren und nicht die äußere Form.

Bei all seinem Mitgefühl scheute er nie davor zurück, uns die Bedeutung seiner Worte einzuhämmern. »Dharma ist nichts Bequemes. Es soll euch erschüttern. Es geht uns nicht um Höflichkeit«, sagte er, wenn er uns die eine oder andere niederschmetternde psychologische oder spirituelle Wahrheit verkündete.

Er hatte recht damit. So lernten wir. Nicht daß er uns je weh getan hätte. Lama Yeshe gelang es, unsere Dummheit, unsere Verblendungen mit unendlichem Mitgefühl und mit dem überwältigenden Vertrauen bloßzulegen, daß am Ende das Gute siegen würde. Und wenn er dann einige Wahrheiten verkündet hatte, lachte er, und wir alle lachten mit, in dem tröstlichen Gefühl, daß uns dieser Mann, trotz all unserer Fehler auf dem Weg zur Befreiung immer beistehen würde. Und wenn er auch stets höflich blieb, ein echter Gentleman, war er nie sanft zu denen, die ihn zu betrügen versuchten. Man sagte ihm nach, der habe indische Gepäckträger am Genick gepackt und geschüttelt, wenn er sie beim Stehlen ertappte. Mir gefielen diese »knallharten« Geschichten über Lama Yeshe, denn sie zeigten, daß ein spirituelles Wesen kein Feigling ist.

In der Tat entwickelte Lama Yeshe, je vertrauter er mit dem Westen wurde, ein aktives Interesse an Politik. Wo auch immer er sich aufhielt, als erstes schaltete er den Fernseher ein und schaute sich die

Werbung an, denn sie erzählte ihm etwas über das psychologische Befinden des Landes. Er sah auch Nachrichten und ließ sich die Tageszeitungen von vorn bis hinten vorlesen und begann, klare politische Meinungen zu formulieren.

Eines Tages sah er in Kalifornien ein Fernsehprogramm über die neuen B-52-Bomber – schwarz, bedrohlich, schrecklich –, und ein Mann stand daneben, klein wie ein Zwerg. Er war fasziniert. Er fragte, was dieses Flugzeug alles tun könne. Das war zu der Zeit, als der Iran amerikanische Geiseln gefangengenommen hatte; Lama Yeshe war entsetzt darüber und über die unklare und schwache Haltung von Präsident Carter. »Präsident Carter spricht ständig über Menschenrechte, aber das sind bloße Worte. Ich habe keinen Respekt vor ihm«, verkündete Lama Yeshe. Er erklärte dann, was er an Jimmy Carters Stelle tun würde: »Ich würde einige hundert B-52-Bomber nehmen und mit ihnen nach Teheran fliegen; doch zuvor würde ich der Sowjetunion sagen, daß ich nicht vorhätte, Teheran zu bombardieren. Ich würde diese riesigen Flugzeuge wie eine einzige schwarze Bombe in Formation über Teheran fliegen lassen, so daß der Lärm alle erschrecken und alle Fenster in den Gebäuden splittern lassen würde. Und dann würde ich Flugblätter mit der Nachricht abwerfen, daß uns der Verlust von Menschenleben sehr zornig machen würde und daß wir zurückkämen und es dann kein Teheran mehr geben würde – es sei denn, sie würden die Geiseln innerhalb von achtundvierzig Stunden freilassen, ohne ihnen auch nur ein Haar zu krümmen.« Lama Yeshe war ganz und gar nicht auf dem »Liebe-und-Frieden«-Trip. Er war ein ungeheuer praktischer Mensch und ein geborener Anführer.

Seine Originalität fand wohl ihren großartigsten Ausdruck bei seinem Altar. Er betonte immer, daß ein Altar eine persönliche Angelegenheit sei, auf dem Dinge stehen sollten, die für den einzelnen von Bedeutung sind. Auf *seinem* Altar stand ein Spielzeugflugzeug, denn das war das Mittel, mit dem er zu seinen Schülern gelangen und die Lehren des Buddha verbreiten konnte. Das war nicht üblich, doch sah Lama Yeshe keinen Sinn darin, an den äußeren Formen des tibetisch geprägten Buddhismus festzuhalten, wenn er sie durch etwas Besseres aus dem Westen ersetzen konnte. So schaffte er beispielsweise ganz beiläufig seine traditionellen Räucherstäbchen ab und ersetzte sie durch Parfüm, das er versprühte; das fand er besser und auch einfacher zu handhaben! »Wir müssen einen westlichen Buddhismus entwickeln«, sagte er dazu.

Seine Reisen brachten ihn nicht nur in Kontakt mit den materiellen Äußerlichkeiten des westlichen Lebens, sondern auch mit dem gelebten Christentum. Als ein von Natur aus toleranter Mensch war Lama Yeshe ein überzeugter Anhänger der Ökumene. Lange bevor er in den Westen kam, hatte er eine tiefe, ehrliche Achtung vor Jesus Christus entwickelt. An einem Weihnachtsfest hatte er sehr tiefgründige Belehrungen über die Bedeutung dieses Festes gegeben und wie wir uns darauf vorbereiten sollten (sie erschienen später in Buchform mit dem Titel »Weihnachten, Gedanken eines tibetischen Lamas«). Jetzt hatte er die Gelegenheit, das Christentum unmittelbar zu studieren. Als er eines Tages in Pisa war, eilte er auf Lama Zopa zu, nahm ihn bei der Hand und sagte mit unverhohlener Aufregung: »Komm, ich möchte dir etwas zeigen. Ich habe etwas Wunderbares entdeckt.« Er brachte Lama Zopa nach Assisi, wo er ihm triumphierend die Höhle des heiligen Franziskus zeigte. »Schau her, es gibt also auch im Westen Yogis, die in Höhlen sitzen«, sagte er. Lama Zopa ergänzte später, daß der Heilige Franziskus wohl Erleuchtung erlangt haben mag, jedoch keine Bücher zurückgelassen habe, die den anderen erzählen, wie man das macht!

Wann immer er konnte, besuchte Lama Yeshe christliche Klöster und sprach mit den Mönchen. Er war beeindruckt von dem, was er dort vorfand. »Wir Buddhisten *reden* viel über Bodhicitta (Mitgefühl), jede Menge blablabla, doch die Christen praktizieren es«, meinte er einmal. Und ein andermal: »Ihr sagt, Christen kennen keine Meditationen, doch das ist eine falsche Vorstellung! Ich sage euch, das ist verkehrt«, erklärte er mit Nachdruck.

Als Lama Yeshe starb, drückte ein römisch-katholischer Priester, der Franzose Pater Bernhard de Give, der ihn 1978 bei einem zehntägigen Retreat in der Provence kennengelernt hatte, seine Anerkennung für Lama Yeshe in glühenden Worten aus. Dieses Schreiben zeigt, daß Lama Yeshe in der Tat genau wußte, wie man die traditionellen Grenzen überschreitet, die so häufig die großen Religionen trennen. »Er hat uns nun verlassen, dieser wundervolle Mensch, der stets lächelte und nur Güte ausstrahlte. Ich glaube, ich drücke die

Gefühle von allen aus, die ihn kannten, wenn ich gestehe, daß ich die Tränen zurückhalten muß bei dem Gedanken, nie wieder dieses strahlende Gesicht zu sehen, das voller Lebensfreude war und voller Bewußtheit für das Leiden, das jede menschliche Seele kennt... Gestatten Sie einem christlichen Mönch einige Erinnerungen an einen Menschen ins Gedächtnis zurückzurufen, der für viele ein Meister und ein Freund war...

Von Lama Yeshe kann man mit Recht sagen, daß er seine Zuhörer ›in der Tasche hatte‹. Er war großartig, wie er die westliche Gesellschaft ironisch analysierte. Seine Satire auf die westliche Gesellschaft war brillant. Er war ein unvergleichlicher Schauspieler, fast ein Clown, der Menschen mit viel Komik nachahmen konnte. Und wenn er in der Lage war, die Merkwürdigkeiten, Dummheiten und Verblendungen der Menschen, die von ihren Leidenschaften beherrscht wurden, bloßzulegen, so verletzte er damit doch niemanden. Man fühlte sich vielmehr von seinem unglaublichen Mitgefühl und seinem großen Vertrauen an den unausweichlichen Sieg des Guten berührt. Und wenn er sich vor Lachen ausschüttete, so steckte er alle anderen damit an. Sie schienen überzeugt, daß sie mit diesem Mann an ihrer Seite der Befreiung entgegengehen.«

Ein Teil von Lama Yeshes allgemeiner Anziehungskraft lag in seiner großen Vitalität, der grenzenlosen Energie, mit der jede seiner Gesten, Worte und Blicke erfüllt war. Er strotzte vor Lebenskraft. (Wie konnten wir ahnen, daß er die ganze Zeit schwerkrank gewesen war?) Seine Begeisterung zeigte sich auch in seinen Hobbies. Unter anderem fuhr er leidenschaftlich gerne Auto – eine Leidenschaft, die allerdings von niemandem, der je mit ihm gefahren war, geteilt wurde. Nachdem er in Kalifornien seinen Führerschein gemacht hatte, setzte er sich mit einer Begeisterung hinters Steuer, die im wahrsten Sinne des Wortes nervenaufreibend war. Obgleich er nie einen Unfall hatte, konnte er allem, was sich auf der Straße befand, ob es sich bewegte oder nicht, nur um Haaresbreite ausweichen. Als er eines Tages eine Schnellstraße in Neuseeland entlangraste, entdeckte er zu seiner Bestürzung im Rückspiegel einen Verkehrspolizisten auf einem Motorrad, der ihn mit blinkender Lichthupe und heulender Sirene verfolgte. Er winkte Lama Yeshe an den Straßenrand. Er war nicht nur zu schnell gefahren, sondern auch noch ohne Licht. Als er seinen Strafzettel erhalten hatte, versetzte er den Polizisten in Erstaunen, da er immer wieder sagte: »Vielen Dank; vielen, vielen Dank; vielen Dank – Sie sind so liebenswürdig!«

Er war auch ein begeisterter Gärtner und ein eifriger Koch. Als er älter wurde, entdeckte er seine Liebe zur Naturkost und ersetzte die traditionelle Tsampa und Tugpa (Klöße aus geröstetem Gerstenmehl und vegetarische Nudelsuppe) durch knuspriges Vollkornbrot, frischen grünen Salat und Kräutertees. Auf seinen Reisen hatte er immer »Earl Grey« bei sich. Er aß gerne und stellte sich häufig in die Küche und dachte sich köstliche Gerichte aus, für alle, die gerade anwesend waren – und er überließ es dann den anderen, das Chaos in der Küche aufzuräumen. Diese Liebe zum Essen zahlte sich eines Tages auf unerwartete Weise aus. Eine Italienerin, die in Kopan lebte, beschloß, einen Tag nach Katmandu zu fahren; dort begegnete sie einer gerade angekommenen Gruppe italienischer Touristen, und sie lud sie ein, »einen echten tibetischen Lama zu treffen«.

Das war in den Anfangszeiten von Kopan, als Lama Yeshe für alle da war, die ihn sehen wollten. Wieder in Kopan mit all den Touristen im Schlepptau, ging diese Italienerin zu Lama Yeshe und erklärte ihm, daß sie die Gruppe zum Tee eingeladen habe. »Nun ja, dann mach mal den Tee«, sagte Lama und bewegte sich nicht vom Fleck. Er wußte, daß diese Leute kein spirituelles Interesse hatten, und wollte nicht den Lama für sie spielen. Etwas verlegen bat ihn die Frau, sich doch für eine Weile zu ihnen zu setzen. Lama Yeshe sagte zu, für etwa eine Stunde zu kommen (eine sehr kurze Zeit für ihn).

Er kam tatsächlich, setzte sich zu der Gruppe und fragte den Mann neben sich höflich, woher er denn komme. »Aus Mailand«, antwortete der Tourist. »Ah«, sagte Lama, und sein Gesicht strahlte, »Risotto Milanese! Das schmeckt sehr gut.« Der Mann war überrascht, daß ein Lama das kulinarische Juwel von Mailand kannte. Und Lama Yeshe begann, die beste Art und Weise, Risotto Milanese zuzubereiten, zu erzählen. Der Italiener war begeistert, Lama Yeshe ebenso. »Und kennen Sie das kleine Restaurant hinter dem Dom? *Das* ist der beste Platz in Mailand für Risotto.« Der Mann war sprachlos vor Bewunderung. »Und Sie«, lächelte Lama eine Frau in der Gruppe an, »woher kommen Sie?« – »Aus Rom«, antwortete die Frau. »In Rom gibt es die feinsten Spaghetti Carbonara«, sagte Lama voller Begeisterung und erläuterte die besten Rezepte, und was die besten Pfefferschoten und der richtige Käse zur Zubereitung sind.

Die Italienerin, die die Gruppe eingeladen hatte, traute ihren Ohren nicht. Lama war nur ein einziges Mal in Italien gewesen, für eine zehntägige Stipvisite. Sie konnte sich nicht vorstellen, wo er diese detaillierten Kenntnise über die italienische Küche aufgeschnappt hatte. Lama Yeshe machte auf diese Art mit den anderen der Gruppe weiter und bewies ein gründliches Wissen über die regionalen Gerichte. Lama Yeshe war einfach ein Mann, dem man Achtung entgegenbringen mußte. Fünfzig Minuten waren vergangen. Dann verfiel Lama, wie so oft, in ein tiefes Schweigen. Für zwei Minuten sprach niemand ein Wort. Dann fragte aus der Stille heraus ein Mann: »Gibt es so etwas wie Erleuchtung?« Der Damm war gebrochen, es folgte eine Sturmflut von Fragen über das spirituelle Potential des Menschen, über Tibet und den Buddhismus. Zum genau richtigen Zeitpunkt schaute Lama auf seine Uhr: »Es tut mir leid«, sagte er, »ich habe jetzt keine Zeit mehr. Wenn Sie mehr über diese Dinge wissen wollen, ich komme nächstes Jahr nach Italien. Diese Frau hier kann Ihnen genaue Informationen geben.« Er war unschlagbar, wenn es um Kommunikation ging.

Lama hatte in dieser Hinsicht einen Vorteil. Er konnte Gedanken lesen. Er stellte seine Fähigkeiten nie zur Schau (kein Lama würde das tun; sie glauben zu Recht, daß sich so ein Verhalten als Hindernis für den spirituellen Fortschritt ihrer Schüler erweisen würde), doch wenn man mehrere Tage mit ihm zusammen war, merkte man es. Viele von uns stellten fest, daß Lama Yeshe Bruchstücke unserer Gespräche in seinen Vorträgen aufgriff. Es war unheimlich. Er konnte auch Dinge ansprechen, die wir getan hatten – scheinbar ganz privat. Die Lamas konnten sogar in unseren Träumen erscheinen. Eine Freundin von mir erfuhr auf diese Weise, daß sie schwanger war – sie konnte es unmittelbar nach ihrer Rückkehr nach London überprüfen lassen. Vor allem stellten wir jedoch fest, daß unsere Fragen, besonders die unausgesprochenen, im nächsten Vortrag beantwortet wurden. Wir gingen alle mit einem Kopf voller Probleme dieser oder jener Art (zumeist äußerst persönliche) in das Vortragszelt und erhielten während des Vortrags die Antworten auf unsere Fragen. Es waren keine vagen Antworten, sie waren explizit und eindeutig für einzelne bestimmt, allerdings so formuliert, daß sie niemanden in Verlegenheit brachten und keinerlei Hinweise auf die Identität der Betroffenen enthielten.

Ein junger Mann wollte die psychischen Fähigkeiten von Lama Yeshe testen und schauen, ob er einen direkt auf ihn gerichteten Gedanken aufnehmen würde. Während des nächsten Vortrages visualisierte er ein großes Glas kalten, frisch gepreßten Orangensaft und bot es Lama an. Lama hielt im Sprechen inne, schaute den jungen Mann an und sagte: »Dankeschön, mein Lieber. Das ist sehr nett von dir«, und setzte seinen Vortrag fort.

All diese subtilen Dinge gaben Hinweise auf den umfassenden Geist der Menschen, die uns unterrichteten. Sie waren offensichtlich in der Lage, gleichzeitig in den Gedanken mehrere Personen zu lesen, während sie äußerlich mit anderen Dingen beschäftigt waren. Sie waren lebende Beispiele für das Potential des menschlichen Bewußtseins. Vor unseren Augen gewannen die Lamas an Format. Sie waren Supermänner! Und doch verloren sie nicht für einen einzigen Augenblick ihren äußeren Aspekt von Bescheidenheit, Menschlichkeit und Humor. Wer waren sie wirklich?

4
Der Anfang

Die Welt, aus der Lama Yeshe stammte, hätte nicht weiter entfernt sein können von der Welt, in der er sich jetzt wiederfand. Auch wenn man heute nach Tibet reist, ist das ein Zeitsprung von fünf Jahrhunderten oder mehr. So muß es im Mittelalter in Europa ausgesehen haben. Es war ein Land, das in einer Art Zeitkäfig lebte, dessen Lebensweise, Bräuche, Glaubensvorstellungen und Spiritualität im wahrsten Sinne des Wortes in der herrlichen Isolation auf dem Dach der Welt eingefroren blieben.

Lama Yeshe wurde im Mai 1935 in Tolung, einem kleinen Bergdorf unweit von Lhasa, geboren. Seine Eltern waren Bauern, und das Leben war für sie wie für die meisten Tibeter, hart, ärmlich und auf das Lebensnotwendige beschränkt. Und doch war es ein glückliches Leben; tagsüber arbeitete man auf den Feldern, und nachts drängte man sich in den zwei Räumen eines kleinen Lehmhauses mit einem sorgfältig gekehrten Fußboden aus Erde zusammen. In einer Ecke brannte ein altertümlicher schwarzer Ofen; er hielt die heftigen, eisigen Winde des Himalaya ab, und auf ihm wurde das Lieblingsessen der Tibeter zubereitet: Tsampa (geröstetes Gerstenmehl, das mit Yakbutter zu einem Teig verknetet wird) und Momos (Klöße).

Lama Yeshes Eltern entdeckten, daß sie ein besonderes Kind geboren hatten, als die Nonnen vom Chime-Lung-Kloster, das etwa zwei Reitstunden entfernt lag, ein ungewöhnlich starkes Interesse an ihrem Sohn zeigten. Einige Jahre zuvor war deren heißgeliebte Äbtissin gestorben, und der für seine psychischen Kräfte bekannte Lama Nenung Pawo Rinpoche schickte sie auf ihrer Suche zu dem Haus, in dem Lama Yeshe lebte. Er hatte Zeit und Ort von Lamas Geburt genau vorhergesagt. Als die Nonnen die Reinkarnation ihrer Äbtissin wiedergefunden hatten, begannen sie, dem kleinen Jungen Geschenke zu machen und nahmen ihn häufig mit in ihr Kloster, wo er an religiösen Zeremonien teilnahm. Lama Yeshe fühlte sich in dieser Umgebung sehr wohl und verbrachte häufig einige Tage ohne seine Familie in der Gesellschaft der Nonnen.

Die Äbtissin war zu ihren Lebzeiten eine berühmte Yogini gewesen und hatte einen Kreis von Nonnen mit hohen spirituellen Kräften um sich versammelt. Interessanterweise erzählt man sich, daß diese Äbtissin inbrünstig darum gebetet habe, in ihrem nächsten Leben eine Wiedergeburt anzunehmen, die es ihr ermöglichen würde, den Menschen den Buddhismus zu bringen, die in spiriteller Dunkelheit leben und die kein anderer Lama lehren will. In Lama Yeshe sollten sich ihre Gebete erfüllen.

Als Frau tat es mir gut, zu hören, daß diese kraftvolle Person, der ich begegnet war, vor so kurzer Zeit in einem weiblichen Körper gelebt hatte – denn weibliche Gurus gibt es im Osten genauso wenige wie im Westen. Als ich später die Lamas wegen dieses eklatanten Mangels an spirituellen Führerinnen zur Rede stellte, räumten sie ein, daß das ganze monastische System in Tibet auf die Förderung männlicher Autoritätsfiguren ausgerichtet ist. Es habe jedoch in der Tat große weibliche Meditierende gegeben, die durch ihre mutigen und einsamen Bemühungen die höchsten Ziele erreichten.

Eine der anziehendsten Eigenschaften von Lama Yeshe war sein tiefes Mitgefühl und sein Verständnis für Frauen. Manchmal schien er fast eine Frau zu werden. Nicht daß er je unmännlich gewesen wäre, doch konnte er, wenn es die Umstände verlangten, unbestreitbar »sanft« und »intuitiv« sein. Deshalb reagierten Frauen wohl auch verstärkt auf ihn und vertrauten ihm instinktiv; sie spürten, daß er wußte, was es heißt, eine Frau zu sein. Das waren seltene Eigenschaften bei einem Mann, insbesondere bei einem so eindeutig männlichen Mann. Lama war zur Essenz eines wirklich spirituellen Wesens geworden, zu einer Person, die ihre männlichen und weiblichen Eigenschaften zur vollen Entfaltung gebracht hatte.

Von klein auf hatte Lama Yeshe den Wunsch gehabt, ein religiöses Leben zu führen. Er sagte später, daß er bei aller Liebe zu seinen Eltern das Gefühl hatte, ihr Leben sei voller Leiden, das Leben mit einer Familie schenke kein echtes Glück, und daß das nicht der Weg sei, den er gehen wolle. Immer wenn ein Mönch sein Elternhaus besuchte, bat er darum, mit ihm gehen und in ein Kloster eintreten zu dürfen. Als er sechs Jahre alt war, gaben seine Eltern seinem Wunsch nach und brachten ihn in das riesige Kloster Sera, eine der drei großen Klosteruniversitäten bei Lhasa, wo man ihn der Obhut eines Onkels, der dort Mönch war, anvertraute.

Das Kloster Sera liegt vier Kilometer vor der Hauptstadt und ist über eine staubige Straße zu erreichen. Es gleicht den übrigen Hauptklöstern darin, daß es anders als jedes andere Gebäude auf Erden ist! Stellen Sie sich eine mauerumkränzte Stadt auf einem Berg vor, dahinter riesige Buddha-Figuren in Stein gehauen. Die Stadt ist ein Irrgarten von verschiedenfarbigen, unterschiedlich gebauten Häusern, die sich alle zu einem wunderbaren Ganzen zusammenfügen. Wenn man ihre Symmetrie untersucht, so stellt sie sich als meisterhaftes Produkt des Asymmetrischen heraus. Hier gibt es kleine gewundene Gassen, winzige Türöffnungen, die unerwartet in Höfe führen; man findet senkrechte Holztreppen, die zu einem Labyrinth von Räumen auf der oberen Etage führen; dann die Zellen der Mönche – winzig, gerade kopfhoch, mit einem Lehmboden und dunkel und verrußt, nicht nur weil es keine Fenster gibt, sondern weil unablässig ein Feuer brennt, das den gesalzenen Yakbuttertee ständig am Kochen hält. In einer Ecke brennt eine Butterlampe; sie beleuchtet ein heiliges Bild; und dann noch ein niedriges Gestell, das Bett, mit einem reich verzierten, tibetischen Teppich darauf. Sonst nichts. Das alles scheint mit einer verkrusteten Teerschicht überzogen zu sein, die sich über Jahrhunderte hinweg durch Staub und den Rauch von Duftstäbchen und Kerzen gebildet hat. Waschen steht bei den Tibetern nicht hoch im Kurs, ob es nun um Dinge oder den Körper geht. Man könnte meinen, die Zelle eines Alchimisten aus dem Mittelalter zu betreten.

Wenn die Räume auch dunkel und schmuddelig sind, so erstrahlen die Außenwände der Häuser und Tempel in einem Meer von Farben. Scharlachrot, Königsblau, Smaragdgrün, Sonnengelb, Gold und Silber. Hier hat das tibetische Kunsthandwerk seinen höchsten Ausdruck gefunden; es gibt wunderschöne Holzarbeiten, Schnitzereien, Messingarbeiten und natürlich die Statuen. Die Buddha-Figuren entstehen nach monatelanger Meditation des Künstlers und überschreiten daher die Grenzen einer individuellen Darstellung;

sie verzieren jeden Zentimeter der Tempelwände und reichen bis zu den Decken der Gewölbe, die oft bis zu zwanzig Meter hoch sind. Man hat keine Wahl, man muß die Augen erheben und den Erleuchteten anblicken, der mit dem gelassenen Lächeln des Mitgefühls auf die Menschen herabschaut.

In dieser altehrwürdigen, geordneten Welt, die durchdrungen war von der Kraft spiritueller Aktivität aus vielen Jahrhunderten, verbrachte Lama Yeshe neunzehn Jahre seines Lebens. Abgeschnitten vom Leben außerhalb des Klosters und auch ohne Interesse daran, war er vollständig zufrieden.

»Es war ein wunderbarer Ort. So heilig«, erklärte er mir einmal. »Ich lebte mit mehr als zehntausend Mönchen in Sera, und unser Leben war streng geregelt. Es hieß, in Sera dürfe nicht einmal eine Blume wachsen, damit sie den Geist nicht ablenke! Wie dem auch sei, wir mußten Roben tragen, die *immer* beide Arme frei ließen. Du kannst dir vorstellen, was das im Winter bedeutete! Und der Tagesablauf war streng geregelt. Der Tag begann morgens um fünf Uhr mit der Morgen-Puja (einer Gebetszeremonie), und dann gab es den ganzen Tag Pujas bis abends um sieben Uhr. Wir hatten drei Stunden frei von zwölf bis drei Uhr. Abends hieß es, die Schriften auswendig zu lernen, um sie so stets gegenwärtig zu haben. Danach gab es Debatten und Prüfungen zu den Schriften. Das war harte Arbeit. Wenn man vor elf Uhr ins Bett kam, war das früh«, erzählte er.

»Sera war allerdings ein Ausbildungskloster«, fuhr er fort. »Ich hatte vier Lehrer, die die unterschiedlichen Klassen unterrichteten. Das Schwergewicht lag auf philosophischen Fragen, wie dem Verständnis für die wahre Natur der Wirklichkeit, der Leerheit und dem Mittleren Weg, der grundlegenden buddhistischen Lehre vom Vermeiden der Extreme. Ich hatte aber auch viele Meditationsmeister, die uns zeigten, wie man über die Qualität des menschlichen Lebens meditiert, wie man diese kostbare menschliche Existenz am besten nutzt, was man tun kann, wenn man stirbt, und vieles andere mehr.«

Lama Yeshe war bei seinen Landsleuten nie besonders berühmt für seine akademischen Leistungen. Er war sehr gut bei Diskussionen, doch man schätzte ihn vor allem wegen seiner Bescheidenheit und Liebenswürdigkeit. Er erlangte nie den Grad eines Geshe (der in etwa dem Doktorgrad der »Theologie« oder Religion entspricht), obgleich er seit seinem zwölften Lebensjahr mit diesem Ziel studiert hatte. Als er von einem westlichen Schüler nach den Gründen gefragt wurde, meinte er: »Wer ist es denn, den man Geshe Yeshe nennen könnte – das ist ja lächerlich!« Ich habe allerdings noch eine andere Geschichte gehört, die der Wahrheit wohl etwas mehr entspricht.

Sein Onkel hatte ihm einmal den Betrag angeboten, den man bezahlen muß, wenn man die Prüfung ablegen möchte. Doch Lama Yeshe hatte das Geld mit der Begründung abgelehnt, es sei besser, damit die Armen zu verköstigen. Statt dessen zog er sich mit seinem Lama zu einem Dreijahres-Retreat im Schweigen zurück. Äußerlich blieb er »ein einfacher Mönch«, das, was er immer sein wollte.

Lama Yeshe erzählte weiter von seinen Erinnerungen an Sera: »Den ganzen Tag sprachen wir nur über Dharma. Und das machte uns Freude. Für alle meine Bedürfnisse sorgte die religiöse Gemeinschaft. Mir fehlte es an nichts. Wenn man sich in die Regeln einfinden kann, ist es ein sehr friedliches Leben. Es war, so schien es, ein völlig gesichertes Leben. Ich dachte, mein Leben hat hier begonnen und wird auch hier zu Ende gehen!«

Er konnte nicht ahnen, was ihm bevorstand. Sein Wissen über den Westen war auf die Erzählungen alter Männer beschränkt, die »die rothäutigen Fremden« übereinstimmend als Barbaren beschrieben, denen jede Form von Spiritualität fehle. Lama Yeshe war davon nicht ganz überzeugt. Er hatte einmal einen Weißen in Lhasa gesehen und sich ihn genau angeschaut. »Mir schien er sehr intelligent zu sein. Als ich später anfing, Menschen aus dem Westen zu unterrichten und mit ihnen zu leben, waren meine Landsleute schockiert. Sie meinten, ich solle mich nicht unter die Fremden begeben, da sie völlig anders seien. Dieses Gefühl hatte ich jedoch nie. Ich hatte das Gefühl, daß die Menschen aus dem Westen und ich gleich waren. Das ist mein Karma, und dabei belasse ich es«, sagte er zu mir. Waren diese Worte Ausdruck eines außergewöhnlich offenen Geistes oder sprach da der tiefste Wunsch der früheren Äbtissin aus ihm? Vielleicht war das ein und dasselbe.

Seine Welt wurde im wahrsten Sinne des Wortes gewaltsam geöffnet, als die Chinesen 1959 das Land überfielen. Es ist schon viel über den antireligiösen Eifer geschrieben worden, der – Mao Tse-tungs Rote Garden gepackt hatte, als sie Tibet stürmten, die Klöster plünderten, unschätzbare Kunstwerke zerstörten und viele Mönche und hohe Lamas einsperrten, folterten und töteten. Es war mehr als das Ende einer Epoche. Es war, so kann man behaupten, die brutale Vernichtung der letzten alten Kultur, die es noch auf dieser Erde gab. Was da vor unseren Augen zerstört wurde, war eine reiche und seltene Hochkultur, die der des Alten Ägypten oder der Inkas vergleichbar ist. Die Welt hielt sich abseits, schaute zu und tat nichts.

Als die Mauern von Sera um ihn herum zusammenstürzten, traf Lama Yeshe mit fünfundzwanzig Jahren die erste wichtige Entscheidung seines erwachsenen Lebens. Er entschloß sich zur Flucht. Und durch die Kräfte des Schicksals oder des Karma wurde das verborgene Geheimnis Tibets gewaltsam gelüftet, und sein größter Schatz, die reinen und vollständigen Lehren des Mahayana-Buddhismus, wurden schließlich dem Rest der Welt übergeben. Wie Lama Yeshe später erklärte: »Ich begriff, daß ich gehen mußte. Auch wenn ich geblieben wäre, hätte man mir nicht gestattet, weiterhin das Leben eines Mönches zu führen. Wenn ich meine Studien und meine Praxis fortsetzen wollte, mußte ich Tibet verlassen. Als ich diese Entscheidung getroffen hatte, war mir intuitiv klar, daß es mit Lhasa und dem Kloster für immer und ewig vorbei sein würde. Ich weinte. Freunde sagten zu mir, ich würde zurückkommen. Aber in meinem Herzen wußte ich, daß das nicht stimmte. Es war schrecklich, Abschied zu nehmen. Meine Schwester klammerte sich an mich, bat mich zu bleiben, sagte, ich könne in ihrem Haus versteckt leben. Ich wußte, daß das nicht möglich war. Ich wagte es nicht, mich von meiner Mutter zu verabschieden. Es hätte ihr das Herz gebrochen.«

Lama Yeshe legte seine Gewänder ab, die er seit seinem sechsten Lebensjahr getragen hatte, und zog Laienkleider an; und zusammen mit seinen beiden Brüdern trat er die Flucht über das Bergmassiv des Himalaya an. Er ging den ganzen Weg zu Fuß und trug seine wenigen Besitztümer auf dem Rücken. Zum ersten Mal in seinem Leben mußte er seine Nahrung erbetteln und echte Not leiden. Nachts war es so bitterlich kalt, daß sie ein Feuer um sich herum anzündeten, doch konnte auch das kaum die Temperaturen über null Grad halten. Jedes Mal, wenn eine Gruppe von chinesischen Soldaten im Anmarsch war, eilte ein Tibeter voraus und warnte die drei Mönche. Lama Yeshe brauchte über einen Monat, um nach Indien in die Freiheit zu gelangen.

Es war eine seltsame Freiheit. Mit Hunderten von weiteren Tibetern wurde er in einem großen, trostlosen Flüchtlingslager in Buxaduar, im Nordosten von Indien, interniert. Für den behüteten, naiven und einfachen Mönch war das eine verwirrende Welt. »Es war ein ungeheurer Schock«, vertraute er mir an. »Ich glaubte tatsächlich, ich sei geradewegs in der Hölle gelandet. Indien war so heruntergekommen im Vergleich zu Tibet. Die Hitze und auch das Essen waren unerträglich. Ich konnte Reis und Dhal nicht ausstehen, schon der Geruch war mir zuwider, und ich war monatelang krank und hatte schreckliche Magenbeschwerden. Und zum ersten Mal in meinem Leben mußte ich mir Gedanken über Geld machen. In Sera hatte ich nie über Geld nachgedacht! Jetzt begriff ich, daß alles mit Rupies zu tun hatte. Da ich nichts davon verstand, mußte ich schnell lernen. Eigentlich waren die Chinesen sehr liebenswürdig – sie zwangen mich zu einer Begegnung mit der äußeren Welt und gaben mir die Gelegenheit, das Dharma wirklich zu überprüfen. Ich hätte den Rest meines Lebens in der Meditation verbringen können, doch das genügt nicht. Ein Mönch sollte sein Leben für andere einsetzen«, sagte er.

Jetzt begann sich die in den vergangenen fast zwanzig Jahren in Sera entwickelte Disziplin auszuzahlen. Die Tibeter bauten in ihrem Flüchtlingslager ihr Lehrprogramm wieder auf und setzten ihre Studien fort. Lama Yeshe befaßte sich neben dem Studium der klassischen Texte mit Gedichten und, zur Empörung seiner Kollegen, mit der englischen Sprache. In dieser Zeit kam er ständig zu spät zu seinen Debattierklassen morgens um neun Uhr. Er kam zu spät, weil er verschlief. Und er verschlief, weil er die ganze Nacht aufgeblieben war, um Englisch zu lernen. Er leugnete das häufig, doch ertappten ihn seine Klassenkameraden immer wieder mit einem Englischlehrbuch. Sie erklärten ihm, das sei Zeitverschwendung. Wenn er schon eine zweite Sprache lernen wolle, dann solle er besser Hindi lernen. Dennoch setzte Lama seine Englischstudien fort.

Etwa zwei Jahre nach seiner Ankunft in Buxaduar kam ein junger reinkarnierter Lama namens Zopa Rinpoche als Schüler zu ihm. Für beide war das ein Wendepunkt. Lama Zopa, der eine solch entscheidende Rolle in dem Drama spielen sollte, das gerade begann, hatte selbst eine bemerkenswerte persönliche Geschichte. Er wurde 1946 in einem kleinen Dorf im Solokumbu-Gebiet in Nepal, in der Nähe des Mount Everest geboren. Als Kind spielte er »Guru« und gab seinen Spielkameraden Einweihungen, doch nahm kaum jemand Notiz davon, denn in dieser Gegend der Welt ist dieses Spiel so verbreitet wie »Räuber und Gendarm« im Westen.

Was die Aufmerksamkeit seiner Eltern allerdings auf sich zog, waren seine wiederholten Versuche, kaum daß er krabbeln konnte, auf einem steilen Weg zu einer Höhle zu gelangen, die dem Lawudo Lama, einem berühmten Meditierenden, gehört hatte. Immer wieder mußte man ihn herunterholen. Der Lawudo Lama hatte die letzten zwanzig Jahre seines Lebens mit spirituellen Übungen verbracht und nicht nur den Menschen Rat und Belehrungen gegeben, die auf der Suche nach Führung in seine Höhle kamen, sondern auch den anderen Yogis in den umliegenden Höhlen. Bevor er starb, versprach er, in einer jüngeren Gestalt wiederzukommen, in der er noch mehr für die Menschen dieser Gegend tun könnte. (In Übereinstimmung mit seinen Worten gründete Lama Zopa die Mount-Everest-Schule für Sherpa-Jungen, die derzeit in Kopan beheimatet ist.)

Als Lama Zopa drei Jahre alt war, verschwand er für eine ganze Nacht. Außer sich vor Angst stellten seine Eltern einen Suchtrupp zusammen. Schließlich fand ihn sein Onkel in der Höhle des Lawudo Lama, und der Junge erklärte halsstarrig: »Ich bin der Lawudo Lama, auch wenn mir das keiner glaubt.« Er bestand darauf, sein Leben in der Meditation und dem Gebet fortzuführen. Sein Onkel ließ sich schließlich davon überzeugen und versprach, für seine offizielle Anerkennung zu sorgen. Daraufhin mußte er sich einer öffentlichen Prüfung durch Ngawang Samden unterziehen, eines in der Nähe lebenden Meisters der Nyingma-Schule des tibetischen Buddhismus. Das Kind bestand die Prüfung und wurde als die Reinkarnation des Lawudo Lama anerkannt.

Lama Zopa ging weiterhin zur Schule bis zu dem Tag, an dem ihn sein Onkel auf eine Pilgerreise nach Tibet mitnahm; dabei trug er den kleinen Jungen meist auf seinem Rücken. Schließlich kamen sie im Dungkar-Kloster im Norden von Sikkim an, wo der berühmte Domo Geshe Rinpoche zu Hause war (verewigt in Lama Goindas Klassiker *Der Weg der weißen Wolken*). Dort versetzte er seinen Onkel durch die Bemerkung in Schrecken, daß er vorhabe, hierzubleiben. Verständlicherweise widersetzte sich der Onkel diesem Wunsch, doch als der leitende Beamte der Gegend einschritt und sagte, man sollte den Wunsch des Knaben respektieren, kehrte der Onkel allein nach Hause zurück. Lama Zopa hatte wieder einmal seinen Kopf durchgesetzt.

Wären die Zeiten friedlich geblieben, wäre Lama Zopa Lama Yeshe im Kloster Sera begegnet, wohin er für seine weitere Ausbildung gehen wollte. Aber auch er mußte vor den Greueltaten der Chinesen fliehen, und auch er kam nach Buxaduar, wo ihn sein Schicksal schließlich einholte.

1965 geschah dann etwas äußerst Seltsames. Eine außergewöhnliche Person stürmte in ihr Zimmer. Das war Zina Rachevsky, eine hübsche, junge, blonde »Prinzessin« russischer Herkunft. Sie war auf der Suche nach Domo Geshe Rinpoche, zweifellos inspiriert durch die romantische Beschreibung in Lama Govindas Buch. Durch eine Verwechslung war sie zu Lama Zopa gelangt, den man seit seinem Aufenthalt im Kloster Dungkar in Tibet ebenfalls Domo Rinpoche nannte. Ohne etwas von dieser Verwechslung zu wissen, trat sie auf ihn zu und fragte kühn: »Wie kann ich Frieden und Befreiung erlangen?«

Wenn man sagen würde, die Lamas seien überrascht gewesen, dann wäre das eine Untertreibung. Kein Fremder, geschweige denn einer der gefürchteten, westlichen »Barbaren« hatte jemals ihre Unterkunft betreten. Noch nie hatte ein »Barbar« so mit ihnen gesprochen. Und ganz gewiß hatte noch kein »Barbar« davon gesprochen, daß er auf der Suche nach Erleuchtung sei.

Aber Zina Rachevsky war keine gewöhnliche Person. Ihr Leben war in jeder Hinsicht genauso außergewöhnlich wie das der beiden Lamas. Ihr Vater war ein Romanow, ein russischer Prinz, der während der Russischen Revolution geflüchtet war, und ihre Mutter war eine reiche Erbin, eine der reichsten Frauen in den Vereinigten Staaten von Amerika.

Zina wuchs in Hollywood auf und war ein typisches Produkt von »Tinsel Town« – verwöhnt, mißtrauisch, unsicher, stets auf der Jagd nach Aufmerksamkeit und tief unglücklich. Schon als Teenager stand sie in den Schlagzeilen, nicht nur weil sie zur Welt der Starlets gehörte, sondern weil sie auch in verschiedene Drogenskandale verwickelt war. Sie war eine hinreißende, erotische Schönheit; sie sah aus wie Marilyn Monroe; und sie war wild entschlossen, auf Messers Schneide zu leben.

Mit Beginn der sechziger Jahre war Zina reif für die Bewegung der Blumenkinder, für »Frieden und Liebe« – insbesondere für letzteres. Sie hatte zahllose Affären und mehrere Ehemänner; einer von ihnen war Conrad Rookes, der den Film *Siddhartha* gedreht hat. Sie begann zu reisen und lebte in einer Künstlerkolonie auf der griechischen Insel Hydra. Später ging sie nach Indien, das Mekka der Hippies. In Sri Lanka las sie dann den *Weg der weißen Wolken*; und mit einer Entschlossenheit, die daraus resultierte, daß sie bisher alles im Leben bekommen hatte, was sie wollte, entschied sie, daß sie unbedingt Domo Geshe Rinpoche treffen *mußte*.

Als sie Lama Yeshe begegnete, war sie am Ende. Drogen, Alkohol, exzessive Nächte, ein verwöhntes Leben und allzu viele sexuelle Affären forderten ihren Tribut. Für die Lamas muß sie dem Klischee der heruntergekommenen, unspirituellen, westlichen Teufel entsprochen haben. Und so sagten sie eine Weile gar nichts, sondern schauten sie nur an.

War sie wirklich? War das alles fauler Zauber? Oder war sie, wie Lama Yeshe annahm, eine ganz besondere Person? Mit seiner reifen Weisheit beschloß er, sie einer Prüfung zu unterziehen. Er erklärte mir: »Ich gab ihr in meinem gebrochenen Englisch eine Art Antwort, und nach einer Stunde sagte sie, daß sie jetzt gehen müsse. Zu meiner Überraschung fragte sie, ob sie am nächsten Tag wiederkommen könne. Ich sagte: ›In Ordnung.‹ Und sie kam wieder und stellte Fragen, und ich gab ihr Unterweisungen. Eine Woche lang kam sie immer mit dem Jeep zu uns und fragte dann, ob wir bereit wären, sie zu besuchen.«

Einen Augenblick lang zögerte Lama Yeshe. Der Schritt, den er im Begriff war zu tun, war unwiderruflich. An diesem Punkt schaltete sich Lama Zopa ein. Mit dem ganzen Eifer eines jungen Bodhisattva bat er Lama Yeshe immer wieder, diese Frau nicht aufzugeben, die seine Hilfe gesucht habe. Lama Yeshe hatte immer noch Bedenken. Wußte Lama Zopa, um was er da bat? War er sich der ungeheuren Verantwortung bewußt, die sie im Begriff waren zu übernehmen und die eines Tages voll und ganz auf seinen Schultern liegen würde? War er bereit für das, was jetzt in die Wege geleitet wurde?

Doch das Versprechen eines Bodhisattva, das sie beide abgelegt hatten, ist in Stein gehauen und gilt für alle Zeiten. Sie wußten natürlich beide, daß sie niemanden zurückweisen konnten, der aufrichtig nach der Wahrheit sucht. Und so begannen Lama Yeshe und Lama Zopa das Rad des Dharma für den Westen zu drehen, und sie gaben Zina neun Monate lang Tag für Tag die von ihr so aufrichtig ersehnten Unterweisungen. Es muß ein für beide Seiten faszinierender Austausch gewesen sein. Wenn Zina von den beiden heiligen Männern fasziniert war, die ihren Weg gekreuzt hatten, so müssen sie auch von ihr gebannt gewesen sein. Lama Yeshe erzählte mir: »Sie war sehr unzufrieden mit allem! Sie sagte, ihr Leben sei leer, ohne *Geschmack*. Sie hatte alles mögliche versucht in ihrem Leben und war doch immer noch nicht zufrieden. Ich konnte verstehen, was sie sagte. Im Vergleich mit ihr besaß ich nichts – weder Heimat noch Zuhause, weder Geld noch Besitz, noch Familie –, und doch hatte ich alles. Ich begann Zinas Lebensstil zu hinterfragen, und das machte ich später bei anderen westlichen Schülern ebenso. Ich verstand, daß es Zina an einem Verständnis ihrer selbst, an einem Verständnis ihres inneren Lebens fehlte. Sie besaß kein Wissen um ihre Fähigkeiten zur Freude. Sie glaubte, Glück käme von außen; doch das stimmt nicht, es kommt von innen.«

Zina hatte endlich den Sinn gefunden, der in ihrem verzweifelten, traurigen Leben gefehlt hatte. Als ihre neun Monate privater Unterweisungen vorüber waren, zwang sie ihr abgelaufenes Visum, nach Sri Lanka zurückzukehren. Sie bestürmte den Dalai Lama mit Bitten, Lama Yeshe und Lama Zopa einen Besuch in Sri Lanka zu gestatten. Als diese Bitte gewährt wurde, kehrte Zina nach Indien zurück, um die Lamas zu begleiten. Ganz spontan beschloß sie dort, zuerst mit den Lamas nach Dharamsala zu gehen und sich um eine persönliche Audienz beim Dalai Lama zu bemühen. Als sie dort war, kam sie zu der Überzeugung, daß sie zum Leben einer Nonne bestimmt sei. Wieder mußte Lama Yeshe innehalten. Eine westliche Schülerin zu haben war eine Sache, doch eine mit geschorenem Kopf und roten Roben, das war eine andere Sache. »Ich dachte eine Weile darüber nach«, gestand er mir, »und entschied dann, daß es in Ordnung sei! Es schien sogar eine gute Idee zu sein. So bat ich den Dalai Lama Zina persönlich zu ordinieren.«

Das Band zwischen den Lamas und dem Westen wurde stärker. Lama Yeshe mußte nun überlegen, was das Beste für eine neu ordinierte, amerikanische, buddhistische Nonne war. »Zuerst dachte ich daran, mit ihr in den Westen zu gehen, hielt aber die Zeit dafür noch nicht reif. Und so gingen wir drei nach Nepal, das neben Tibet liegt. Nepal ist sehr schön; das war meines Erachtens wichtig für Zina und für mich. Ordiniert zu sein war nicht genug für sie – was sie als Unterstützung in ihrem neuen Leben brauchte, waren Einfachheit und Frieden«, sagte er.

Das seltsame Triumvirat machte sich auf den Weg nach Boudhanath, ein paar Meilen außerhalb von Katmandu. Boudhanath ist ein malerisches Städtchen, um eine große Stupa gebaut, die auf allen vier Seiten mit den allessehenden Buddha-Augen bemalt ist, inmitten von saftigen, grünen Feldern und braunen, terrassierten Berghängen. Es ist das berühmteste buddhistische Heiligtum außerhalb von Tibet und ist daher zum Ziel vieler frommer Pilger geworden. Inmitten von religiösem Kunsthandwerk, das in den Auslagen der kleinen Läden um die Stupa herum zu sehen ist, inmitten von Schmutz, Kühen, Ziegen, Bettlern, Mönchen, kreisenden Gebetsmühlen und den Klängen von Gongs und Trommeln, fanden die drei ein Haus und zogen dort ein.

Nach einiger Zeit kamen Freunde von Zina vorbei, um nach ihr zu schauen. Hingezogen von ihrer eigenen Neugier und den offensichtlichen Veränderungen in Zina, wollten sie hören, was Lama Yeshe zu sagen hatte. Sie blieben da. Und immer mehr kamen. Im Laufe der Zeit wuchs die Anzahl der Leute, und so kaufte Zina ein Stück Land auf einem Hügel oberhalb von Boudhanath und der großen Stupa. Der Ort hieß Kopan. Das war die Geburtsstunde einer phänomenalen Bewegung. Der Zeitpunkt war genau richtig. Zina Rachevsky hat trotz ihrer anarchistischen und unglücklichen Vergangenheit ein mächtiges Feuer angezündet, das bis heute kräftig brennt.

Zina war Nonne geworden und hatte sich in Kopan häuslich niedergelassen. Doch wäre es falsch, anzunehmen, sie sei eine völlig andere geworden. Fünfunddreißig Jahre eines bestimmten Lebensstiles verschwinden nicht über Nacht. Hin und wieder trat ihre autokratische Art sichtbar hervor, zum Ärger der Kopan-Siedler; sie waren alle Hippies und keineswegs geneigt, Zina als Autorität zu akzeptieren. Der Däne Age Delbanco, den Zinas Versprechungen, sie könne seine Visaprobleme mit den Einwanderungsbehörden von Nepal lösen, nach Kopan gelockt hatten, erinnerte sich: »Sie gab eine Menge Anordnungen, nach denen sich niemand richtete, und sie wurde dann sehr wütend. Wir sollten sie als unsere Mutter betrachten, doch für uns war sie einfach die Prinzessin! Ihr hitziges Temperament zeigte sich immer wieder, und sie hatte kein Verhältnis zu Geld. Sie konnte einfach nicht mit Geld umgehen – wie so viele reiche, verwöhnte Menschen. Doch dann war sie wieder so voller Begeisterung; und sie liebte die Lamas so sehr. Sie hatte ein sehr großes Herz.

Als ich sie das letzte Mal sah, kam sie gerade von einem Dreimonats-Retreat; sie war wie verwandelt. Sie war wunderschön, und sie strahlte Ruhe, Frieden und eine große Liebenswürdigkeit aus. Sie hat mir gezeigt, daß man die Gewohnheiten eines ganzen Lebens nur langsam abstreift – sie kannte die Lamas damals eineinhalb Jahre, nicht gerade lange, wenn es darum geht, die geistigen Gewohnheiten von fünfunddreißig Jahren zu verändern. Doch sie gab sich Mühe! Das zeigte sich nach diesem Retreat.«

Zina führte bis zum Schluß ein dramatisches Leben. Sie starb ganz plötzlich mit zweiundvierzig Jahren. Einige meinen, sie starb an Hepatitis, andere glauben, es sei eine Lebensmittelvergiftung gewesen.

Lama Yeshe wußte, daß der einzige Weg für Zina weitere Retreats waren, und hatte sie in eine Höhle in den Himalaya geschickt. Dort sollte sie in drei Jahren neben anderen spirituellen Übungen dreieinhalb Millionen Mantras rezitieren. Sie war damit einverstanden, denn sie begriff, daß das die beste Möglichkeit für sie sein würde. Anfangs fand sie die Isolation und die Abgeschlossenheit schrecklich. Sie war allein, sie hatte Angst und verbrachte viel Zeit mit Tagebucheintragungen. Doch langsam ließ das alles nach; Zina entwikkelte die nötige Retreat-Stimmung und wurde glücklich.

Als sie die Hälfte des Retreats hinter sich hatte, wachte Lama Yeshe eines Morgens um sechs Uhr in Kopan auf und wollte zum Flughafen. Er müsse Zina sehen, sagte er. Die Höhle war entweder durch einen zehntägigen Fußmarsch oder durch ein paar Flugstunden zu erreichen. Doch die Monsunzeit hatte gerade begonnen, und es war schwierig, Katmandu mit dem Flugzeug zu verlassen oder zu erreichen. Als Lama Yeshe am Flughafen ankam, fand er heraus, daß kein Flug angesetzt war, vor dem entsprechenden Schalter stand eine lange Reihe wartender Menschen. Er wartete unverzagt. Als der Flug schließlich angekündigt wurde, drängte Lama Yeshe ganz untypisch alle Wartenden (zumeist kräftige Sherpas) beiseite, stürmte zum Schalter und verlangte ein Ticket. Die Sherpas, erstaunt über ein solches Verhalten bei einem Lama, standen schweigend da. Er bekam seinen Platz.

Zehn Tage verbrachte Lama bei Zina und kehrte dann nach Kopan zurück. Sechs Wochen später starb sie unter großen Schmerzen in der Meditationshaltung, in der sie noch stundenlang verharrte. Obgleich er niemanden den Grund für seinen dringenden Besuch nannte, wußte er genau, daß dies die letzte Gelegenheit gewesen war, seine erste westliche Schülerin zu sehen, bevor der Monsun einen Besuch in ihrer Höhle verhindern würde. Er mußte zu ihr gelangen, bevor sie starb. Er wußte, daß sie Enormes geleistet hatte und was er ihr verdankte.

Das ist noch nicht das Ende von Zinas Geschichte. Das Ende erzählte ein anderer Schüler von Lama Yeshe, Christopher Kolb. Er machte zufällig zu dem Zeitpunkt, als Zina starb, einen Retreat in Lawudo, dem Geburtsort von Lama Zopa: »Ich lebte in einer abgelegenen Hütte mit einem Blechdach, und die Krähen kamen aufs Dach und erzählten mir, wenn sich jemand näherte. Eines Tages klopften sie lautstark auf mein Dach, krähten und tanzten wie wild umher. Ich nahm an, daß sich eine besonders wichtige Person näherte. Ein Läufer kam angerannt und erzählte mir, daß mich ein berühmter Rinpoche aus dem Mount-Everest-Gebiet sprechen wolle. Wie dieser Rinpoche von mir erfahren hatte und woher er wußte, wo ich zu erreichen war, fragte ich nicht. Ich kannte inzwischen die psychischen Kräfte der hohen Lamas.

Ich besuchte ihn, und er erzählte mir, daß er vor drei Tagen in der Meditation gesehen habe, daß Zina gestorben war. Er hatte die folgenden Tage für sie gebetet, und an dem Abend, als er beschloß, mich zu treffen, hatte er einen Traum, in dem ihm Zina erschien; sie sah sehr schön aus, sehr lebendig, und sie trug neue Kleider. Er wollte mich wissen lassen, daß sie in ein reines Land gelangt sei und unter glücklichen Umständen wiedergeboren werden würde«, berichtete er.

Zwar war ihr früher Tod tragisch und von Mißtrauen begleitet, aber sie starb auf dem Höhepunkt ihres Lebens, und das Feuer der spirituellen Übungen brannte in ihrem Herzen. Sie konnte nichts von der großen Bewegung gewußt haben, die sie in Gang gesetzt hatte.

5
Die Vision

Die Prophezeiung von Padmasambhava, dem großen tibetischen Heiligen aus dem achten Jahrhundert, klingt, als sei die Zeit ihrer Erfüllung gekommen. Er verkündete: »Wenn der Eisenvogel fliegt und Pferde auf Rädern reiten, wird sich das tibetische Volk wie Ameisen über den Erdball zerstreuen, und das Dharma wird in das Land der Rothäute gelangen.«

In den frühen siebziger Jahren flogen sicherlich Flugzeuge über unsere Köpfe, es gab Autos auf den Straßen, tibetische Flüchtlinge verteilten sich auf dem ganzen Erdball, und Lama Yeshe hatte begonnen, in Kopan die »Rothäute« (die Menschen aus dem Westen) zu unterweisen. Zugegebenermaßen war das etwas ganz anderes als die strukturierte, disziplinierte religiöse Gemeinschaft, die er in Sera gekannt hatte. Die ersten Schüler, die ihren Weg aus dem Staub und Schmutz des Katmandu-Tales auf den wunderschönen, friedlichen Hügel fanden, waren eine kunterbunte, ziemlich eigenartige Gruppe – ungewaschen, unrasiert, ungekämmt und den Kopf voller Drogen. Monate- und teilweise jahrelang waren diese Hippies schon unterwegs, auf der Suche nach Vergnügen, spiritueller Inspiration oder vielleicht einfach auf der Suche nach Dope. Als sie endlich in Kopan ankamen, hatten die meisten von ihnen den ganzen spirituellen Supermarkt durchprobiert, hatten verschiedene Ashrams in Indien besucht und ein Sammelsurium mystischer Versatzstücke und östlicher Philosophien erlebt, und sie waren ständig auf der Suche nach dem großen Guru. Lama Yeshe ließ sich davon nicht abschrecken. Er fing statt dessen an, seine kostbaren Lehren dieser höchst unorthodoxen Zuhörerschaft mit einer Dynamik und Originalität zu vermitteln, die seine Markenzeichen werden sollten.

Ich spürte einige der ersten Kopan-Besucher auf und wollte von ihnen hören, wie es früher gewesen war. Der heute vierzigjährige Christopher Kolb baut gerade eine Stupa in Washington D. C.; er gibt fröhlich zu, daß er zu den eher extremen Fällen gehört hatte. Er kam fast nackt in Kopan an, mit hüftlangen Haaren, und hatte in der Art der indischen Wanderheiligen oder Saddhus Asche auf seinen ganzen Körper geschmiert. Um den Kopf trug er ein Tuch »Om Namah Shivaya«, das universelle Hindu-Mantra, das Shiva in seiner Allmacht preist. Das Jahr zuvor hatte er an den Ghats des Ganges gelebt, wo die Toten verbrannt werden. Er war gerade auf einem Trip, als er eintraf.

Dennoch wußte er, als er Lama Yeshe sah, daß er »angekommen« war. »Ich wußte sofort, daß er ein großes Wesen war. Ich war nicht auf dem Gurutrip. Ich war mehr als einmal um den Block gegangen«, erzählte er mir. »Ich gab ihm das einzige Stück, das ich besaß, ein Mobile aus Muscheln, das ich in Goa gekauft hatte. Er nahm es, ging in sein Zimmer und zeigte es Lama Zopa. Ich hörte Gelächter, doch als Lama Yeshe wieder herauskam, weinte er. Sein Herz weinte um den amerikanischen Jungen aus Utah.«

Lamas Arbeit mit Christopher bestand darin, alle seine Vorstellungen über *Spiritualität* zu zerschmettern. Oberflächlich gesehen war das unerhört, doch wußte Lama Yeshe genau, was er tat. »Eine seiner ersten Fragen an mich war: ›Wenn jetzt jemand mit einer Atombombe nach Nepal käme, um alle in die Luft zu sprengen, würdest du ihn dann töten?‹ Nach all den Reden über Liebe und Güte für alle Lebewesen war das eine ziemliche Kehrtwendung. Lama Yeshe bestand darauf, daß es meine *Pflicht* sei, den Mörder aus Liebe zu töten. Der Schock weckte mich auf. Eine zweite Bemerkung kam gleich hinterher: ›Ihr Hippies sitzt da und schaut euch den Sonnenuntergang an und meint, er sei schön. Für mich ist der Sonnenuntergang häßlich.‹ Ich saß stumm da und wunderte mich. Dann setzte Lama zu einer Erklärung an. Wenn man den Sonnenuntergang analysiert, dann ist er ›eine bloße Erscheinung‹, er ist vergänglich und schenkt kein dauerhaftes Glück. Und das war genau das, was viele von uns suchten«, gestand Christopher.

Lama Yeshe gebrauchte unkonventionelle Mittel, um die Trägheit und Anarchie seiner ersten Schüler zu durchbrechen. Seine unkonventionelle Art gefiel ihnen. Auf seine Weise war er genauso umstritten wie sie selbst. Und da er mit seiner Botschaft keine Kompromisse einging und sie nicht in sanfte Worte kleidete, erreichte sie ihr Ziel. Christopher Kolb war mit sich und dem Leben, das er geführt hatte, von ganzem Herzen unzufrieden. Er erzählte: »Ein Teil von Lamas Genie bestand darin, daß er deinen Geist lesen konnte. Er formulierte das in Worte, was wir nur teilweise ausdrücken konnten.«

Lama Yeshe ging nie sanft mit Christopher um. Bei jeder Gelegenheit stellte er ihn durch eine scheinbar harte Behandlung bloß – er kritisierte sein Aussehen und wies öffentlich auf seine Fehler hin. Christopher machte das nichts aus – er hatte endlich jemanden gefunden, den er lieben und achten konnte. Er beschloß Mönch zu werden – mit all der Disziplin und Verleugnung, die gefordert wurden. Und immer noch ließ Lama nicht nach. Er gestattete nicht, daß sich Christopher unter Hinweis auf seine neue religiöse Verpflichtung vor seinen weltlichen Pflichten drückte. Er hatte sich zwar von seiner Frau und seinen beiden Kindern getrennt, und sie waren nach Europa zurückgekehrt, doch veranlaßte ihn Lama Yeshe, seiner Frau zu schreiben und sie zu bitten, zu ihm nach Kopan zu kommen, damit er für sie sorgen könne. Der einzige Haken bei der Sache war, daß er seine Gelübde, einschließlich des Zölibats, strikt einhalten mußte. Das war die härteste Prüfung, die ihm Lama Yeshe auferlegte, doch Christopher fügte sich. Die Familie lebte dann für einige Jahre auf unkonventionelle Weise zusammen in Kopan.

Als er seine erste Gruppe um sich sammelte, war Lama Yeshe nicht immer so streng. Die meiste Zeit war er das genaue Gegenteil; er zeigte eine Duldsamkeit, Güte und Liebe, die jedes normale Maß überstiegen. Für eine Einladung zum Abendessen bei dem achtzehnjährigen Steve Pearl, die dieser mehr aus Neugierde ausgesprochen hatte, ging er zu Fuß durch halb Katmandu. Steve ging mit ihm in eine nahe gelegene Kneipe und bot ihm, als es spät wurde, sein Gästebett an – einen Autositz. Decken hatte er keine. Lama Yeshe sagte nichts, sondern deckte sich mit seinen Gewändern zu. Jahre später, als Lama Yeshe nach Kalifornien reiste, wo Steve als Zivilpilot arbeitete, gingen die beiden zusammen in einem teuren japanischen Restaurant essen, und erst dann neckte Lama Yeshe Steve wegen ihrer ersten Verabredung.

»Er war so bescheiden«, erinnert sich Steve, »und ich war zu jung und zu naiv, um zu begreifen, daß man sich einem besonderen Lama gegenüber nicht so benimmt. Doch er verstand mich.« Wie die vielen tausend Schüler, die noch kommen sollten, fühlte sich Steve wie magnetisch von ihm angezogen. »Vom ersten Augenblick an, als ich ihn zum ersten Mal sah, wußte ich, daß er etwas ganz Besonderes war, aber ich kämpfte dagegen an. Unbewußt erkannte ich, daß er mein ganzes Leben verändern würde.« Nach der ersten Belehrung ging Steve zu Lama Yeshe, um sich einen medizinischen Rat zu holen. Lama schickte ihn zu einem guten tibetischen Arzt. Steve beschloß, in Zukunft einen großen Bogen um Lama Yeshe zu machen. »Doch es kam der Tag, wo ich wußte, daß ich zu ihm gehen mußte. So ging ich also zu seinem Haus in Boudhanath, wo er mit Zina lebte, doch er war nicht da. Ich sollte warten. Ich wurde so nervös, als ich da saß, daß ich beschloß, zu meditieren, was natürlich das Beste ist, was man vor einer Begegnung mit einem Lama tun kann. Endlich kam er und fragte: ›Was kann ich für dich tun?‹ Und aus meinem Mund kamen die Worte: ›Ich möchte mich bedanken, daß du meinem Körper geholfen hast, und ich frage mich, ob du etwas tun kannst, um meinem Geist zu helfen?‹ Als ich das gesagt hatte, entstand in meinem Herzen ein ganz warmes Gefühl. Es war wunderbar, ich habe so etwas noch nie erlebt. Lama Yeshe sagte nichts. Er saß einfach da.«

Steve wehrte sich noch immer, verließ den Lama und beschloß, nach Indien zu reisen, wo noch mehr Tibeter lebten. Er wollte sehen, ob alle Lamas solch eine Wirkung auf ihn hatten. Vielleicht handelte es sich um einen Trick, den sie in Lhasa gelernt hatten. Nach Monaten, in denen er andere Lamas geprüft und nie wieder eine solche Erfahrung gemacht hatte, kehrte Steve nach Kopan zurück.

Zu dem Zeitpunkt hatten die Bauarbeiten bereits begonnen. Zuerst sollte der Haupttempel, die Gompa, unter den schützenden Zweigen des großen Bodhibaumes gebaut werden, der den ganzen Platz beherrschte. In den folgenden Jahren folgten dann nach und nach weitere Gebäude für die ständig wachsende Besucherzahl und für die Bewohner, die alle von dem magischen Ort angezogen wurden. Steve begann mit dem Bau seines Turmes, eines bezaubernden, dreistöckigen Gebäudes mit einem reichverzierten Dach im Pagodenstil; er finanzierte den Bau mit dem Geld, das er als Entschädigung für einen Autounfall in den Vereinigten Staaten erhalten hatte.

Die extravagante, schwarze Amerikanerin Max Matthews, die in einer sehr engen Beziehung zu Lama Yeshe stand, war eine weitere auffallende Pionierin der ersten Stunde. Sie war sehr lebenslustig und bekannt dafür, daß sie jeden Mann in einem schicken Hotel im Zentrum von Katmandu unter den Tisch trinken konnte. Als sie (gegen Lama Yeshes Rat) heiratete, mietete sie ein Flugzeug und warf Rosenblätter auf ihr Haus. Einige Monate nach der Hochzeitszeremonie war die Ehe zu Ende, und Max ging zu Lama Yeshe und erklärte ihm, daß sie entschlossen sei, Nonne zu werden. Lama Yeshe sagte einfach: »Ja, meine Liebe«, als ob er längst gewußt hatte, daß das ihr unwiderrufliches Schicksal sei, und nur darauf gewartet hatte, daß sie das auch bemerken würde.

Mit eigenen Händen nähte ihr Lama Yeshe eine goldfarbene Bluse, die sie unter den kastanienbraunen Gewändern tragen sollte; im Kontrast zu ihrer schwarzen Haut sah das sehr flott aus. Er gab dann die jungen Sherpas in ihre Obhut, die Lama Zopas Mount-Everest-Schule besuchen wollten. Man nannte sie »Mami Max«, ein Name, den sie noch heute trägt. Dies alles gewann später eine zusätzliche Bedeutung, denn Max arbeitete weiter, zuerst als Lehrerin und später als Geschäftsfrau, und verwandte ihr gesamtes Gehalt zur Unterstützung von Lama Yeshe und seiner Arbeit. Sie ist immer noch Nonne und führt in San Francisco ein exklusives Kleidergeschäft für reiche Kunden, die kein bißchen irritiert sind durch den kleinen Altar neben dem Eingang mit dem Bildnis von Lama Yeshe, ihrem Mentor.

Anfangs schickte Lama Yeshe Mami Max mit dem Jeep nach Katmandu, damit sie weiter unterrichte. Es war eine glückliche, zwanglose Zeit. Lama Yeshe hatte damals Zeit, mit seinen Schülern zusammen zu sein, und es entstanden enge Freundschaften. In deren Genuß kamen spätere Besucher von Kopan nicht mehr, denn seine Arbeit nahm ihn sehr in Anspruch. Diese ersten Siedler waren es auch, die als erste mit dem tibetischen Buddhismus in Kontakt kamen und mit Begeisterung und Energie die riesige Stiftung mitbauten, die im Entstehen war.

Der australische Jurist Nick Ribush gab nach seiner Begegnung mit Lama Yeshe seine Karriere auf und wurde buddhistischer Mönch; er erzählte mir unlängst in London: »Ich habe nur gute Erinnerungen an jene Zeit, obgleich es auch schlechte Augenblicke gegeben haben *muß*. Es war, als hätte man eine Goldmine entdeckt. Ich war sehr glücklich. Ich bekam Antworten auf all die Fragen, die ich zuvor niemanden zu fragen gewagt hatte, weil ich wußte, daß sie keine Antwort darauf hatten. Über den Sinn des Lebens – und so. Die Begegnung mit Lama Yeshe und Lama Zopa öffnete meinen Geist. Sie waren damals sehr zugänglich, nicht so wie heute. Es waren nicht so viele Leute da, und wir verbrachten viele Stunden mit ihnen. Und wir gaben uns selbst dafür her, von Anfang an. Wir taten das ohne ein Gefühl des Verlusts, nur mit einem Gefühl des Gewinns. Von Anfang an arbeiteten wir eng mit ihnen zusammen und waren bei allen späteren Entwicklungen dabei. Wir hatten sehr viel Glück«, meinte Nick, der heute den von Lama Yeshe inspirierten Verlag Wisdom Publications leitet.

So nahm Kopan Gestalt an. Lama Yeshe (der Blumen leidenschaftlich liebte) plante, pflanzte und versorgte den Garten, der noch heute blüht und Freude schenkt. Bis er jemanden dafür fand, den er ausbilden konnte, kochte Lama Yeshe für alle selbst. Seine unternehmerischen Fähigkeiten auf diesem Gebiet, wie auf vielen anderen, zeigte sich rasch. Als er spürte, daß seine Schüler etwas Heimweh hatten, fragte er sie eines Morgens, was sie in ihrer Heimat zum Frühstück essen. Sie gaben ihm entsprechende Beschreibungen, und als sie einige Tage später aus ihren Betten krochen, stellten sie fest, daß Lama Yeshe vor der Gompa einen Stand aufgebaut hatte und ihr Lieblingsfrühstück zubereitete: frisch gepreßten Orangensaft und knuspriges Müsli für die Amerikaner, weichgekochte Eier für die Briten und Australier, frisches Brot mit Käse oder Marmelade für die Europäer. Wie er dieses Essen nach einer bloßen Beschreibung so treffend zubereiten konnte, ohne je zuvor ein solches Frühstück gesehen zu haben, war kaum weniger bemerkenswert als die Liebe zu seinen Schülern, die aus einem solchen Verhalten sprach. Nach zwei Monaten dieses persönlichen Frühstücksdienstes beschlossen die Schüler, daß sie das nicht mehr zur Unterstützung ihrer Meditationen benötigten.

Lama Yeshe tat alles dafür, daß sie sich zu Hause fühlen konnten. Er wollte nicht, daß sie das Gefühl hatten, sie müßten auf ihre eigene Kultur verzichten, wenn sie seinen Worten folgen wollten. Das war ein Thema, das er immer wieder auf vielerlei Art aufgriff. Beispielsweise baute er eigenhändig vor der Gompa einen kleinen Teich mit einem Springbrunnen, nachdem er von einer jungen Amerikanerin gehört hatte, Amerikaner würden das tun, wenn sie ihr Haus besonders schön gestalten wollten.

Doch der Höhepunkt von allem waren seine Lehren. Der erste richtige Meditationskurs für Menschen aus dem Westen wurde 1971 abgehalten. Er dauerte einen Monat lang und basierte auf dem »Lamrim«, dem »Stufenweg zur Erleuchtung«. Zwanzig Personen nahmen daran teil – sie lebten überwiegend in Zelten, die sie auf dem Hügel aufgebaut hatten. Im zweiten Kurs stieg die Zahl der Teilnehmer auf fünfzig, beim dritten auf hundert und beim fünften Kurs auf zweihundertfünfzig. Der Novemberkurs, den ich besuchte, war schon zu einer traditionellen Einrichtung einmal im Jahr geworden. Trotz ihrer begrenzten Englischkenntnisse und ihrer schlechten Aussprache müssen Lama Yeshe und Lama Zopa etwas Richtiges getan haben. Insbesondere Lama Yeshe stimmte sich auf den Geist seiner Zuhörer ein und fand ihre Neigungen heraus.

»Je mehr Westler ich kennenlernte, desto mehr entdeckte ich ihre intellektuelle Reife. Sie verstanden die Lehren des Buddha sehr leicht. Was ihnen jedoch fehlte, war eine Erfahrung der Lehren, die man nur in der Meditation erleben kann. Erst wenn sie meditieren lernen, können sie erkennen, daß sie die Wahrheit gefunden haben. Und ausgehend von dieser inneren Erfahrung können sie ihr intellektuelles Verständnis im Alltag praktisch umsetzen«, erklärte er mir.

Er begann besser zu verstehen, warum diese jungen Männer und Frauen Hippies geworden waren und die Kultur ihres eigenen Landes ablehnten. »Ich hatte das Gefühl, die westliche Kultur ist so aufgebaut, daß materielle Dinge das Wichtigste im Leben sind. Nichts anderes besitzt Wert. Das machte mich traurig. Ich erkannte, daß niemand daran schuld ist. Ich schiebe niemandem die Verantwortung dafür zu, dieses Leben ist einfach so aufgebaut. Und das, glaube ich, macht den Geist instabil und zerbricht ihn. Die menschlichen Beziehungen scheinen nicht so gut zu halten. Das machte mich traurig«, fuhr er fort.

»Ich war also der Meinung, der tibetische Buddhismus könne den westlichen Menschen etwas Wertvolles geben. Ihnen fehlt das Verständnis für die Funktion des Bewußtseins. Sie kennen die Kapazität der Menschen nicht – sie wissen nicht, daß sie Dinge erreichen können, die weit über diese Welt hinausführen. Menschen können mit ihrem Geist unglaubliche Glückszustände erlangen. Ich hatte das Gefühl, daß ich das vielleicht auf eine Weise erklären könnte, daß sie eine Ahnung davon erhalten, was möglich ist. So versuche ich nun eine Einführung in die Möglichkeiten ihrer inneren Welt zu geben«, sagte er zu mir.

Und die ganze Zeit über entwickelte Lama Yeshe seinen eigenen, höchst individuellen Lehrstil weiter – er durchbrach die traditionelle Form, um die Essenz, er nannte es Kernenergie, in eine moderne westliche Sprache zu kleiden und sie in den Kontext des ausgehenden zwanzigsten Jahrhunderts zu stellen. Das war ein kühnes Unterfangen, was ihm Verständnislosigkeit und Kritik von seinen Landsleuten eintrug, aber Tausende von westlichen Schülern für ihn einnahm. Von Lama Zopas puristischer Haltung gegenüber den Schriften lernte ich den tibetischen Buddhismus in seiner strengen geschriebenen Form als trockene, mittelalterliche und anachronistische Lehre kennen. Die Darstellung Lama Yeshe hingegen – witzig, lebendig, schockierend und völlig zeitgemäß – war eine Freude für alle und faszinierte seine Zuhörer. Darin lag seine große Begabung.

In seinen eigenen Worten: »Unsere Lehren sind keine Geheimlehren, doch ich mußte darüber nachdenken, wie ich meinen Buddhismus auf eine westliche Weise ausdrücken konnte. Die tibetische Methode ist langsam und steckt voller historischer Bezüge. Nagarjuna hat dies gesagt... und Shantideva hat jenes gesagt. Menschen aus dem Westen brauchen etwas Konkreteres, etwas, was sie auf ihre eigenen Erfahrungen beziehen können. Ich kann die Lehren des Buddha nicht ändern, aber ich muß einen Weg finden, wie ich sie vermitteln kann. Das ist eine echte Herausforderung! Ich darf keinen vorgefaßten Plan haben. Jedes Mal, wenn ich mit Menschen rede, muß ich überprüfen, woher sie kommen. Sind sie religiös, wissenschaftlich orientiert, philosophisch interessiert oder einfach ganz normale Leute? Dann versuche ich ihre Sprache zu sprechen. Dazu gehört viel Energie. Doch der Buddhismus kann sich anpassen, denn es geht ihm um die Menschen und darum, wie man über begrenzte philosophische Interessen hinausgelangt.

Nehmen wir einmal Karma; das ist ein sehr umfassendes Thema. Gerade weil westliche Menschen sehr anders erzogen wurden als Tibeter, können sie sich dem Thema von einer ganz anderen Seite her nähern. Wenn man nicht aufpaßt, gerät man sofort in einen großen Streit, weil man aus völlig unterschiedlichen Richtungen kommt, und über beide Herangehensweisen kann man logisch diskutieren. Ich versuche, über den philosophischen Rahmen hinauszugehen und zum Kern des Buddhismus vorzudringen, zu seiner ›Kernenergie‹, und ich versuche, das dem westlichen Geist nahezubringen. Solange ich den Kernpunkt nicht verliere, ist mir die philosophische Struktur ziemlich gleichgültig«, sagte er ganz unverblümt.

Nachdem er mit den Menschen aus dem Westen eine echte Verbindung hergestellt hatte, begann sich die nächste Stufe seiner Arbeit abzuzeichnen. Seine Vision war groß und ihre Auswirkungen weitreichend. Es bedeutete die Krönung seines Lebenswerkes. Mitte der siebziger Jahre waren viele Kopan-Schüler in ihre Heimatländer zurückgekehrt; sie hatten herausgefunden, daß sich der innere Frieden, den ihnen der Meditationskurs geschenkt hatte, in der Konfrontation mit den Ansprüchen ihrer Umgebung schnell auflöste. Daher baten sie Lama Yeshe um einen Besuch und darum, ihnen die Lehren im Kontext ihrer eigenen Kultur nahezubringen.

Lama Yeshe wußte, was das bedeutete. »Ich zögerte zuerst«, erzählte er. »Da sollte ein so einfacher Mönch in diese Super-Samsara-Welt gehen. Aber ich nahm ihre Einladung an.« (Samsara bedeutet die verblendete Welt voller Leiden.) 1974 machte Lama Yeshe seinen zweiten großen Schritt in die äußere Welt. In der Begleitung von Lama Zopa und seiner amerikanischen Schülerin Max Matthews ging er zuerst nach Indiana, USA, und besuchte Louis-Bob Wood; sie hatte ihren Weg nach Kopan gefunden, nachdem sie Lama Zopas Gesicht auf ihrem ausgeschalteten Fernsehschirm gesehen hatte. Sie wußte nicht, wer er war, erkannte ihn aber wieder, als sie in Kopan angekommen war. Sie hatte eine Meditationsgruppe gegründet und wollte gerne die Unterstützung der Lamas bekommen.

Dann ging es nach Australien, wo sich die Nachricht vom Kommen der Lamas rasch verbreitet hatte und zweihundert ehemalige Kopan-Schüler ins Diamond Valley, sechzig Meilen nördlich von Brisbane in Queensland lockte. Der Kurs wurde ein phänomenaler Erfolg. Als er zu Ende war, beschlossen die Teilnehmer, einen festen Standort zu errichten. Vier Personen, die vor ihrer Reise in den Osten ein Stück Land in der Nähe von Eudlo als Geldanlage gekauft hatten, spendeten ihr Grundstück für diesen Zweck. Andere Schüler gaben Geld, ein größerer Teil packte selbst mit an, säuberte das Land und half beim Bauen. In der Folge entstand ein Haus im typischen Queensland-Stil, auf Pfählen und mit einer Veranda ums ganze Haus. Es war ein kleines Zentrum mit einem zentralen Raum für Meditation und Belehrungen und zwei kleineren Räumen; der eine diente als Vorratsraum, und der andere war für eine Nonne bestimmt, die einziehen sollte. Das war die Geburtsstunde des Chenrezig-Institutes (benannt nach dem Buddha des unendlichen Mitgefühls). Es war das erste einer ganzen Reihe solcher Zentren.

Im Jahr darauf wurde Lama Yeshe auf seine zweite und längste Weltreise eingeladen. Sie dauerte acht Monate und schloß Thailand, Queensland, Melbourne, Sydney, Los Angeles, Nashville, London, die Schweiz und Italien ein. Bei fast jedem Aufenthalt wurde Lama Yeshe um Ratschläge zur Errichtung eines Zentrums gebeten. Er hielt das für eine ausgezeichnete Idee.

»Jedes Mal, wenn ich in ein anderes Land gekommen bin, sagten meine Schüler aus Nepal, daß sie gerne eine Gruppe und die Unterstützung durch die Gruppenenergie hätten. Sie waren sehr aufrichtig bei der Sache und besaßen große Hingabe, das konnte ich sehen«, sagte er. »Sie waren alle in den Osten gekommen und hatten viel Energie und Arbeit in das Studium der Lehren und in die Meditation gesteckt, und ein Monat nach ihrer Rückkehr war alles wie weggeblasen. Ich verstand das völlig. Sie besaßen alle einen ›Baby‹-Buddhismus, einen ›Baby‹-Lamrim, eine ›Baby‹-Zuflucht. Ich war der Ansicht, daß sie sich etwas sehr Wichtiges wünschten.

Ihr braucht die richtige Umgebung, damit Konzentration und Bewußtsein entstehen, besonders wenn ihr mitten in den verschmutzten Städten lebt. So wird das Zentrum selbst zu einem Ort der Zuflucht. So etwas brauche ich auch. Ich muß einmal im Jahr ein strenges Retreat durchführen, damit mein Gerede, mein ›bla, bla, bla‹ Nutzen bringt.

Und daher sagte ich zu meinen Schülern: ›Mir soll es recht sein, wenn es das ist, was ihr wollt. Doch das ist euer Kind. Ich lasse los.‹ «

Diese Haltung nahm er oft ein, wenn er seine Schüler davon abbringen wollte, an ihrem »Guru« zu hängen; statt dessen förderte er ihre Unabhängigkeit und ihr Verantwortungsgefühl. »Wir müssen uns auf unsere *innere* Weisheit verlassen«, sagte er oft. Ich hatte ihn mehr als einmal schier verzweifeln gesehen, wenn ihn seine Schüler zu allen nur denkbaren Einzelheiten ihres Lebens befragten – Fragen, die man mit ein bißchen gesundem Menschenverstand selbst beantworten kann. »Willst du denn, daß *ich* über dein Leben bestimme?« fragte er einmal einen Italiener mittleren Alters, als ihn dieser um seine Meinung bat, ob er nach Hause zurückkehren oder ein Retreat machen sollte.

Plötzlich waren die Hippies auf sich selbst zurückgeworfen, und so zogen sie Anzüge an, ließen sich die Haare schneiden und besuchten Banken, Kreditinstitute und Makler.

Sie standen bis zum Hals im »big business«. Ironischerweise hatten sie in der Folge häufig ein riesiges Haus am Hals und hatten damit weit mehr Probleme als ihre Freunde mit ihrer Doppelhaushälfte. Hypotheken, Schulden und die damit verbundenen Probleme waren natürlich auch entsprechend größer.

1975 stand Lama Yeshe auf den Stufen der Kopan Gompa und schaute in die Ferne, als ob er mit seinem geistigen Auge die ständig wachsende Bewegung betrachten würde, die vor ihm entstand, und sagte zu Nick Ribush: »Wir brauchen eine Organisation, um das alles zusammenzuhalten. Warum trommelst du nicht ein paar Leute zusammen, um darüber nachzudenken?« Die so gebildete Gruppe traf sich in regelmäßigen Abständen.

Nick Ribush berichtete: »Wir hatten alle diese theoretischen Modelle, wie eine solche Organisation arbeiten sollte, und wir verbrachten Stunden damit, darüber zu *reden*. Wir gingen dann mit unseren Vorschlägen zu Lama Yeshe, und er strich einiges, veränderte es oder nahm es an. Obgleich er uns ermunterte, die Verantwortung für das, worum wir gebeten hatten, zu übernehmen, wollte er doch nicht, daß diese neue Entwicklung schieflief. Die Zentren sollten bestimmte Ziele erreichen, und Lama Yeshe war der Meinung, daß sie über unser Leben hinaus für kommende Generationen von Buddhisten Bestand haben sollten. Dafür mußten sie eine solide Grundlage besitzen, von der aus sie wachsen konnten.«

Der Name dieser Organisation wurde zum Zungenbrecher – Foundation for the Preservation of the Mahayana Tradition (FPMT, Stiftung zur Erhaltung der Mahayana Tradition, Anm. d. Ü.) –, ein Begriff, der dennoch die Funktion auf den Punkt bringt. Die Zentren sind dazu da, die Prinzipien und Lehren des Mahayana Buddhismus (wie ihn die tibetische Tradition überliefert) zu bewahren, diesen reichen Strom alter Weisheit, der aus der tibetischen Erde entstanden war und nun in den Westen gelangte.

Lama Yeshes Vision begann, Gestalt anzunehmen. Diese neue Stiftung sollte ihre Aufgabe auf vielerlei Art erfüllen: durch Stadtzentren – wo die Menschen nach der Arbeit, in der Mittagspause und am Wochenende hingehen können, um zu meditieren, sich zu entspannen und Frieden zu finden; Landzentren – mit Raum für längere Kurse und kurze Retreats und für eine Gemeinschaft, in der Menschen ihre Kinder in einer spirituell motivierten Umgebung aufwachsen lassen können; Klöster, in denen eine wachsende Anzahl von Mönchen und Nonnen, die Lehrer von morgen, ausgebildet werden können; Retreat-Zentren in abgelegenen Gebieten für die ernsthaft Meditierenden; einen Verlag und viele weitere damit verbundene Aktivitäten im Dienst der Gemeinschaft.

Er sah das Ganze als ein Mandala, ein Ganzes, dessen verschiedene Aspekte verschiedene Funktionen erfüllen. Dazu da, die Bedürfnisse unterschiedlicher Menschen gleichzeitig zu erfüllen und die einzelnen im Verlauf ihrer Entwicklung zu unterstützen. Es war, mit den Worten von Lama Yeshe, eine Vision der »universellen Totalität« oder »Ganzheit«, und sie sollte weit mehr als nur spirituelle Bedürfnisse erfüllen. Lama Yeshe wollte die Grundlagen für eine universelle Familie schaffen, die überall auf der Welt willkommen war. Er wollte nicht nur die falschen Schranken der Nationalität zerbrechen, sondern auch den Glauben an den Individualismus, der im Westen in so hohem Ansehen steht, und der in seinen Augen Einsamkeit, Isolation und einen grundlegenden Mangel an Freude zur Folge hat.

In einem bewegenden Vortrag vor den Schülern des Lama-Tsongkhapa-Institutes in Pisa, Italien, faßte er seine Gefühle folgendermaßen zusammen: »Wir haben im Augenblick sehr enge Vorstellungen. Wir denken: ›Er ist Tibeter‹, ›Ich bin Italiener‹, und wir haben keine weltumfassende Vision. Das ist eine falsche Haltung! Keiner glaubt an die Lebensweise der anderen. Wir sollten statt dessen ein universelles System schaffen. Dieses Zentrum soll allen gehören. Nicht nur den Italienern, und auf keinen Fall nur Lama Yeshe. Ich will es nicht. Dieses Zentrum gehört der ganzen Welt. Es darf keine Mauern geben. So übt ihr Bodhicitta.«

Heute hat sich dieser Wunsch tatsächlich erfüllt. Nahezu fünf Jahre nach seinem Tod dehnt sich die Stiftung FPMT mit einer bemerkenswerten Geschwindigkeit weiter aus. Es gibt jetzt etwa fünfzig Zentren und angeschlossene Organisationen in fünfzehn Ländern, zu denen Nepal, Indien, England, Spanien, Holland, Italien, Frankreich, Deutschland, die USA, Australien, Neuseeland, Singapur und Hongkong gehören. Die meisten Zentren haben einen ansässigen Lama, den Lama Yeshe dorthin geschickt hat, und einige Nonnen und Mönche. Zwar ist jedes Zentrum für sich selbst verantwortlich, doch gibt es ein Zentrales Büro (Central Office) in Katmandu (1989 wurde es in den Westen, nach Kalifornien, verlegt. Anm. d. Ü.) als Verbindung zwischen den Zentren und Lama Zopa Rinpoche, dem derzeitigen Oberhaupt der Organisation. Und, wie sich Lama Yeshe das gewünscht hat, gibt es viele Kontakte unter den Mitgliedern seiner Familie; FPMT-Schüler besuchen sich gegenseitig in den Zentren und fühlen sich dort sofort zu Hause.

Neben diesen Zentren gibt es einen sehr erfolgreichen Verlag, Wisdom Publications, der in Bond Street, im Herzen von Londons Westend zu Hause ist. (1989 wurde das Hauptbüro des Verlages nach Boston, USA, verlegt. Anm. d. Ü.) Es gibt dann noch das Kloster Nalanda, in der Nähe von Toulouse, Frankreich, mit einem intensiven Studienprogramm für eine wachsende Anzahl von Mönchen. Das neue Root Institute in Bodhgaya, Indien (wo der Buddha Erleuchtung erlangt hat), unterhält eine ganze Reihe von Einrichtungen, so beispielsweise ein lokales Lepraprojekt und Kurse für Landwirtschaft, Handwerk und Erziehung. Da die Lehren des Buddha aus Indien stammen und die Inder dem tibetischen Volk viel

Gutes getan haben, soll das Root Institute auf Lama Yeshes Wunsch dazu beitragen, Indiens eigene Weisheit und Kultur in ihren verschiedenen Formen zu erhalten, und zwar auf der Grundlage der buddhistischen Ideale von universeller Verantwortung und universeller Erziehung. In Australien entsteht eine buddhistische Hospizbewegung, und in Europa gibt es erste Ansätze zur Gründung von Schulen. Lama Yeshe wirkt weiterhin auf Tausende von Menschen ein.

Doch wenn die Prophezeiung von Padmasambhava stimmt, erleben nicht nur die »Rothäute« den Nutzen durch den tibetischen Buddhismus. Auch der tibetische Buddhismus nimmt ein neues Gesicht an. Manche sind der Meinung, daß er das bitter nötig hat. Tibet war zwar spirituell motiviert, lief jedoch Gefahr, aufgrund seiner isolationistischen Politik zu verkümmern. Es gab Aberglauben und hin und wieder Korruption. Es gab Lamas, die Schmiergelder nahmen und ein Kind als Rinpoche anerkannten – denn die Familie erhielt so einen bedeutenden Status und zog materiellen Nutzen daraus. Auch hatten nicht alle Mönche eine echte Berufung – viele von ihnen gingen ins Kloster, weil das ein sicheres Leben und eine Ausbildung bedeutete. Auf einer weltlichen Ebene war der einfache Mann von der Straße damit zufrieden, seine Gebetsmühle zu drehen und sich vor dem Bildnis des Buddha niederzuwerfen; er schlug kaum seine Schriften auf, um durch die darin enthaltene tiefe Weisheit Erleuchtung zu erlangen.

Das Schöne am Buddhismus besteht darin, daß man seine Wahrheiten nur durch aufrichtiges und beständiges persönliches Fragen finden kann. So reich und vollständig der tibetische Buddhismus auch war, er hatte etwas frische Luft nötig. Wären die Chinesen nicht in Tibet eingefallen, wäre es vielleicht, wie die Dinosaurier, zu schwer und zu selbstzufrieden geworden, um überleben zu können. Der tibetische Buddhismus kam aus einer geschlossenen Welt und traf auf die frischen, kritischen Ohren des Westens. In der Tat hat der Dalai Lama einmal einem meiner englischen Freunde erzählt, der Buddhismus besitze heute all die Vitalität, die er in den Tagen von Buddha hatte, als dieser sich dem offenen, skeptischen Geist seiner Zeit stellte.

Als Lama Yeshe den Buddhismus in den Westen brachte, ging es ihm konsequenterweise nicht darum, seine Kultur und seine Rituale zu vermitteln, den Aspekt, der so viele seiner Schüler faszinierte. Gerade solchen Schülern erklärte er in Pisa: »Bräuche und Kultur sind nicht wichtig. Der Buddhismus ist in der Vergangenheit in viele Länder gelangt – nach China, Thailand, Burma und Tibet – und hat dort jeweils unterschiedliche Formen angenommen. Die tibetische Kultur wird nie zur italienischen Kultur. Mir fällt auf, daß einige Schüler sogar versuchen, Tibeter zu werden. Das ist ein Witz«, meinte er verächtlich. »Es wäre viel besser für sie, wenn sie Buddhisten werden würden.« Er schlug weiter vor, bei religiösen Zeremonien Spaghetti zu servieren. »Ihr müßt einen italienischen Buddhismus entwickeln«, sagte er nachdrücklich.

Er war sicher, daß die kulturellen Aspekte des tibetischen Buddhismus nicht die Kraft besaßen, mit den Problemen des westlichen Lebens fertig zu werden. Nur Meditation und das Verständnis der Philosophie könnten, so meinte er, das Leben der Menschen wirklich verbessern. »Es ist an der Zeit, den Buddhismus in den Westen zu bringen. Es gibt im Westen so viel geistiges Leiden – vielleicht weil ihr so viel materiellen Luxus habt. Euer Geist braucht etwas, mit dem er sich beschäftigen kann! Es geht darum, die Essenz des Buddhismus zu vermitteln. Und diese Essenz muß man in bezug setzen zu westlicher Psychologie, Wissenschaft und Philosophie. Sonst gibt es keine Verbindung. Das ist nicht so schwierig – die wichtigsten Lehren des Buddhismus, wie die Vier Edlen Wahrheiten, der Achtfache Pfad, Shunyata und Bodhicitta, sind äußerst logisch und praktikabel. Sie gelten für die Menschen aller Zeiten, denn es geht in ihnen um die Grundlagen der menschlichen Natur, um Leid und um Glück.«

Lama Yeshe hatte recht. Das auffallende Interesse an allen Formen des Buddhismus, das im Westen plötzlich entstanden ist, ist ein Hinweis darauf, daß diese tiefgründige, zweieinhalbtausend Jahre alte Philosophie der menschlichen Psyche den modernen Menschen viel geben kann.

6
Die Rückkehr

Im Herbst 1983 fragte mich eine gute Freundin, der ich eine Woche nach meiner Rückkehr von Kopan begegnet war und die meine intensiv werdende Beziehung zum Buddhismus voller Interesse beobachtet hatte, ob ich mir vorstellen könnte, noch einmal dorthin zu gehen und ob ich sie mitnehmen würde. Es war sieben Jahre her, seit mich mein Leben in dieses besondere Kloster in Nepal geführt hatte; es schien jetzt der richtige Augenblick gekommen, meinen Weg zurückzuverfolgen und zu schauen, ob sich diese Erfahrung wiederholen würde; und es war auch die richtige Zeit, eine andere Person auf dieses lohnende und doch so schwierige Abenteuer mitzunehmen.

Wieder einmal fuhr ich mit dem Taxi vom Flughafen durch die lauten, staubigen Straßen von Katmandu und stieg den schlechten Weg nach Kopan hinauf. Es war mir alles auf eine beruhigende Weise vertraut. Der große Frangipani-Baum blühte immer noch, die Gebetsfahnen flatterten in dem warmen Wind, die leuchtendbunten kleinen Vögel hüpften in den Bäumen umher, und am Himmel flogen lautlos die großen Drachen. Ich hatte vergessen, wie atemberaubend schön das alles war. Es hatte sich allerdings auch einiges verändert. Mit einem Blick sah ich, daß sich die Hundekolonie vergrößert hatte; und es waren auch mehr Mönche da. Es gab jetzt über hundert, die in ihren roten und goldenen Gewändern umherliefen, Mantras sangen, die Wege kehrten, ihre Texte auswendig lernten, Fußball spielten – ein ungewöhnliches Leben. Die Anlage war größer geworden, um die wachsende Anzahl von Menschen zu beherbergen, die Kopan »entdeckt« hatten. Es gab jetzt einen Speisesaal und viele zusätzliche Räume, einschließlich einiger kleiner Einzel- und Doppelzimmer. Wir erhielten ein Doppelzimmer, und zu meiner Überraschung standen Betten darin – zwei erhöhte Holzgestelle mit zwar dünnen, aber eindeutig erkennbaren Baumwollmatratzen. Und es gab sogar Fenster aus Glas. Ich erklärte meiner Freundin, daß das ein echter Luxus sei.

Doch das Bad war immer noch nur kaltes Wasser in einem Eimer; und die Toilette war ein Loch in der Erde. Und die qualvolle Zeiteinteilung mit vorgeschriebenen 36stündigen Schweigephasen galt immer noch. Dieses Mal erlebte ich meinen ursprünglichen Schrekken über den Tagesablauf und die ganzen Schwierigkeiten durch die Augen meiner Freundin. Auch sie empfand die ganze Skala von Emotionen, die durch die langen Stunden der Meditation ausgelöst werden, wenn einem die Wirklichkeit des eigenen Geistes unmittelbar vor Augen geführt wird. Das geschah auch wieder mit mir, doch stärkte mich das Vertrauen, daß das Ergebnis die Anstrengungen wert war.

Ich teilte das Unbehagen mit meiner Freundin, hatte aber auch Anteil an ihren Augenblicken der Freude. Im Morgengrauen standen wir auf dem Hügel und schauten zu, wie die Sonne über dem Himalaya aufging und das im Nebel verborgene Katmandu-Tal zu unseren Füßen enthüllte – ein zum Leben erwachter chinesischer Seidenwandschirm. Und diese geheimnisvolle Stille – sie wurde nur unterbrochen vom klagenden Schrei einer großen schwarzen Krähe; täglich erschien sie auf der großen Stange, neben der wir mit unseren dampfenden Teetassen standen. Mir kamen die Zeilen von T. S. Elliot in den Sinn: »Geh doch, geh doch, sagte der Vogel: Menschen können nicht viel von der Wirklichkeit ertragen.«

Und wieder lauschte ich den Lehren von Lama Zopa, trank sie durstig in mich hinein und merkte nicht, wie sehr meine Achtung vor diesem geduldigen, feinfühligen Menschen, dieser ruhigen Persönlichkeit im Schatten der beeindruckenden Brillanz von Lama Yeshe, gewachsen war. Voller Vertrauen versicherte ich meiner Freundin, daß seine Aussagen trotz Husten und schlechter Aussprache Sinn ergeben würden, wenn sie durchhielte und sich auf ihn einstimmte. Und so geschah es natürlich auch.

Ohne große Hoffnung wartete ich auf Lama Yeshe. Er sollte kommen und mit seinem Zauberstab alle Zweifel, Ängste, Streitigkeiten und Fragen bei den über hundert Menschen vertreiben, die es nach Kopan gezogen hatte und die sich so eifrig alldem aussetzten, was es zu bieten hatte. Man hatte uns gesagt, er sei krank und erhole sich in einem Retreat in Dharamsala. Mein Herz wurde schwer – es war keine echte Kopan-Erfahrung ohne die kraftvolle Präsenz von Lama Yeshe.

Endlich kam er. An einem kalten, hellen Dezembermorgen, zwei Tage vor dem Ende des Kurses, unter der Willkommensmusik von Trompeten und Muschelhörnern, die auf dem goldenen Dach der Gompa geblasen wurden. Die kleinen Mönche hatten sich zu seinem Empfang entlang des Weges aufgestellt und die Glückszeichen des Buddhismus mit buntem Sand auf den Weg gemalt. Der Jeep kam hereingefahren, Lama Yeshe stieg aus, und eine spürbare Stille senkte sich über alle. Niemand sagte ein Wort. Es war irgendwie heilig und ungemein ergreifend. Etwas geschah. Das unterschied sich so sehr von dem fröhlichen Lärm, der für gewöhnlich Lama Yeshes Heimkehr kennzeichnete. Lama Zopas Gesicht war unsagbar traurig, er schritt mit dem traditionellen weißen Schal, einer »Katag«, in den Händen auf ihn zu. Sie schauten einander mit einem geheimen Wissen an. Viele von uns weinten. Wir wußten nicht, warum. Wie sollten wir auch wissen, daß wir Augenzeugen von Lamas letztem Besuch in Kopan geworden waren – des Ortes, den er gegründet hatte und von dem aus sein Lebenswerk den Anfang genommen hatte.

Wie früher kam er ins Zelt, sein gütiges offenes Gesicht lächelte, und er sagte »Dankeschön, Dankeschön«, als er sich einen Weg zu dem erhöhten Brokatsitz bahnte, auf dem er nach seinen Niederwerfungen vor dem Buddha Platz nahm.

Ich sah sofort, daß er sehr krank war. Seine Augen hatten den leuchtenden Glanz verloren, er hatte schwere Tränensäcke, und seine Haut zeigte die graue Blässe des Todes. Er sah völlig erschöpft aus. Mein Herz flog ihm zu. Und doch – dasselbe Lachen. Dasselbe Bemühen um unser Wohlbefinden. Der gleiche unermüdliche Wunsch zu erklären, alles deutlich zu machen. Als sei er völlig gesund, beantwortete er vier Stunden lang unsere Fragen, hielt ab und zu inne und fragte, ob *wir* müde seien und eine Pause bräuchten. Hier war sein letztes Geschenk, die Verkörperung der kostbarsten Lehren, alles für andere zu geben. Das Auslöschen des Ego.

An diesem Punkt griff er in Beantwortung einer Frage über Identität (die ewige Frage über Leerheit) an seine Wange, zupfte an der Haut seines Armes, schlug sich auf die Brust und fragte: »Wer, glaubt ihr wohl, bin ich? Bin ich dieses Gesicht, dieser Arm, dieser Körper?« Wieder einmal mußten wir uns mit der Frage von Benennungen herumschlagen, und unsere gewohnte Vorstellung, daß nur das Konkrete, das Sichtbare, das Materielle wirklich sei, in Frage stellen. Es war eine Antwort, an die ich mich oft erinnerte, wenn ich in den folgenden Jahren vor Lama Ösel stand.

Am letzten Tag wählte er Bodhicitta – Mitgefühl – zum Thema seines Vortrages. Was auch sonst? Wieder vier Stunden, in denen er unermüdlich die Bedeutung von Liebe betonte, und wie wichtig es sei, alle anderen höher zu stellen. »Alles, was ihr habt, habt ihr von anderen. Ihr kommt nackt aus eurer Mutter, mit nichts. Ohne Kleider, ohne Sprache, ohne Nahrung, ohne lesen und schreiben zu können, ohne irgend etwas. All euer Glück kommt von anderen. Nicht wahr? Das ist keine verrückte tibetische Philosophie. Das ist wissenschaftlich erwiesen. Prüft das nach. Meines Erachtens ist Bodhicitta der Kern jeder Religion. Bodhicitta ist das Wertvollste. Für westliche Menschen ist das der beste und der einfachste Weg. Im Schneidersitz zu meditieren ist nicht euer Stil. Liebende Güte, das ist der Stil der westlichen Menschen; das liegt an eurer christlichen Ausrichtung. Westliche Menschen besitzen diese Energie, Bodhicitta ist also etwas ganz Einfaches, etwas sehr Logisches für den westlichen Geist.«

Er erläuterte seine Ausführungen mit der Sichtweise des Mahayana Buddhismus, daß nämlich Mitgefühl erst dann wirklich wirkt, wenn man mit sich selbst im reinen ist. »Wie kann jemand, der am Ertrinken ist, einen anderen retten? Im Augenblick haben wir vielleicht den Wunsch – ›Ich möchte anderen helfen. Ich möchte meiner Mutter, meinem Vater, meinem Mann, meiner Freundin helfen.‹ Doch wie können wir mit unserem verrückten ›Elefantengeist‹ helfen? Das ist einfach ein Witz.

Meine Art zu reden ist eine Katastrophe, meine Handlungen sind eine Katastrophe, und mein Geist ist eine Katastrophe! Ich möchte meiner Mama helfen, aber ich bin schlechter dran als meine Mutter. Zuerst muß ich meinen eigenen Geist korrigieren, dann erst kann ich meiner Mutter, meinem Mann oder meiner Freundin helfen. Ich muß also versuchen, meinen eigenen negativen Geist so gut wie möglich unter Kontrolle zu bringen, ihn umzuwandeln und mich selbst zufrieden und glücklich zu machen. Dann erst kann ich der ganzen Welt helfen.

Wir müssen meditieren. Wir besitzen Mitgefühl, doch müssen wir durch Meditation einen Weg finden, wie wir unsere Güte als universelle Liebe ausstrahlen können.«

Lama Yeshe war so unwiderstehlich wie immer. Wieder einmal hatte er die Schranken von Kultur, Rasse und Glauben durchbrochen und war zur Universalität der spirituellen Botschaft vorgedrungen. Das war ein perfekter Abschluß.

Bevor er das letzte Wort gesprochen hatte, schlüpfte ich nach draußen, um auf dem Weg zu seinem Zimmer ein paar persönliche Worte mit ihm wechseln zu können. Er war zu krank, um Interviews zu geben.

Er nahm meine Hand, schaute mir mit großer Anteilnahme und Liebe in die Augen und fragte mich, wie es mir ginge. Das war verrückt. Hier stand ich offensichtlich frisch und gesund, und Lama Yeshe war nach seinem Marathonvortrag krank und erschöpft.

»O nein, Lama Yeshe, wie geht es dir?« fragte ich.

»Mir geht es gut, meine Liebe. Ich war im Retreat, und wenn ich die Dinge leichtnehme, wird alles gut werden«, antwortete er und weigerte sich, über seinen offensichtlich schlechten Gesundheitszustand zu sprechen. Er hielt meine Hand und fuhr fort: »Sag, gibt es irgend etwas, was ich für dich tun kann? Irgend etwas? Kann ich irgend etwas für dich tun?« Er wiederholte die Frage mehrere Male. Er vermittelte so viel Liebe. Geben, Geben. Das war alles, was ihn interessierte.

Bewegt sagte ich, es gäbe nichts mehr, was er für mich tun könne; er habe mir schon so viel gegeben. Aber vielleicht gäbe es etwas, was ich für ihn tun könne? Er hielt inne und sagte: »Grüße mir alle meine Dharma-Brüder und -Schwestern.« Und langsam ging er weiter.

Das war das letzte, was ich von ihm gesehen und gehört habe.

Eine Stunde später, als ich mich gerade fertig machte, um Kopan zu verlassen, kam ein Bote mit einem Paket für mich von Lama

Yeshe. Es enthielt ein paar Räucherstäbchen und eine kleine Buddha-Statue; mit der Anweisung das Gesicht anzumalen. Das war seine letzte liebevolle Geste, und, so denke ich gerne, eine Erinnerung an das höchste Ziel, und ein Symbol für das Band, das zwischen uns entstanden war.

7
Lamas Tod

Am 3. März 1984, dem tibetischen Neujahrstag, zwanzig Minuten vor Tagesanbruch, hörte Lama Yeshes Herz auf zu schlagen. Er war erst neunundvierzig Jahre alt. Die Art und Weise seines Todes war genauso bemerkenswert wie sein Leben.

Rückblickend gesehen war es unbegreiflich, daß er so lange gelebt hatte. Er hatte drei Herzklappenfehler, und damit es seine Aufgabe erfüllen konnte, war sein Herz im Verlauf der Jahre so groß geworden, daß es jetzt den größten Teil seines Brustraumes einnahm. Wäre alles mit rechten Dingen zugegangen, hätte er schon vor vielen Jahren sterben müssen. Bereits in den frühen Tagen von Kopan hatten ihm westliche Ärzte in Katmandu nur noch wenige Monate zu leben gegeben. Lama Yeshe lachte nur. Er folgte weder dem gesunden Menschenverstand noch dem ärztlichen Rat, sondern eilte weiter durch die Welt, flog in Druckausgleichskammern, besuchte seine vielen Zentren, gab Ratschläge und lehrte seine Schüler in einem Tempo, mit dem er jeden Chef eines multinationalen Unternehmens in den Schatten stellte.

In England fragte ich ihn einmal nach seinem Gesundheitszustand, und er antwortete: »Vor zehn Jahren haben mir fünfzig Ärzte in Madison, USA, nach einer Untersuchung gesagt, ich müßte eigentlich bereits tot sein. Sie konnten nicht verstehen, warum ich noch lebe. Sie gaben mir dann noch drei bis sechs Monate. Ich glaube westlichen Ärzten nicht. Wenn dir jemand sagt, daß du stirbst, was kannst du dann machen? Du kannst nur aufgeben. Ich gebe nicht auf! Sie erkennen nicht, daß ein menschliches Wesen etwas ganz Besonderes ist. Menschen sind mehr, als wir gewöhnlich glauben.«

Das war ein Thema, das er besonders liebte: das Potential des menschlichen Geistes – es ist so groß, daß es unser gegenwärtiges Verständnis übersteigt. Bei jeder Gelegenheit hämmerte er uns das ein. Er wußte, daß westliche Menschen trotz all ihrer Bildung beeinträchtigt sind; weil sie nichts von ihren Fähigkeiten wissen, leiden sie; sie fühlen sich begrenzt, auch wenn sie es nicht ausdrücken können, und haben ein geringes Selbstwertgefühl. Lama Yeshe kannte die uns innewohnende Größe, die »Buddha-Natur«, wie er es nannte, die wir alle besitzen. Er kannte sie, weil er damit in Kontakt war. »Göttlicher Stolz, meine Lieben! Es ist gut, göttlichen Stolz zu entwickeln«, ermahnte er uns häufig. Man darf ihn allerdings nicht mit gewöhnlichem Stolz verwechseln, der von Natur aus falsch ist. Er sagte oft: »Weil euer Selbstbild so beschränkt ist, ist alles beschränkt – eure Liebe, eure Weisheit und euer Mitgefühl. Ihr habt euch dafür entschieden, daß ihr grundsätzlich begrenzt seid, und so wird euer ganzes Leben begrenzt sein; eure Weisheit und eure Liebe; und alles nur, weil ihr euch selbst so begrenzt projiziert.«

Ich fragte ihn, wie er die ganzen Jahre am Leben geblieben sei? »Durch Mantras und meinen Geist«, antwortete er ohne Emotionen. »Weißt du, es ist ganz leicht, den Körper zu kontrollieren; es ist eine einfache Sache, die Körperhitze zu erhöhen. Es ist ganz einfach. Das macht der Geist. Die Schwierigkeit besteht darin, den Geist zu kontrollieren«, schloß er und schüttelte sich vor Lachen.

Lama Yeshes Kontrolle über seinen Geist war kolossal. Er hatte nicht weniger als zweihundert Herzanfälle gehabt, und obgleich wir alle wußten, daß er »Probleme mit dem Herzen« hatte, ahnte niemand, wie krank er tatsächlich war. In der Öffentlichkeit war er immer ein Bild äußerster Vitalität, Dynamik und unendlicher Kraft – und unablässig war er am Geben. Nick Ribush begleitete ihn auf seiner ersten Weltreise und erinnert sich, wie Lama Yeshe eines Nachmittags, nachdem er sich dazu gezwungen hatte, alle Personen zu treffen, die ihn sehen wollten, nach Hause kam und auf dem erstbesten Bett zusammenbrach. Er hatte nicht einmal mehr die Kraft, sein eigenes Bett aufzusuchen. Es war, so sagte er, ein grausamer Schock.

Bezeichnenderweise begann Lama Yeshes Ende in der Nacht, nachdem er sein ein und alles gegeben hatte: einen vierstündigen Vortrag über Liebe und Mitgefühl für seine Schüler am 10. Dezember 1983 in Kopan. Sein Körper war verbraucht. Sein Herz begann nun ernsthaft zu versagen. Er konnte nicht mehr atmen, begann, sich zu erbrechen und hatte große Schmerzen. In tiefer Sorge brachten ihn seine Schüler auf eine Intensivstation in Delhi, wo er unter medizinische Beobachtung gestellt wurde. Die technische Diagnose lautete »Herzversagen durch Blutstau«; das bedeutete, sein Herz war nicht mehr in der Lage, genügend Blut in die übrigen Organe zu pumpen, so daß sie ebenfalls anfingen zu versagen.

Er blieb einen Monat zur Erholung in einer Privatwohnung in Delhi und entschloß sich dann ganz schnell, nach Kalifornien zu fliegen. Er wollte sich von seinen amerikanischen Schülern, die er besonders liebte, versorgen lassen. Dort erhielt er auch die modernste medizinische Herzbehandlung. Das war zumindest eine unorthodoxe Entscheidung. Doch Lama Yeshe war stets unorthodox gewesen.

Er wußte, daß er im Sterben lag. Er hatte mindestens zwei amerikanischen Schülern ein Jahr zuvor anvertraut, daß er sein fünfzigstes Lebensjahr nicht mehr erleben würde, und er hatte einem Schüler sogar den genauen Tag seines Todes genannt: Losar (das tibetische Neujahr) 1984. Es war offensichtlich seine eigene Entscheidung gewesen. In Delhi hatte er dem australischen Mönch Max Redlich anvertraut, daß er, wenn er wolle, noch zwei Jahre leben könne. Später stürzte Lama Zopa seine Schülerschaft in Verwirrung und Verzweiflung, als er sagte, daß Lama noch mindestens zehn Jahre hätte leben können, wenn seine Schüler die entsprechenden Gebete gesprochen und das entsprechende Karma gehabt hätten. Waren wir es nicht wert? Taten wir nicht genug? Wir wußten es nicht. Gewiß hatte es Unstimmigkeiten mit dem Manjushri-Institut gegeben, Lama Yeshes Zentrum im englischen Cumbria, was ihn sehr geärgert hatte. Und einmal war Lama Yeshe in Kopan immer kränker geworden und hatte beim Gehen einen Stock benutzt. Jemand ging dann zu Lama Zopa und fragte, ob Lama Yeshe sterben würde. Lama Zopa entgegnete: »Nein, er stirbt nicht, wenn ihr praktiziert.« Worauf sich Lama Yeshe wie von Zauberhand erholte.

Aus unerforschlichen Gründen wußte Lama Yeshe, daß seine Zeit gekommen war. So betrachtet wäre es sehr einfach gewesen, auf die für die Lamas typische Weise zu sterben – an einem ruhigen Ort, in der Meditation, in einer vertrauten Umgebung mit vielleicht ein

Im Kloster genießt er den Ehrenplatz bei Tisch.

oder zwei spirituellen Meistern an seiner Seite. Friedlich und privat. Doch er entschied sich dafür, seinen Tod zu einem sehr öffentlichen, von Maschinen geprägten Ereignis werden zu lassen. Damit gab er die Belehrung, die er über das Potential des Menschen und die Bedeutung von Liebe gegeben hatte. Kurz bevor er starb, als man gerade einen chirurgischen Eingriff erwog, sagte er zu Lama Zopa: »Es ist gleichgültig, ob die Operation gelingt oder nicht. Ich konnte anderen Wesen dienen. Ich bin völlig zufrieden mit dem, was ich getan habe, und ich mache mir keine Sorgen über meinen Tod.«

In der Zeit zwischen seiner Ankunft in San Francisco Ende Januar und seinem Tod am 3. März war Lama Yeshe in verschiedenen Krankenhäusern gewesen. Es wurden Tests gemacht, und er erhielt Ratschläge für das beste medizinische Verfahren. (Ein Angiogram – eine mit Farbstoffen erstellte Fotografie des Herzens – zeigte, daß die Arterien, die das Herz versorgen, in Lama Yeshes Fall nicht unten aufhörten, sondern unter dem Herzen durch und auf der anderen Seite besonders kraftvoll und groß hinaufgewachsen waren; das hatte ihn am Leben erhalten.) Es wurde eine größere Herzoperation vorgeschlagen, aber Lama Yeshe bestand darauf, in sein Haus in Aptos, in der Nähe von Santa Cruz, zurückzukehren; es lag direkt am Strand und bot einen herrlichen Blick auf den Pazifik; und dort konnten ihn seine Schüler versorgen.

Es war eine große Freude für ihn, mit Kissen im Rücken an seinem Schlafzimmerfenster zu sitzen und den Sonnenauf- und -untergang über dem tosenden Meer zu beobachten. Hier verbrachte er mit dem hingebungsvollen Lama Zopa und seinem treuen Diener Thubten Monlam aus Kopan die letzten glücklichen Tage seines Lebens und unterwarf sich ganz der Pflege seiner Schüler. Kein anderer tibetischer Lama hatte je so etwas getan. Dies zeigt nicht nur das Ausmaß seines Vertrauens, sondern auch den weiten Weg, den er zu gehen gewillt war, um seine Schüler aus dem Westen zu erreichen.

»Die Güte, mit der er uns gestattete, bis zum Ende für ihn zu sorgen, gehörte ebensosehr zu seiner Liebe wie seine verbalen Lehren«, meinten Beverly Gwynn und Shasta Wallace. Ich hatte mich an sie gewandt, um aus erster Hand etwas über Lama Yeshes Tod zu erfahren. So etwas hatte natürlich keine von beiden je zuvor erlebt. Keine von beiden war nach diesem Erlebnis dieselbe wie zuvor.

»Wir waren reif für die Pflege von Lama Yeshe, da wir gerade einer Freundin beigestanden hatten, die nur einen Monat vor seiner Ankunft an Krebs gestorben war. Wenn wir diese Erfahrung nicht gerade gemacht hätten, hätten wir uns nie in seine Nähe gewagt«, erzählten Beverly und Shasta.

Die beiden Ereignisse lagen so nah beieinander, und daher traten die Gegensätze besonders deutlich hervor. »Unsere Freundin ging nach innen, sie zog sich zurück; sie war überwältigt von dem Geschehen. Eine Woche bevor sie starb, hörte sie auf zu sprechen. Lama Yeshe hingegen war zwar körperlich völlig durcheinander – er konnte nicht essen, erbrach sich ständig und wand sich manchmal vor Schmerzen im Bett –, doch war er irgendwie losgelöst von seiner Krankheit. Er konnte einfach sagen: ›Erbrechen ist sehr anstrengend‹, als ob es ihn nichts anginge. Wenn unsere Freundin Schmerzen hatte, dann wußten wir das, aber Lama Yeshe klagte nicht ein einziges Mal. Er identifizierte sich nicht mit seiner Krankheit, wie wir das tun. Er zeigte nie Schmerzen.

Es gab vieles, was keinen Sinn ergab. Lama Zopa lachte viel. Wir hörten ihn schallend lachen. Manchmal versuchten wir, Lama Yeshe zu füttern, doch er konnte keine Nahrung bei sich behalten. Wir waren verzweifelt, weil er doch zu Kräften kommen mußte; und da kam Lama Zopa herein und machte Witze. Wir waren zwar betroffen, aber nie niedergeschlagen. Lama Zopa sagte immer wieder, daß Lama Yeshe lediglich Krankheit *manifestiere*. Das weckte viele Fragen. ›Macht es ihm denn etwas aus, wenn er sich erbricht?‹ Was sollten wir von alldem nur halten?«

Es gab andere seltsame Dinge. Lama Yeshe sah nicht bleich und hager aus. Er hatte zwar viel an Gewicht verloren – seine Arme waren ausgezehrt und dünn, er hatte eine riesige, vorgewölbte Brust, er war eingefallen und entkräftet, aber sein Gesicht war stets entspannt und schön. Seine normalerweise braune Haut nahm eine leuchtendgoldene Färbung an. Er putzte sich nie die Zähne, aber sein Atem roch nie unangenehm. Niemand wurde es übel, wenn Lama sich erbrach – auch roch das Erbrochene nicht unangenehm. Seine Augen zeigten stets ein leichtes, lustiges Zwinkern.

Sein Krankenzimmer in Aptos verwandelte sich schnell in ein Theater. Lama Yeshe verteilte Jobs an alle. Manchmal waren die

Aufgaben ganz einfach – Wasser bringen, die Beine massieren, seine Zähne untersuchen, die Kissen aufschütteln – so daß sich niemand überflüssig fühlte. Als Beverly das begriffen hatte, fragte sie ihn eines Tages: »Lama, es ist wunderbar, daß wir dir auf diese Weise beistehen können. Ich weiß, daß es etwas sehr Kostbares ist, dich so pflegen zu dürfen. Das bewirkt große Veränderungen in uns. Tust du es aus diesem Grund?« Er antwortete einfach: »Ja, meine Liebe.«

Zu anderen Zeiten waren die Aufgaben schwieriger. Lennie Kronisch ist examinierte Krankenschwester und war noch nicht sehr lange Schülerin von Lama Yeshe; sie wurde wegen ihrer beruflichen Qualifikation zu Hilfe gerufen. Sie erinnert sich: »Wenn ich mit ihm zusammen war, entstand eine äußerst starke und intensive Konzentration, ein vollständiges Aufgehen in dem, was ich tat, eine vollständige Aufmerksamkeit für das, was vor sich ging. Lama Yeshe führte mich durch einige Erfahrungen, als ob er überprüfen wollte, wie weit ich zu gehen bereit war. Er brachte mich an meine körperlichen, geistigen und emotionalen Grenzen.

Beispielsweise hatte er Schlafstörungen; das hieß, er hielt immer wieder kurze Ruhepausen, wenn ihm danach zumute war. Wenn wir ihn zu seinem Stuhl am Fenster getragen hatten, schlief er häufig in einer seltsamen Stellung ein, er hing ganz schlaff an einer Seite herunter, und ich kniete am Boden und stützte seinen Kopf mit einem Kissen. Er hatte den Schlaf so sehr nötig, daß ich dachte, ich müsse ihm helfen, so gut es ginge. Häufig ermüdete mich diese Stellung so sehr, daß ich dachte, mir brechen die Hände oder die Knie oder der Rücken. Wenn ich dann glaubte, ich würde das nicht mehr lange aushalten, wachte er auf und ›erlöste‹ mich sozusagen.«

Eines Tages geschah etwas, was eine seltsame Auswirkung auf ihre Begegnung mit Lama Ösel hatte. »Lama Yeshe saß in einem Stuhl, und ich fütterte ihn. Ich beugte mich über ihn, und er zog mich an der Bluse zu sich. Dann schlief er ein. Ich steckte in der Klemme. In der einen Hand hatte ich einen Löffel, in der anderen ein Glas, und er hielt mich an der Bluse fest. Ich schaute, ob er vielleicht Spaß machte, aber er schlief wirklich fest. Das einzige, was ich meiner Ansicht nach tun konnte war, von Moment zu Moment mit der Situation fertig zu werden. Als ich glaubte, es fast nicht mehr aushalten zu können, wachte er auf.

Aus diesem Grund ließ er uns bis zum Schluß um sich sein – er wollte uns diese inneren Lehren geben. Ich hatte noch nie zuvor solche Extreme erlebt, nicht einmal bei meinen drei Kindern. Da begriff ich, daß es die Aufgabe eines Guru ist, uns über unsere gegenwärtigen Grenzen hinauszuführen. Durch sein Verhalten zeigte er uns das Beste in uns«, erzählte sie.

Vor allem konnte sie in dieser eigentlich schrecklichen Situation mit eigenen Augen beobachten, in welchem Maße Lama Yeshe sein »Ego« aufgegeben hatte und wie sehr er ohne Gefühl eines Selbst lebte. »Das wirklich Erstaunliche während der ganzen Zeit war seine ständige Sorge um andere. Ich erinnere mich noch gut an eine bestimmte Situation – er war bereits lange krank, und es war schrecklich mitanzusehen, weil es seine Kraft so sehr erschöpfte; da kam jemand ins Zimmer, und er schaute auf und fragte: ›Wie geht es dir? Wie geht es deiner Familie?‹ Es kam wirklich von Herzen.

Die ganze Zeit blieb er mit uns in Verbindung, und er war sehr liebevoll. Manchmal umarmte er uns alle, fest und intensiv. Manchmal schaute er einem einfach in die Augen, und man fühlte den starken Strom der Liebe, als hätte man seine große Liebe gefunden. Wirklich erstaunlich. Er war sehr krank, doch seine Energie floß ständig nach außen«, berichtete Shasta.

Das Ende rückte näher, als Lama in Aptos einen Schlaganfall erlitten hatte. Er wurde sofort ins örtliche Krankenhaus nach Santa Cruz gebracht, das er aus Gründen, die wohl nur er kennt, verabscheute. Er griff nach Lennies Hand und sagte mit einem unmißverständlichen Befehlston in der Stimme: »Bring mich bloß weg von hier.« Er wiederholte diesen Befehl jedes Mal, wenn sie in seine Nähe kam. Sie war hin- und hergerissen zwischen ihrem medizinischen Wissen und der Hingabe an ihren spirituellen Lehrer. Schließlich siegte ihr Herz, sie »bekannte Farbe«, wie sie es ausdrückte, und setzte die Verwaltungsmaschinerie in Gang, um Lama Yeshes Entlassung zu bewirken.

Wieder zurück in Aptos – er war nun halbseitig gelähmt –, zeigte Lama Yeshe immer noch ungewöhnlich viel Energie. Er hatte über seinem Kopf ein dreieckiges Gestänge, an dem er sich hochziehen konnte, und er *schaukelte* wie zum Spaß daran. Es war eine Freude zu sehen, wie er mit den Menschen um sich herum spielte und sie neckte. Lennie lehrte ihn besondere Atemübungen für die Entspannung, und jedesmal, wenn sie vorbeiging, ließ er aus Spaß einen tiefen Seufzer hören, um ihr eine Freude zu machen. Ihm wurde langweilig wie einem Kind, und er warf ein Papiertaschentuch nach dem anderen auf den Boden, um sich zu vergnügen.

Lama Zopa war die ganze Zeit an seiner Seite, und er entschied nun, daß es an der Zeit sei, die tibetischen Autoritäten herbeizurufen. Er rief in der Schweiz an und bat Seine Heiligkeit Song Rinpoche, eine wichtige Persönlichkeit in der spirituellen Hierarchie und einer von Lama Yeshes persönlichen Lehrern, nach Kalifornien zu kommen. Der ehrwürdige alte Herr, schon hoch in den siebzigern (S. H. Song Rinpoche lebte von 1905–1984, Anm. d. Ü.), mit seinem Markenzeichen, einem langen, dünnen, weißen Bart, der von der Kinnspitze herunterhing, traf wie gewünscht schnell ein. Er sprach Gebete über Lama Yeshe, gab ihm Einweihungen und rezitierte alte Schriften für die Behandlung von Schlaganfällen.

Er empfahl die Rezitation bestimmter Mantras und wies an, Lama vor jeder direkten Sonneneinwirkung zu schützen. Jetzt war ihm eine seiner letzten Freuden genommen, von seinem Sitz am Fenster den Sonnenuntergang zu betrachten. Er zog sich aus diesem Leben zurück. Erstaunlicherweise (oder auch nicht, je nachdem, was man glaubt) ging seine Lähmung zurück, doch der Zustand seines Herzens wurde immer schlimmer. Drei Tage nach Song Rinpoches Abreise ging es bergab mit Lama Yeshe.

Als ein weiterer Schüler, ein Arzt, zu Besuch kam, und eine sofortige Überweisung ins Krankenhaus empfahl, pflichtete ihm Lama Yeshe liebenswürdig bei. Lama Zopa führte eine Meditation durch, und das Cedars-Sinai-Krankenhaus in Los Angeles wurde als günstigster Ort für Lama Yeshe ausgewählt. Er wurde mit einem Ambulanzhubschrauber dorthin geflogen; das gefiel ihm, und auf dem ganzen Weg lachte und scherzte er.

So ergab es sich, daß Lama Yeshes letzter Bestimmungsort sehr weit von seinem Herkunftsort entfernt war. Die Intensivstation im Cedars-Sinai-Krankenhaus glänzte in der neuesten High-Tech-Ausstattung, die die westliche Wissenschaft im Kampf um die schlimmste Krankheit – die Herzkrankheit – entwickelt hat. Stellen Sie sich vor, wie dieser tibetische Lama von einer der abgelegensten

Gegenden der Erde hierhergebracht wurde, wo er nun zwischen Filmproduzenten und Fernsehberühmtheiten lag, die hier in der bedeutendsten Herzklinik der USA, vielleicht sogar der ganzen Welt, ihren Pseudoherzanfall auskurierten. Hier hing Lama Yeshe an einer beeindruckenden Zahl von Maschinen, die ständig blinkten und piepten und digitale Nachrichten in den »Betriebsraum« weitergaben. Cedars-Sinai war kalt, effizient, alles war aus Kunststoff – das Beste und das Schlechteste, was die USA zu bieten haben.

All das war für Lama Yeshe neu und fremd, und es war noch seltsamer für das Personal des Cedars-Sinai-Krankenhauses, einen tibetischen Heiligen bei sich zu haben. Mit ihrem Patienten kam noch ein kleiner Lama in Roben, der die ganze Zeit in der Ecke saß, Gebete sprach oder lange Niederwerfungen vor dem Mann im Bett vollführte. Es gab dann noch eine Reihe tibetischer Mönche und eine Gefolgschaft westlicher Anhänger, die sich alle in das Krankenzimmer drängten und ihre Rituale vollzogen, ohne sich von den Menschen in gestärkten weißen Uniformen stören zu lassen, die um sie herum arbeiteten. Der Ort vibrierte von der ungewohnten Exotik.

Lama wurde mit großem Zeremoniell an eine Kanüle angeschlossen, die in seine Nase führte, eine andere führte zu seinem Arm und eine weitere bis in sein Herz. Trotzdem behandelte er seinen Arzt Stephen Corde, den er noch nie zuvor gesehen hatte, wie einen alten Freund der Familie. Und er scherzte und lachte weiterhin mit allen Anwesenden um sich herum.

Er war gerade zwei Tage auf der Intensivstation, dann starb er. Niemand ahnte, daß es bevorstand. An seinem letzten Abend hatte er sich ein chinesisches Essen gewünscht; er hatte schon einige Erdbeeren gegessen und sprach mit den Krankenschwestern über die Erdbeeren in seinem Garten. Als er in die Klinik kam, hatte Lama Zopa eine Frau gesehen, die klinisch tot war, aber mit einer Maschine noch am Leben gehalten wurde. Er schüttelte den Kopf und fragte, ob man mit Lama Yeshe auch so etwas machen würde. Als man ihm erklärte, es sei möglich, murmelte er, es sei besser, wenn Lama Yeshe stürbe, als daß sein Leben auf eine solche Weise erhalten würde. Dann gab er dem Krankenhauspersonal einige Anweisungen: für den Fall, daß Lamas Herz versage, sollten keine außerordentlichen Maßnahmen ergriffen werden. Man sollte ihm gestatten, eines natürlichen Todes zu sterben. Einer plötzlichen Eingebung zufolge entschloß er sich, Song Rinpoche noch einmal anzurufen und ihn um seinen Rat zu bitten. Dieser empfahl das genaue Gegenteil, nämlich »alles Menschenmögliche zu versuchen, was die westliche Wissenschaft für Lama Yeshe tun kann«. Die Kräfte des Schicksals waren am Werk. Lama Yeshe sollte einen ganz und gar westlichen Tod erleben.

Doch zuvor bat er Lama Zopa, mit ihm die gesamte Meditationspraxis der Selbsteinweihung in die höchste tantrische Gottheit Heruka zu vollziehen – ein Aspekt des mitfühlenden Buddha. Als er die Meditationen beendet hatte, begann sein Herz unregelmäßig zu schlagen. Eine Krankenschwester, die die Maschinen im »Betriebsraum« vor seinem Zimmer beobachtete, bemerkte die Veränderung, eilte zu ihm und fragte, ob alles in Ordnung sei. »Ja, meine Liebe«, antwortete er.

Ob er Schmerzen habe? Nein. Sie verließ das Zimmer. Dann hörte sein Herz auf zu schlagen, ohne Vorwarnung. Lichter gingen an, Signale hörten auf, die Tür wurde aufgerissen, das Krankenhauspersonal kam von überallher hereingestürmt. Es war die Hölle los. Ein Pfleger wollte etwas von einem Regal über Lamas Kopf holen, und das Regel krachte zu Boden. Einer von Lamas Schülern, Tom Waggoner, spürte einen äußerst heftigen Schmerz in seiner Brust. Die Behandlung mit Elektroschocks fing an.

Das war die schlimmste Art des Sterbens für Lama Yeshe. Allen seinen religiösen Lehren zufolge bedeutet der Stillstand des Herzens noch nicht den Tod. Genau in diesem Augenblick beginnt die wichtigste und subtilste Meditation auf dem Weg des Bewußtseins aus der körperlichen Form heraus.

Dr. Corde hatte zweieinhalb Stunden an Lamas Herz gearbeitet, als ihm eine ruhige Stimme aus der Ecke bedeutete, es sei jetzt vielleicht Zeit, aufzuhören. Lama Zopa konnte es nicht mehr länger ertragen. Der Arzt sah seltsam enttäuscht aus. Er gestand später, daß er noch nie so hart an der Wiederbelebung eines Patienten gearbeitet habe. Obgleich er Lama Yeshe nicht gekannt hatte, hatte er gespürt, daß er ein besonderer Mensch war. Es war zehn Minuten nach fünf, in der Morgendämmerung des tibetischen Neujahrstages – eine Stunde, in der viele große Yogis sterben.

Trotz allem, was in den letzten Wochen passiert war, konnte niemand glauben, daß Lama Yeshe gestorben war. Lama Zopa war wie gelähmt vor Trauer. »Ich bin völlig dumpf«, sagte er. »Ich kann keinen klaren Gedanken fassen. Hohe Lamas wie Lama Yeshe sind zu groß für uns. Wegen unserer geringen Verdienste sind sie zu groß für uns.«

Die Schüler standen ebenso unter Schock. Sie erwarteten beinahe, daß Lama Yeshe sich im Bett aufsetzen und ihnen zuwinken würde. Wie es Beverly und Shasta erklärten: »Versteht doch, es war kein gewöhnlicher Tod. Er lachte, scherzte und umarmte uns alle bis zu der Sekunde, in der sein Herz zu schlagen aufhörte. Er war die ganze Zeit bei vollem Bewußtsein. Auf diese Weise zeigte er uns, daß der Tod etwas Normales ist, nichts, vor dem man Angst haben muß. Sein Körper war krank, doch sein Geist war völlig friedlich. Glücklich. Durch seinen Tod an Herzversagen zeigte er uns, daß er ein Mensch war. Was ihm zugestoßen ist, könnte jedem von uns zustoßen. So wie wir uns mit seiner Krankheit und seinem körperlichen Zustand identifizieren konnten, so konnten wir uns auch mit seinem Geisteszustand im Sterben identifizieren. Es war wunderbar, wie er starb.«

Doch es gab viel zu tun. Die Schüler baten die Krankenhausverwaltung um einen Raum, wo Lama Yeshes Körper, wie es der tibetischen Tradition entsprach, drei Tage lang ungestört liegen konnte. Die Verwaltung reagierte mit Angst, Entrüstung und Empörung. Das verstieß gegen alle Vorschriften, einen Toten so lange im Bett zu lassen.

Schließlich wandten sich die Schüler an den Chefarzt, und man gestattete ihnen widerstrebend, von den Vorschriften abzuweichen. Lama Yeshe durfte bis zehn Uhr abends in einem Raum in einem wenig benutzten Flügel des Krankenhauses liegen. Sogar im Tod tanzte Lama Yeshe noch aus der Reihe! Wie es im Westen üblich ist, kamen zwei Krankenwärter in weißen Hosen, langärmeligen Mänteln, Gummihandschuhen, Mützen und Gesichtsschutz. Sie hoben Lama Yeshe auf eine Bahre. Man erklärte ihnen, das sei eine ungewöhnliche Situation, und bat sie, den Überzeugungen des Toten entsprechend den Körper so wenig wie möglich zu bewegen und zu erschüttern.

Dann zog eine bizarre Trauergemeinde durch die Flure des Cedars-Sinai-Krankenhauses. Im Schneckentempo führte Lama Zopa sie an, begleitet von weiteren Tibetern in Roben, die Gebete sprachen; hinter ihnen kamen die westlichen Schüler und dann Lama Yeshes Körper; er war mit einem Tuch bedeckt und wurde von den Krankenwärtern in ihren »Raumanzügen« eskortiert.

Endlich allein mit seinen Freunden und Schülern, setzte Lama Yeshe – klinisch »tot«, doch mit einem sehr lebendigen Bewußtsein in seiner körperlichen Form – seine Meditation im Gemurmel von Mantras und Gebeten fort. Seine Haut hatte immer noch eine goldene Färbung, und er sah nach Aussage der Anwesenden auch im Tod wunderschön aus. Von da an sprach Lama Zopa von »Lamas heiligem Körper«. Als die Zeit in diesem Raum abgelaufen war, machte Lama Zopa vor seinem kostbaren Guru und engsten Freund mit ausgesuchter Hingabe drei Niederwerfungen, die so voller Liebe waren, daß sie alle Anwesenden erschütterten. Er begann dann sehr laut Heruka-Mantras zu rufen und verkündete: »Lamas Meditation ist jetzt beendet!« Ein oder zwei Schüler sahen, wie sich Lamas Kopf unter dem Tuch bewegte, allerdings war die Bewegung so minimal, daß sie sich später fragten, ob sie halluziniert hatten.

Sie besorgten einen Sarg und erhielten die Erlaubnis, den Körper auf dem Grundstück des Vajrapani-Zentrums, das Ende der siebziger Jahre gegründet worden war, zu verbrennen. Ganz unkonventionell, wie alle diese Ereignisse verliefen, lud Tom Waggoner den Sarg auf seinen Lieferwagen und transportierte Lama Yeshes Körper dreihundert Meilen weit nach Boulder Creek; unterwegs hielt er an einer Tankstelle an, um den Wagen zu säubern. Es war nicht gerade ein üblicher Leichenwagen, doch er wollte, daß er wie eine Kutsche glänzen sollte.

Die Nachricht von Lama Yeshes Tod ging schnell um die Welt, und von überallher kamen Menschen, um dem Mann Ehre zu erweisen, der nicht nur ihr Leben, sondern ihr Herz berührt hatte. Er lag in der zentralen Meditationshalle in einem offenen Sarg; seine Haut hatte eine goldene Färbung, und er strömte süße Düfte aus. Der Sarg hat heute noch diesen süßen Duft. Viele Lamas kamen, unter ihnen auch der unermüdliche Song Rinpoche aus der Schweiz – dieses Mal, um die Einäscherungszeremonien einzuleiten.

Als Lama starb, hörte der Wind, der in den Tagen vor seinem Tod ganz ungewöhnlich geheult hatte, auf, und tagelang erstrahlte ein für diese Jahreszeit ungewöhnlich ruhiger und blauer Himmel über Vajrapani. Auch der Regen hörte auf, und so konnten die Scharen von Besuchern mit ihren Autos den Feldweg zum Zentrum benutzen. Die Klarheit der Luft spiegelte die ungewöhnliche Klarheit des Geistes der Menschen, die Lama Yeshe gepflegt hatten, wider. Man hätte eigentlich eine schwere und niedergeschlagene Stimmung erwarten können, doch die Einäscherung wurde zu einem Fest, zu einer Feier. Zu einer Zeit der Freude und des Friedens.

Es gab auch seltsame Augenblicke von einer bizarren Heiterkeit. Tom Waggoners Aufgabe bestand darin, Lamas Körper kühl zu halten. Er hatte damit nicht viel Erfahrung und belud den Körper mit so viel Trockeneis, daß er gefror. Er entdeckte den Fehler am Tag der Verbrennung, als Lama Yeshe der Tradition zufolge aufrecht auf einem Stuhl sitzen sollte, mit den Beinen und Armen am Körper. »Ich hatte dreiundsechzig Kilogramm gefrorenen Guru in den Händen, der langsam blau anlief – und ich mußte ihn schnell auftauen, damit ich seine Arme und Beine bewegen konnte. Wir mußten alle lachen. Lama Yeshe hatte uns beigebracht, nie den Humor zu verlieren«, erinnert er sich.

Der Boden war mit Blumen bestreut, und Weihrauch hing in der Luft, als Lama Yeshes Körper in eine speziell angefertigte Stupa (Grabkammer) gebracht wurde, die seine Schüler mit großem Eifer nachts im Licht der Autoscheinwerfer gebaut hatten. Sein Körper wurde für die Verbrennung vorbereitet. Seine Knie wurden an die Brust gedrückt und mit weißen Gabenschals festgebunden. Seine Arme wurden gekreuzt, und man gab ihm die Ritualgegenstände Dorje (ein kleines fünfzackiges Zepter) und eine Glocke (die Symbole für unzerstörbare Weisheit und unzerstörbares Mitgefühl) in die Hände. Er trug seine roten und gelben Gewänder. Auf seinem Kopf trug er einen dreispitzigen schwarzen Bodhisattva-Hut mit einem Kristallrosenkranz, und sein Gesicht war mit einem roten Tuch bedeckt. Dann wurde sein auf einem Stuhl aufrecht sitzender Körper in einer Prozession zu dem Bergrücken gefahren, wo die Stupa stand. Von dem Ort aus hatte man einen prächtigen Blick auf endlose Redwood-Wälder, und der Duft des dahinterliegenden Meeres hing in der Luft. Lama Yeshe hatte diesen Ort geliebt. Es war in seinen Worten ein »magisches Land«.

Als sich Lama Yeshe an der richtigen Stelle befand und das restliche Stück der Stupa über ihm fertiggebaut war, wurde das ölgetränkte Holz der tibetischen Tradition gemäß von einer Frau entzündet, die Lama in diesem Leben nicht begegnet war. Drei Stunden wurden dem Feuer rituelle Gaben dargebracht, und während der ganzen Zeit unterbrachen nur der Klang der Gesänge und das Knakken des Feuers die tiefe Stille. Ein durch eine Öffnung der Stupa zufällig aufgenommenes Foto zeigte später, wie die Flammen durch Lamas brennenden Schädel leckten – eine schreckliche Erinnerung an seine Lehren, daß wir nicht nur alle vergänglich sind, sondern auch, daß echter geistiger Friede nur erlangt werden kann, wenn wir der Wirklichkeit voll ins Angesicht schauen.

Wie Tom Waggoner erläuterte: »Wir werden alle sterben, und doch haben wir alle Angst vor dem Tod. Als Lama Yeshe starb, hat mir meine buddhistische Schulung geholfen, nicht zu verzweifeln. Immer wieder war mir beigebracht worden, daß Tod einfach das Verlassen eines verbrauchten Körpers bedeutet und daß das Bewußtsein weiterlebt.«

Vier Tage lang wurde Lama Yeshes Körper nicht berührt; dann öffnete Lama Zopa die Stupa, um nachzuschauen, was von seinem Körper übriggeblieben war. Nur ein Teil des Herzens und des Kiefers und Lamas auffällige Schneidezähne. Das war alles. Alle hörten wieder seine Worte: »Bin ich dieses Fleisch, diese Gestalt? Wer bin ich?« Auf jeden Fall gab es Lama Yeshe in der Gestalt, in der wir ihn alle gekannt hatten, nicht mehr. Als alle Besucher gegangen waren, blieb den Bewohnern des Vajrapani-Zentrums nur Erschöpfung und Leere.

Shasta drückte dieses Gefühl sehr klar in einem Gedicht aus, das sie Beverly schenkte:

Das Ende des Frühlings von Li Ching Chao

Der Wind hört auf.
Nichts bleibt vom Frühling als duftender Staub.
Es ist schon spät am Tag,
doch ich bin zu müde, mein Haar zu kämmen.
Die Möbel sind noch dieselben,
doch ihn gibt es nicht mehr.
Nichts vermag ich zu tun.
Bevor ich Worte finde,
lassen Tränen mich verstummen.
Man sagt, bei den Zwei Flüssen sei der Frühling
immer noch schön.
Mit dem Boot wollte ich hinaus,
doch ich fürchte, mein Boot ist zu klein,
um je zu den Zwei Flüssen zu gelangen,
und tiefe Trauer bedrückt mein Herz.

8
Tod und Wiedergeburt

Was Lama Yeshe beim Sterben genau geschah, kann niemand mit einer gewöhnlichen Wahrnehmung je wissen. Doch für die tibetische Tradition hängt die Frage der Reinkarnation und Lama Yeshes Wiederkunft elf Monate später als spanisches Kind daran.

Die Tibeter haben die wohl ausführlichste und tiefgründigste Studie über das Sterben erstellt, die es heute auf der Welt gibt – sehr ansprechend und verständlich aufbereitet in dem berühmten Werk aus dem achten Jahrhundert, dem *Tibetischen Totenbuch*. Darin wird die Reise des Bewußtseins (des Anteils im Menschen, der keinerlei Substanz besitzt) anschaulich und systematisch beschrieben; wie es sich vom Körper ablöst und was es auf dieser Reise erfährt. Und so macht sich jeder Tibeter wie selbstverständlich mit dieser unausweichlichen Reise vertraut, damit er nicht angesichts seltsamer Erfahrungen in Panik gerät. So kann er ein gewisses Maß an Bewußtheit und Kontrolle aufrechterhalten und einen ehren- und hoffnungsvollen, von Glück gesegneten Bestimmungsort erreichen.

Der einfache Tibeter möchte in einer friedvollen Verfassung sterben – denn ein solcher Geisteszustand scheint hinreichend zu sein, um das Bewußtsein durch die Klippen des Todes zu steuern. Ein fortgeschrittener spiritueller Praktizierender hat jedoch ein weit ehrgeizigeres Ziel. Da er den Geist zu Lebzeiten studiert und in einem Maß geschult hat, daß er klar und sensibler geworden ist, nutzt der tibetische Yogi seinen Tod als die größte Chance, die letzten Hindernisse zum vollkommenen Erwachen oder zur Buddhaschaft zu überwinden. Doch angeregt durch das Mahayana-Ideal des Altruismus – bewegt von unerträglichem Mitgefühl mit dem Leiden der anderen –, verzichtet er auf seinen verdienten Platz im Himmel, wie wir es vielleicht nennen würden, und erfüllt sein Versprechen, immer wieder zu diesem Rad des Lebens und des Todes zurückzukehren und allen zu zeigen, wie er seinen Weg gegangen ist. Hat ein Lebewesen eine solche Entwicklungsstufe erreicht, kann er oder sie, so heißt es, die *genauen* Bedingungen seiner oder ihrer Wiedergeburt bestimmen und eine Wiedergeburt wählen, die seinem oder ihrem göttlichen Zweck am besten dienlich ist.

Es gibt viele phantastische Geschichten über die außergewöhnlichen Leistungen, die Lamas bei ihrem Tod vollbringen. Es gibt in Tibet eine allgemein bekannte Geschichte über Mao Tse-tungs Rote Garden. Als sie das Grab von Tsongkhapa entweihten – einer der berühmtesten tibetischen Heiligen und der Gründer der Gelug- oder Gelbmützensekte –, fanden sie nicht nur seinen vollständig erhaltenen Körper vor, sondern mußten auch feststellen, daß seine Haare und Nägel immer noch wuchsen, und all das fünf Jahrhunderte nach seinem Tod. Einige Yogis gehen sogar noch weiter und entscheiden sich dafür, ihren Körper im Tod mitzunehmen. Tibet ist voller Geschichten über Yogis, die im Tode den »Regenbogenkörper« erlangten (so beispielsweise Marpa, der Übersetzer) und in die dünne Luft entschwanden und lediglich Nägel und Haare zurückließen.

Glücklicherweise hatten wir Fremde seit der Flucht der Tibeter vor der chinesischen Herrschaft mehrfach die Gelegenheit, etwas über ihre bemerkenswerten Fähigkeiten beim Sterben zu hören und diese gelegentlich mit eigenen Augen beobachten zu können. Man erzählt sich, daß ein indischer Beamter völlig verblüfft vor einem tibetischen Meister stand; kerzengerade saß dieser im Lotussitz, ein wunderschönes Lächeln auf den Lippen, und sein Körper strömte süße Düfte aus; und zwar lange nach dem Stillstand von Herz und Atem. Und all das in der glühenden Hitze der indischen Mittagssonne, in der bei einem »Toten«, wenn alles mit rechten Dingen zuginge, schnell die Verwesung einsetzen würde und er nur noch fürs Feuer taugte. Da ich in London lebe, habe ich solche Wunder nicht mit eigenen Augen gesehen, aber andere Westler, die bei den Tibetern in Indien und Nepal gelebt haben, haben deren außergewöhnliche Kräfte glaubhaft bezeugt.

Die Geschichte über den Tod des vielgeliebten Kunu-Lama in Nordindien wurde in allen buddhistischen Zirkeln erzählt. Die Tibeter verehren ihn als den größten spirituellen Meister dieses Jahrhunderts, der einzige Mensch, vor dem der Dalai Lama öffentlich Niederwerfungen vollzog. Der Kunu-Lama war Inder; nach dem Studium des Sanskrit und des Hinduismus verließ er sein Land und seine Religion und wanderte nach Tibet, auf der Suche nach Antworten, die ihm seine eigene Religion nicht geben konnte. Dort wurde er ein Wanderlama, der bald wegen seiner Gelehrtheit und Debattierkunst berühmt und gefürchtet war. Nach dem Einmarsch der Chinesen floh er zusammen mit anderen hohen Lamas und kehrte in seine Heimat zurück.

Als er neunzig war, fand man ihn am Heiligen See im wunderschönen Kulu-Tal in der Nähe von Dharamsala, dem Wohnort des Dalai Lama. (Reiseführer nennen diesen Platz »Tal der Götter«.) Obgleich er immer hinfälliger wurde und sich auch eine Tuberkulose zugezogen hatte, beschloß er, das Kulu-Tal hinaufzuwandern; auf dem Weg besuchte er die Klöster und gab lange Belehrungen, wenn man ihn darum bat. Es war Februar, der kälteste Monat des Jahres, und der Kunu-Lama war so geschwächt von Krankheit und Alter, daß er seine kleine Retreat-Hütte auf einem der höchsten Bergpässe nicht mehr verlassen konnte. Eines Nachts stand er auf und ging allein ein paar hundert Meter durch den Schnee bis zu einem Baum, setzte sich hin und verschied in der eisigen Kälte.

Man fand ihn am nächsten Tag; sein Körper befand sich immer noch in der traditionellen Meditationshaltung. Es schien unfaßbar, daß ein kranker, alter Mann wie er so etwas in einem derart entsetzlichen Klima hatte tun können, doch übersteigen die Fähigkeiten des menschlichen Geistes wohl unsere derzeitigen Vorstellungen von dem, was wir für »möglich« halten.

Im Laufe der Jahre habe ich viele solcher Geschichten gehört, alle sind packend und fesseln die Vorstellungskraft. Der bekannte Apo Rinpoche aus Manali, der Überlieferung nach eine Reinkarnation des berühmten, heiligen Poeten Milarepa aus dem 15. Jahrhundert, starb an Magenkrebs, ohne die geringsten Anzeichen von Schmerzen zu zeigen. Er war berühmt für seine Meisterschaft im »Phowa«, der Methode zur Übertragung des Bewußtseins, die es einem fähigen Praktizierenden gestattet, sein Bewußtsein willentlich in die Gestalt zu übertragen, die er für seine kommenden Aufgaben als günstig betrachtet. Der Körper von Apo Rinpoche blieb noch vierzehn Tage nach dem letzten Schlag seines Herzens warm, bis sein Lehrer aus Darjeeling ankam und bekanntgab, sein Schüler habe nun seine letzte Meditation beendet. Bei diesen Worten trat ein Tropfen Blut aus Apo Rinpoches Nasenöffnung, und sein Kopf sank auf die Seite. Das war das äußere Zeichen dafür, daß sein Bewußtsein tatsächlich erst jetzt seine körperliche Gestalt verlassen hatte. Offensichtlich nahm Apo Rinpoche völlig bewußt wahr, was um ihn herum vorging; er hatte nur noch auf seinen Lehrer gewartet, damit dieser die letzten Riten vollziehen konnte, bevor er dieses Leben endgültig hinter sich ließ.

Am meisten berührt hat mich die Geschichte über Seine Heiligkeit Serkong Rinpoche. Ich hatte das große Glück, diesem bemerkenswerten Mann als Gast im Hause eines Londoner Freundes zu begegnen. Ich wurde zu einem gemeinsamen Abendessen eingeladen und war sofort von seinem »normalen Auftreten« fasziniert. Ohne Aufwand und ganz unzeremoniell (trotz seines hohen Ranges in der tibetischen Hierarchie) saß er in Unterkleid und Hausschuhen am Küchentisch und aß Momos (tibetische Klöße) mit einem Appetit, den man höflich mit »gesund« umschreibt. Er forderte uns alle auf, es ihm gleichzutun, bis wir uns geschlagen gaben. Dieses normale Auftreten war eine Fähigkeit, die er, wie ich später erfuhr, ganz bewußt ausgebildet hatte. Er entschloß sich häufig dazu, in indischen Zügen dritter Klasse zu fahren, eine Art zu reisen, die man wirklich nur mit einem Viehtransport vergleichen kann. Manchmal kam er in einem Lastwagen an, um irgendwo Belehrungen zu geben. Ein Mann seines Ranges hat Anspruch auf ein Auto mit Chauffeur, doch mochte er solchen Aufwand nicht.

Tatsächlich war nichts an Serkong Rinpoche alltäglich. Körperlich sah er wie ein Wesen aus einer anderen Welt aus; sein Gesicht war eine Landschaft von Runzeln und tiefen Furchen, seine Lider waren schwer, und in seinen Augen funkelte »übernatürliche Weisheit«.

Seine spirituellen Fähigkeiten waren gleichermaßen beeindrukkend. Er hatte in Tibet seinen Geshe-Grad im Alter von dreiundzwanzig Jahren erlangt (das entspricht in etwa einem Doktor der »Theologie« oder Religion, umfaßt jedoch eine vierzehnjährige

Ausbildung). Er war einer der wenigen Tibeter, die alle vier, äußerst komplexen Schulen des tibetischen Buddhismus kannten. Das bedeutete, er war einer der wenigen, die dem Dalai Lama bei seinen Belehrungen assistieren konnten, was offenbar sehenswert war. Wenn der Dalai Lama lehrt, dann geschieht das in einer unwahrscheinlichen Geschwindigkeit; mitten im Vortrag hielt er oft inne und fragte Serkong Rinpoche nach einem Begriff. Für die Zuschauer sah das wie ein Spiel aus – der Dalai Lama prüfte Serkong Rinpoche. Die Hingabe Serkong Rinpoches an sein Oberhaupt war extrem – seine Augen füllten sich mit Tränen, wenn nur sein Name erwähnt wurde.

Nicht lange nachdem ich Serkong Rinpoche in London begegnet war, kam ein Brief aus Indien, der uns mitteilte, daß er plötzlich gestorben war. Er beschrieb die seltsamen Umstände, die Rinpoche für seinen Tod gewählt hatte. Als er eines Tages in Spiti, einer abgelegenen Gegend in Nordindien, war, rief Serkong Rinpoche einen älteren Mönch zu sich und sagte: »Es sind schlechte Zeiten für den Dalai Lama. Sein Leben ist in Gefahr. Wenn wir diese Gefahr auf uns nehmen könnten, wäre das sehr gut. Doch sprich bitte mit niemandem darüber.«

Serkong Rinpoche wußte nicht, daß sich der Dalai Lama gerade auf dem Weg nach Genf befand; dort, wie es das Schicksal wollte, sah sich die Schweizer Polizei außerstande, ihm Polizeischutz zu geben. Alle verfügbaren Kräfte waren bei Yasser Arafat eingesetzt, der anläßlich einer PLO-Konferenz dreißig Minuten nach ihm ankommen sollte. Es war eine äußerst prekäre Situation für den Dalai Lama.

In Spiti nahm Serkong Rinpoche diskret Abschied von seinen Mönchen, für die er so lange gelebt hatte, und teilte ihnen geheimnisvoll mit, daß sie sich in Zukunft mit allen Fragen und Problemen direkt an den Dalai Lama wenden sollten. Niemand ahnte, was er damit andeuten wollte. Er rief dann den alten Mönch wieder zu sich und fuhr mit ihm zu einem Haus, etwas weiter oben im Spiti-Tal. Der Besitzer hatte ihn offensichtlich nicht erwartet. Serkong Rinpoche ging ins Haus, aß ein wenig Yoghurt und rezitierte den ganzen Text des »Tanche Legche Nyingpo« – wohl die komplizierteste Abhandlung über Leerheit überhaupt. Er bat dann den Hausbesitzer, ein reines weißes Laken auf dem Bett auszubreiten, legte sich nieder, atmete einige Male aus und starb.

Der Brief beschreibt weiter, wie Serkong Rinpoche seine Meditation nach seinem Tod fortsetzte und die ganze Nacht, den ganzen nächsten Tag und die nächste Nacht bis zum Morgengrauen über das klare Licht des Todes meditierte; dann erst verließ sein Bewußtsein den Körper. Über dem Haus waren in diesem Augenblick Regenbögen zu sehen, und auf dem Hügel, wo er verbrannt werden sollte, erschienen Lichter. An dem trockenen, staubigen Ort, wo sein Körper rituell verbrannt wurde, sprang eine Quelle aus dem Felsen, und Wasser begann zu fließen. Sie sprudelt immer noch, und einige Menschen wurden mit dem Wasser geheilt.

Der Brief schloß mit der Bemerkung, daß Serkong Rinpoche genau das getan habe, was er versprochen hatte – er nahm die Schwierigkeiten auf sich, die Seine Heiligkeit hatte, und gab ihm seine eigene Lebenskraft. Wie sich später herausstellte, änderte Arafat seine Pläne in dem Augenblick, in dem Serkong Rinpoche »starb«, und beschloß, erst am nächsten Tag nach Genf zu fliegen. Serkong Rinpoches selbstloses Handeln ist kein Einzelfall. Warum zu dem Zeitpunkt so viele Todesfälle vorkamen, bleibt ein Geheimnis, es heißt jedoch, daß die Sorge, die Serkong Rinpoche um den Dalai Lama hatte, von vielen hochentwickelten spirituellen Wesen geteilt wurde.

Als Lama Yeshe starb, starben gleichzeitig auch viele andere tibetische Yogis auf ungewöhnliche Weise. Kurz nach Lama Yeshe starb auch der Ehrwürdige Kyabje Song Rinpoche, der Mann, der seine Beerdigungsriten geleitet hatte. Er war im Sommer 1984 krank geworden, doch nachdem ihn viele Schüler und Kollegen gebeten hatten, weiterzuleben, erholte er sich wieder und setzte sein umfangreiches Programm fort; er lehrte, studierte und führte weiterhin religiöse Zeremonien durch.

Am frühen Morgen des 15. November bemerkte Song Rinpoche Schmerzen in der Brust. Sie schienen im Laufe des Tages wieder zu verschwinden, und Song Rinpoche fühlte sich wohl genug für ein kräftiges Frühstück. Als sein Assistent das Tablett holte, sagte er zu ihm: »Das hat gut geschmeckt, sehr gut, ausgezeichnet. Du warst sehr, sehr gut zu mir.« Kurz nach neun Uhr erklärte er allen Anwesenden, daß er seine bisherige Krankheit nicht mehr habe, und ging in sein Wohnzimmer. Einige Minuten später fanden seine Diener Song Rinpoche aufrecht sitzend, mit geschlossenen Augen, ohne Anzeichen von Herzbewegung und Atem. Er war einfach »gestorben«. Sie berührten ihn nicht, sondern rezitierten die Selbsteinweihung der tantrischen Gottheit, die Song Rinpoche praktiziert hatte. Drei Tage lang blieb er in dieser Haltung. Am Nachmittag des dritten Tages änderte sich das Wetter, das bis dahin völlig ruhig gewesen war. Ein kräftiger Wind kam auf, und es gab ein leichtes Erdbeben.

Man kleidete Song Rinpoches Körper in die Einweihungsroben, setzte ihn in eine reich verzierte Sänfte, und seine Schüler brachten ihn zu der Stupa, wo er verbrannt werden sollte. Am Morgen des 24. November wurde die Verbrennungskammer geöffnet, und man fand darin den Schädel von Song Rinpoche; er war nicht verbrannt; es fanden sich auch eine große Anzahl Reliquienkugeln, die man zuvor nicht in die Kammer gelegt hatte. Das spektakulärste Ereignis jedoch war, daß alle Anwesenden, einschließlich einiger westlicher Schüler, nachdem der untere Teil der Stupa abgetragen war, in der Asche zwei kleine, unverkennbare Fußspuren entdeckten, die in eine bestimmte Richtung wiesen. Das war ein Beweis dafür, daß Song Rinpoche wiederkommen wollte und ein Hinweis darauf, wo man mit der Suche nach ihm beginnen sollte.

Als ich diese kraftvolle Darbietung nicht des Todes, sondern seiner Überwindung miterlebte, begann ich zu begreifen, daß der tibetische Buddhismus damit nicht so sehr die Reinkarnation (eine Lehre, die er mit den meisten östlichen Religionen teilt) demonstriert, sondern die Tatsache, daß wichtige Lehrer und spirituelle Meister von Tibet ihre Wiedergeburt wählen und diese anerkannt wird. Keine andere Religion hat das zu bieten. Und so kommen Lama Yeshe, Serkong Rinpoche und Song Rinpoche – oder besser ausgedrückt, die Kontinuität ihres Geistes – immer wieder zurück. Wenn man dies erkennt – und die Suche beginnt in dem Augenblick, in dem ihr Körper zu Asche verbrannt ist –, wird das besondere Wissen, das sie erlangt und entwickelt haben, genährt und weitergebildet, damit sie ihre Anhänger erneut nähren und unterstützen können. Die Bedeutung dessen ist um so weitreichender, wenn man weiß, daß ihre Weisheit nicht nur auf Gelehrtheit beruht, sondern auf der unmittelbaren persönlichen Erfahrung der Wahrheit. Man nennt diese Menschen »verwirklichte Wesen«, denn in ihnen ist die Wahrheit Wirklichkeit geworden. Aus diesem Grund gibt man einem reinkarnierten hohen Lama den Titel Rinpoche, was »der Kostbare« oder »großes Juwel« bedeutet.

Es gibt auch einige eindrucksvolle schriftliche Zeugnisse aus westlicher Feder über die Fähigkeiten der Lamas im Sterbensprozeß. Der deutsche Lama Govinda, der ein Mönch in der tibetischen Tradition war, hat in seinem wunderbaren Buch *Der Weg der weißen Wolken* seine persönlichen Erfahrungen niedergeschrieben. Er ruft in Erinnerung, wie der britische Gesandte in Lhasa, Hugh Richardson, das Kloster Dungkar in Südtibet besuchte und dort den Leichnam des berühmten Meditierers Domo Geshe Rinpoche, Lama Govindas Guru, sah. Er saß aufrecht auf seinem Meditationskissen und wurde behandelt, als ob er noch am Leben sei. Der Abt des Klosters versicherte, der Körper sei seit Wochen in dieser Verfassung und würde erst in einigen Wochen bestattet. Lama Govinda schreibt dazu: »Der Guru hatte bekanntgegeben, daß er bald seinen Körper verlassen würde, der ihm zu einer Last geworden sei. ›Aber‹, so sagte er, ›es gibt keinen Grund zur Trauer. Ich gebe weder euch noch meine Arbeit für das Dharma auf, doch statt mich weiterhin mit diesem alten Körper herumzuquälen, werde ich in einem neuen Körper zurückkommen. Ich verspreche euch, daß ich zu euch zurückkomme. Sucht mich in drei, vier Jahren.‹«

Domo Geshe Rinpoche stand zu seinem Wort, erklärte Lama Govinda in seinem Buch. Er kehrte nach Sikkim zurück, genau an den Ort, den das Orakel in Lhasa beschrieben hatte. Als er den Suchtrupp der Mönche herannahen sah, rief er: »Vater, meine Leute sind gekommen, sie bringen mich in mein Kloster zurück.« Von da an fuhr er fort, die seltenen spirituellen Fähigkeiten aus seinem letzten Leben zu demonstrieren. Nach seiner Wiedereinsetzung im Kloster Dungkar beeindruckte der kleine vierjährige Junge alle mit seiner Selbstbeherrschung, seiner Vertrautheit mit den Ritualen und mit der Geschwindigkeit, mit der er seine Schriften studierte. Als er sieben Jahre alt war, konnten ihn seine Tutoren nichts mehr lehren, und so schickte man ihn ins Kloster Sera, in die tibetische Hauptstadt.

Was genau, so fragen wir uns mit vollem Recht, machen nun Lama Yeshe und die anderen spirituellen Meister im Tod? Der Vorgang ist sehr komplex; in einfachen Worten beschrieben, warten sie auf die verschiedenen Empfindungen und Visionen, die ihrer Auffassung nach die Loslösung des Bewußtseins von der körperlichen Gestalt begleiten, und beobachten sie. Die Loslösung ist ein langsamer Vorgang. Zuerst nehmen sie wahr, wie der Körper schwer wird, und sie warten auf die Vision der Luftspiegelung. Dann trocknen die Körperflüssigkeiten aus, und der Meditierende sieht eine rauchartige Vision. Dann vergeht die Körperwärme, und der Meditierende sieht mit seinen inneren Augen »Feuerfunken«. Dann hört der Atem auf, und gleichzeitig erscheint die Vision einer »flackernden Kerze«.

Wie Lama Yeshe einmal in einem langen Vortrag über Tod und Sterben erläuterte, lernt man diese Visionen kennen – und unterscheiden, damit man sie im Tod erkennt und ihr Erscheinen niemand in Furcht versetzt. »Ihr geht mit diesen Visionen, diesen Trugbildern um. Ihr identifiziert sie und erkennt Trugbilder als Trugbilder, Projektionen als Projektionen und Phantasien als Phantasien.«

Doch das ist nur der Anfang. Nachdem die ersten vier Visionen gekommen und gegangen sind, bleibt das subtile Bewußtsein. Lama Yeshe war an diesem Punkt unnachgiebig. »Es gibt immer noch das subtile Bewußtsein, selbst wenn wir aufgehört haben zu atmen. Westliche Ärzte glauben, man sei tot, wenn der Atem aufhört, und sie meinen, man könne uns jetzt in ein Eisfach legen! Vom buddhistischen Standpunkt aus gesehen lebt ihr immer noch, auch wenn ihr nicht mehr atmet, und ihr habt noch vier Visionen vor euch«, sagte er.

Das sind (der Reihe nach) die weiße Vision (wie das Licht des Vollmondes), die zur roten Vision wird (wie das Licht der Abenddämmerung), gefolgt von der schwarzen Vision (tiefste Dunkelheit), worauf der endgültige Höhepunkt folgt – das klare Licht, eine von Natur aus unaussprechlich beseligende Erfahrung, die alles übertrifft, was wir je in unserer körperlichen Form erfahren haben. Interessanterweise stimmt die Beschreibung der Tibeter über die letzten beiden Zustände des Todes genau mit den im Westen gesammelten Erfahrungen überein, wo Menschen, die »klinisch tot« waren, wiederbelebt wurden und dann ihre Geschichte erzählten. Sie alle beschreiben, wie sie durch einen langen schwarzen Tunnel gehen und in ein wunderbares Licht treten, wobei sie außerordentliche Glücksgefühle empfinden. Die meisten schwelgen dann in den Freuden des klaren Lichtes des Todes; der befähigte spirituelle Praktizierende nutzt jedoch die enorme Energie, die dabei freigesetzt wird, und meditiert über die Leerheit, über die letztendliche Wahrheit, die besagt, daß alle Phänomene, einschließlich des Selbst, keine unabhängige Existenz besitzen. Es heißt, daß die Verbindung von Seligkeit mit der Meditation über Leerheit so kraftvoll ist, daß sie mit der Kraft einer Kernspaltung die restlichen Hindernisse zerstört, die dem Zustand des vollen Erwachens noch im Wege stehen. Es geht um den allwissenden Geist, um Buddhaschaft. Um nichts weniger als das.

Wenn die Vision des klaren Lichtes zu Ende ist, wird ein gewöhnliches Wesen unfreiwillig, durch die Kraft seiner geistigen Gewohnheiten, erneut in einen Zustand des »Werdens« geschleudert. Die Tibeter meinen, ein Wesen habe deshalb keine echte Kontrolle über sein nächstes Leben, weil es keine Kontrolle über seine geistigen Tendenzen hat. Deshalb wird es von einer Existenz in die nächste geschleudert, auf Gedeih und Verderb den eigenen Vorlieben und Abneigungen ausgeliefert.

Ein Wesen, das den eigenen Geist vollständig gemeistert hat, kann, so heißt es, sein Bewußtsein in eine beliebige Gestalt übertragen. Es könnte, falls es wollte, in einem »reinen Land« bleiben und sich auf ewig uneingeschränkter Seligkeit erfreuen. Als wahrer Bodhisattva hört ein solches Wesen jedoch das Weinen der anderen und entscheidet sich aus freien Stücken für eine Rückkehr, um ihnen erneut beizustehen. Das ist der edle Mahayana-Pfad, das »Große Fahrzeug« des Buddhismus, der Weg des Altruismus, der in der Praxis und bei seinen fortgeschrittensten Praktizierenden sehr viel mit dem echten Christentum gemein hat. Der Verzicht auf das Selbst, die Liebe zu den Feinden, das Darbieten der anderen Wange und das Leben und Arbeiten für andere. Allerdings ist das der schwerste Weg.

Wie weit Lama Yeshe auf diesem Weg gelangt war, konnte ich nie beurteilen. Er hatte auf jeden Fall eine enorme Präsenz und besaß alle Eigenschaften eines Heiligen. Doch brüstete er sich nie mit seinen spirituellen Fähigkeiten und zog es stets vor, sich mit uns auf eine Stufe zu stellen. Wenn er sprach, bezog er sich unweigerlich in den Rat mit ein, wie beispielsweise in seinem Vortrag über Leerheit.

»Wir müssen die Sunyata-Erfahrung langsam aufbauen, nicht wahr? Wir müssen sie Schritt für Schritt aufbauen. Zuerst machen wir die Erfahrung von Baby-Sunyata, nicht wahr; dann kommt die Sunyata-Erfahrung der Teenager, dann die der mittleren Jahrgänge, dann die der älteren Menschen und schließlich die Große Sunyata-Erfahrung. Hier geht es um Erfahrungen, nicht um einen intellektuellen Trip. Intellektuelle meinen, Sunyata müßte *dies* oder *das* sein, doch die Wirklichkeit ist etwas anderes als intellektuelles Gerede. Eine solche Erfahrung muß organisch wachsen; es geht um etwas, was wir langsam aufbauen.«

Und so wurde deutlich, daß Lama Yeshe die Große Sunyata-Erfahrung verwirklicht haben *mußte*. Doch bestritt er stets irgendwelche spirituellen Fähigkeiten. »Ich habe nicht die höchsten Verwirklichungen«, sagte er einige Monate vor seinem Tod voller Bescheidenheit zu Schülern in Kalifornien, »doch ich habe Hingabe. Ich möchte mein Leben so weit wie möglich anderen widmen. Auch wenn ich nur ein einfacher Mönch bin, so solltet ihr immer wissen, daß ich bei euch bin. Das ist wichtig.«

Das war sein Stil. Und das gefiel mir und vielen anderen. Das war mir sympathischer als die Selbstverherrlichung einiger indischer Gurus, die ihre psychischen Kräfte öffentlich zur Schau stellen und von ihrer Göttlichkeit sprechen. Das klang für mich nie echt, und ich war überglücklich, als ich auf eine Geschichte stieß, in der Buddha einen Mönch aus dem Orden verstieß, weil er in der Öffentlichkeit ein Wunder bewirkt hatte. Er bestand darauf, daß das größte Wunder die Verwandlung des menschlichen Herzens sei.

Offensichtlich kannte Lama Yeshe den Todesprozeß ganz genau. Er sprach mehrmals darüber. »Ihr braucht keine Angst zu haben, daß der Tod etwas Schreckliches sei, eine Art schwarzes Loch, das euch aufsaugt und auffrißt. Wir halten den Tod für eine große Sache – er ist für uns schlimmer, als wenn wir einen Freund oder eine Freundin den Mann oder die Frau verlieren«, sagte er und lachte dabei. »Das ist völlig verkehrt! Sterben ist besser als die Beziehung zu Freundin, Freund, Mann oder Frau; denn diese Menschen können euch nur ein bißchen Freude schenken, die Todeserfahrung schenkt euch jedoch großen Frieden. Wenn im Tod das klare Licht kommt, erfahrt ihr höchste Seligkeit; diese Seligkeit umfaßt die ganze universelle Wirklichkeit und nicht eure gewöhnliche, konkrete, begriffliche Wirklichkeit. Meditierende können viele, viele Tage und Monate in diesem klaren Licht verbringen. Ihr müßt wissen, daß das möglich ist!«

Er riet uns immer wieder, darauf zu achten, was unser Geist beim Einschlafen macht; er beschrieb die Ähnlichkeit des Schlafes mit dem natürlichen Tod im Hinblick darauf, daß das grobe Bewußtsein unseres Wachzustandes in das feinere Bewußtsein unseres Traumzustandes und dann in den Tiefschlaf sinkt. »Zu diesem Zeitpunkt (im Tiefschlaf) befindet sich euer Bewußtsein in seinem Grundzustand, da gibt es keinen Intellekt. Ihr habt dann nicht diesen politischen Geist, den kommunistischen oder kapitalistischen Geist, den wütenden, eifersüchtigen oder stolzen Geist. Weil ihr geschlafen habt, habt ihr morgens, wenn ihr aufsteht, weniger verblendete Vorstellungen, und ihr seid ein wenig klarer. Aus diesem Grund ist das die beste Zeit für die Meditation«, sagte er.

Wenn ich zu Bett ging, war ich nie aufmerksam genug, den Geist beim Einschlafen und im Schlaf zu beobachten, doch viele tibetische Yogis sind dazu in der Lage und bereiten sich so auf den großen Augenblick des Todes vor. Freunde von mir, die Seine Heiligkeit Song Rinpoche und Seine Heiligkeit Serkong Rinpoche zu Gast hatten, bezeugten, daß ihre Bettlaken nicht einmal Falten aufwiesen.

Da niemand von uns das volle Ausmaß von Lama Yeshes spirituellen Fähigkeiten wirklich kannte, mußten wir uns das von seinem engsten Freund und Kollegen Lama Zopa erzählen lassen. Es verstößt für gewöhnlich gegen die spirituelle Etikette, über die eigene spirituelle Entwicklung oder die einer anderen Person zu sprechen, doch wird dieses Tabu aufgehoben, wenn eine Person gestorben ist. Nach Lama Yeshes Tod drückte Lama Zopa seine Hochachtung für seinen Guru auf bewegende Weise aus und gab uns damit einige Hinweise auf die Größe des Mannes, der nur so kurze Zeit unter uns gelebt hatte.

»Die meisten Menschen kannten Lama Yeshes geistigen Entwicklungsstand nicht; sie wußten nicht, daß er ein großer Yogi war. Er legte sich nach dem Mittagessen immer für ein, zwei Stunden hin. Wo auch immer er war, machte er das. Zuerst dachte ich, es handle sich um eine normale Ruhepause; mit der Zeit erkannte ich, daß Lama Yeshe meditierte. Er setzte seine Meditation über das klare Licht fort. Lama war ein verborgener Yogi – er schlief nie.«

Immer wieder ließ er Bemerkungen über Lama Yeshes sonstige spirituellen Fähigkeiten fallen. Er hatte gehört, wie er im Gespräch mit einem anderen Yogi davon sprach, daß er Leerheit bereits als junger Mann während einer Debatte im Hof des Klosters Sera realisiert habe.

»Lama Yeshe besaß einen sehr starken Willen, eine sehr große Hingabe an die Arbeit für andere. Er plante große Projekte zum Wohle von anderen und zur Verbreitung der Lehren. Er visualisierte das nicht nur, sondern setzte es auch in die Tat um. Er stellte sicher, daß seine Pläne auch realisiert wurden... Lama Yeshes Geist war offen. Offen für alle Traditionen, alle Religionen. Lama Yeshe hatte einen sehr weiten Horizont, und er war sehr weitsichtig. Sein Weg war kein enger Pfad. Er war keiner von denen, die sich mit Stricken an den Berg binden, aus Angst, herunterzufallen.«

Und er fuhr fort: »Einige Bodhisattvas besitzen einen besonders starken Willen, um für andere zu arbeiten, wie beispielsweise Shakyamuni Buddha. Als Bodhisattva gab er seinen Körper den hungrigen Tigern zum Fraß. Lama Yeshe besaß die Kraft, sein Leben zu kontrollieren, er konnte länger leben, als es medizinisch möglich schien. Diese Kräfte besaß er durch seine tantrischen Verwirklichungen und sein großes Bodhicitta. Er lebte so lange, um seine Schüler zu leiten; so konnten wir unserem Leben einen Sinn geben; so half er uns, aus der Verwirrung herauszufinden. Lama sagte, für einige Wesen sei sogar das Atmen ein Akt der Nächstenliebe. Damit meinte er, daß außer dem Weitergeben der Lehren und anderen, gewöhnlichen Handlungen auch der Akt des Ein- und Ausatmens zu etwas werden kann, was den Lebewesen hilft. Als er das sagte, hatte ich das Gefühl, er spricht über sich.«

Lama Zopa schloß seine Ausführungen mit dem Hinweis, daß Lama Yeshe auch ein Meister des Tantra war; Tantra ist die tiefgründigste und vielschichtigste meditative Praxis, bei der man schließlich sich selbst als erleuchtetes Wesen erkennt. Im Laufe der Jahre hatte er seine tantrische Praxis zur Vollkommenheit entwickelt und konnte sich selbst, als er starb, eine Einweihung in den Buddha Heruka geben; so starb er in einem erhabenen Zustand, in der Erfahrung von großer Seligkeit und Leere.

Wir können davon ausgehen, daß Lama Yeshe in dem hochtechnisierten, unpersönlichen Raum im Cedars-Sinai-Krankenhaus in Los Angeles seine beträchtlichen geistigen Kräfte sammelte und die Möglichkeit, die die Todeserfahrung bietet, nutzte. Als das getan war und sein Geist in diesem glückseligen klaren Licht ruhte, schaute er sich um und fand das bestmögliche Fahrzeug, in das er seine neue Form projizieren konnte: das Fahrzeug, das ihm am besten helfen würde, seine große Arbeit fortzusetzen – die Mauern zwischen den Nationen und Religionen niederzureißen und den Menschen die weit größere universelle Weisheit und das Glück zu zeigen, die in uns liegen.

9
Die Geburt

Am 12. Februar 1985 wurde Ösel Hita Torres im staatlichen Krankenhaus von Granada in Spanien geboren. Er kam mit offenen Augen zur Welt, ohne seiner Mutter Schmerzen zu bereiten. Er weinte nicht. Die Atmosphäre im Kreißsaal war sehr konzentriert – sehr ruhig und gleichzeitig voller Bedeutung. Das Krankenhauspersonal war ungewöhnlich berührt. Sie spürten, daß das ein besonderes Kind war.

Draußen öffnete sich der Himmel. Maria, die Mutter, lag im Bett mit ihrem Neugeborenen und erschrak. Blitze zuckten, es regnete in Strömen, und die Straßen verwandelten sich in reißende Flüsse. Es war das erste Mal, daß sie bei einer Geburt allein war. Ihre vier anderen Kinder hatte sie alle zu Hause geboren, was sie auch dieses Mal vorgezogen hätte, doch seltsamerweise hatte ihr ein tibetischer Lama geraten, ihr fünftes Kind inmitten der blitzenden Technologie eines modernen Krankenhauses zur Welt zu bringen. Trotz der Apparate und der sterilen Atmosphäre einer Krankenstation war die Geburt ausgesprochen einfach gewesen. Eine Wehe – und das Baby war da. Danach war sie allein und wartete auf Paco, ihren Ehemann. Er kam an, warf einen Blick auf seinen Sohn und sagte voller Ehrfurcht: »Er ist so gelassen, sein Gesicht strahlt so hell.« Maria bat ihn, einen Namen auszusuchen. Als er am nächsten Morgen wiederkam, sagte er, das Kind solle »Ösel« heißen, was auf tibetisch »klares Licht« bedeutet.

Das war das Kind, das einer der ungewöhnlichsten spirituellen Führer seiner Zeit werden sollte. Denn schon bald wurde Ösel Hita Torres offiziell vom Dalai Lama als die Reinkarnation von Lama Thubten Yeshe anerkannt, der elf Monate zuvor in Kalifornien gestorben war. Später hieß es, es sei typisch für Lama Yeshe, sowohl einen westlichen Tod zu sterben als auch eine westliche Geburt zu erleben – einfach deshalb, um diese Erfahrung zu machen.

Vom Augenblick an, als sie Ösel in ihr kleines Haus zurückbrachten, das Paco mit eigenen Händen in dem einfachen, zauberhaft gelegenen Dorf Bubión hoch oben in den Alpujarra-Bergen gebaut hatte, bemerkte Maria, daß er anders war als ihre anderen Kinder. Er weinte nie. Wenn sie ihn einmal zu füttern vergaß, weil sie mit ihren anderen Kindern beschäftigt war, und dann die Treppe hinaufeilte, fand sie ihn hellwach in seiner Wiege, er schaute umher und wartete. Er ließ sie vom Tag seiner Geburt an jede Nacht durchschlafen. Als ob er durch seinen Eintritt in die Welt seiner Familie in keinerlei Weise Ungelegenheiten oder Sorgen bereiten wolle.

In der Tat schien ihnen Ösel von Geburt an Glück zu bringen. In den vorangegangenen sechs Jahren war das Leben für Paco und Maria hart gewesen – sie hatten so viele Münder zu füttern, und es gab kaum Geld. Sie waren hochverschuldet, und man begann, ihnen die Belastung anzusehen. Sie führten eigentlich eine gute Ehe, doch litt die Beziehung sehr unter ihren Sorgen. Jetzt wurde in Bubión ein neues Hotel gebaut, und Paco konnte als Maurer arbeiten. Er arbeitete rund um die Uhr, und schnell kam wieder Geld ins Haus. Bald konnten sie an ihr zu kleines Haus einige Räume anbauen. Die Sorgen ließen nach. Das Leben wurde plötzlich leichter. Für ein Kind, das eigentlich nicht erwünscht war, entwickelte sich Ösel recht gut. Doch dieses bescheidene, schwer arbeitende spanische Paar hatte keine Vorstellung von den einschneidenden Veränderungen, die ihr neugeborener Sohn in ihr Leben bringen würde.

Paco und Maria waren sich 1976 auf der Insel Ibiza begegnet. Paco war ein scheuer, zurückhaltender Mann mit einem sanften, gütigen Gesicht und durchdringenden blauen Augen. Er kam aus einer armen Familie, mit neun Jahren hatte er die Schule verlassen und in einer Fabrik gearbeitet. Als er später mehr vom Leben wollte, gab er seinen Job auf und ging nach Ibiza. Dort begegnete er dem Franzosen François Camus, der Lama Yeshe und dem tibetischen Buddhismus auf seinen Reisen in den Osten begegnet war. Paco hörte den Erzählungen von François zuerst fasziniert und später mit tiefem Interesse zu. Die dunkelhaarige, dunkeläugige Maria, eine temperamentvolle und äußerst attraktive Frau, machte gerade in Ibiza eine

Woche Urlaub. Sie wollte sich ein wenig von ihrer Arbeit – An- und Verkauf von Briefmarken – erholen. Sie begegnete Paco und François und kehrte nie wieder nach Hause zurück. Maria stammt aus der Mittelschicht und war in einer Klosterschule erzogen worden. Sie hatte kein besonderes Interesse am Buddhismus, mochte aber die Menschen, die ihn praktizierten. »Sie waren so ruhig und friedlich, es tat gut, bei ihnen zu sein«, sagte sie. Paco mochte sie besonders gerne. Bald gingen sie eine Beziehung ein.

Das gemütliche Inseldasein verlor viel von seinem Charme, als Lama Yeshe 1977 nach Ibiza kam und einen zweiwöchigen Kurs gab. Maria war noch nie einem Menschen wie ihm begegnet. »Zuerst erhielten wir Belehrungen von etwas traditionelleren Lamas aus seiner Begleitung und, obwohl ich eigentlich recht offen war, waren mir all die Verehrung und die Niederwerfungen etwas zuviel. Dann kam Lama Yeshe. Noch mehr Menschen tauchten auf und wollten ihn sehen – es herrschte große Aufregung. Er kam herein, strahlte uns alle an und sah dabei sehr gütig aus. Dann begann er zu lachen. Und er hörte nicht wieder auf.

Ich hatte noch nie jemanden wie ihn gesehen. Seine Energie, die Kraft, die aus ihm kam, war unglaublich. Er sprach mit seinem Gesicht, seinen Händen, seinem ganzen Körper – mit allem, was uns half, ihn zu verstehen. Ich verstand zwar kein Wort von dem, was er sagte, doch in mir geschah etwas. Ich kann das Gefühl nicht beschreiben, aber es war sehr stark. Spontan faltete ich meine Hände. Ich wußte, das war ein Mensch, dem ich mein Leben widmen konnte«, erzählte Maria.

Und so wandten sich Maria, Paco und François an Lama Yeshe und schlugen ihm vor, auf dem spanischen Festland ein Retreat-Zentrum zu errichten. Lama hörte sich ihre Pläne an und war damit einverstanden. Ibiza war ein guter Ort, ein erstes Interesse am Buddhismus zu wecken, doch brauchte es etwas »Ernsthafteres«, um die Praxis zu festigen. Lama steuerte seine eigenen Ideen bei – das Retreat-Zentrum sollte Menschen aller Religionen offenstehen, die Zeit, Raum und Frieden brauchten, um ihr inneres Leben zu entwickeln. Nach einer langwierigen, beschwerlichen Suche fanden sie schließlich den richtigen Platz, ein Stück Land auf dem höchsten Berg von Spanien, dem Mulhacén, dreieinhalbtausend Meter über dem Meeresspiegel, in den Alpujarra-Bergen südlich von Granada. Die Luft war klar und sauber, der Ausblick atemberaubend, es gab keinen Lärm, weder Menschen noch Maschinen störten die Ruhe. Es lag völlig abgelegen und war schwer zugänglich. Sechs Jahre lang steckten Paco und François all ihre Kraft und all ihr Geld in das Projekt und versuchten, es wohnlich zu gestalten. Sie bauten nicht nur Retreat-Hütten, sondern auch eine Straße – und alles mit eigenen Händen, ein Werk der Hingabe.

Ihre Anstrengungen wurden belohnt, denn unerwartet kam Seine Heiligkeit der Dalai Lama zu Besuch. Zuerst kam er nach Bubión, wo er mit dem Gemeindepfarrer zusammentraf und eine Messe mit ihm abhielt. Dann besuchte er das Retreat-Zentrum und gab ihm den Namen »Ösel-Ling« (Ort des klaren Lichts); ein Hinweis auf das klare Licht des reinsten, differenziertesten Geistes, das letztendliche Ziel der Meditation. Niemand wußte so recht, was den Dalai Lama dazu veranlaßt hatte, seine Tour durch Europa für diesen Abstecher zu einem abgelegenen buddhistischen Zentrum zu unterbrechen, das von eifrigen, aber äußerst unbedeutenden Schülern des Buddhismus geleitet wurde. Als Paco später, inspiriert von dem Strahlen auf dem Gesicht seines Sohnes, den Namen Ösel vorschlug, zögerte Maria zuerst. Es schien anmaßend und zu sehr mit Erwartungen verbunden zu sein. Hier kam François mit ins Spiel: »Ihr habt so viel für das Zentrum getan; es ist richtig, wenn das Zentrum jetzt Teil von euch wird«, argumentierte er. Maria gab nach.

Während Paco das Zentrum aufgebaut hatte, hatte sie Kinder zur Welt gebracht. Sie lebte auf der anderen Seite des Berges in Bubión, wo die Bedingungen für das Leben mit Kindern besser waren. Ihre Verbindung mit Paco war äußerst fruchtbar, und das versetzte sie in große Unruhe. Sie hatte sich eigentlich nie Kinder gewünscht, ihr Mutterinstinkt war nicht besonders ausgeprägt, und ihr Freiheitsbedürfnis war sehr groß. Sie klagte Lama Yeshe ihr Leid – beklagte sich, daß sie keine Zeit habe, lange Meditations-Retreats durchzuführen wie ihre alleinstehenden Freunde. »Deine Kinder sind dein Retreat«, entgegnete er. »Behandle jedes Kind wie einen Buddha, denn du weißt nie, wer sie sind. Selbst wenn sie keine Buddhas sind, ist es für deinen Geist gut, so zu denken. Außerdem kann jedes Wesen Buddha werden, und für die Kinder ist es daher gut, wenn du sie so behandelst«, sagte er zu ihr.

Als sie mit Ösel schwanger war, war sie trotzdem wütend. Sie hatte vier Kinder unter sechs Jahren: Yeshe war fünf, Harmonia vier, Lobsang zwei und Dölma nur fünf Monate alt. Die meiste Zeit verbrachte sie allein mit ihren Kindern (Paco hatte im Zentrum zu tun) in einem überfüllten kleinen Haus, ohne Hilfe und mit großen finanziellen Problemen. Sie wollte kein weiteres Kind. Ironischerweise hatte Paco einige Wochen zuvor versucht, sie zu einer Spirale zu überreden – da alle anderen empfängnisverhütenden Mittel völlig versagt hatten –, doch ihr gefiel diese Vorstellung nicht. Sie war beim Arzt gewesen, wußte aber, daß sie das nicht tun würde. Lama Yeshe war gerade gestorben, und Maria versuchte Paco zu beruhigen: »Vielleicht sucht Lama Yeshe gerade eine Mutter«, sagte sie zu ihm. Paco war davon nicht überzeugt. Drei Wochen später entdeckte sie, daß sie schon wieder schwanger war (trotz der üblichen Empfängnisverhütung), und als sie mit Paco schimpfte, antwortete er ihr: »Vielleicht ist es Lama Yeshe.«

Nur der Gedanke, daß sie vielleicht Lama Yeshe in sich trug, bewahrte sie vor der völligen Verzweiflung. »Es war eine Phantasie. Es war das einzige, was mir die Kraft gab, weiterzumachen. Ich glaubte es aber keine Sekunde«, erzählte sie.

Zu diesem Zeitpunkt erhielten alle FPMT-Zentren in der ganzen Welt einen Brief von Lama Zopa. Sie bräuchten nicht mehr für die schnelle Wiedergeburt von Lama Yeshe zu beten, da eine Frau mit ihm schwanger sei. Maria und Paco lasen die Nachricht mit gemischten Gefühlen. Einerseits freuten sie sich, daß sie ihren geliebten Lama wiedersehen würden, andererseits hatten sie natürlich ihre Zweifel, was das Thema Reinkarnation anging. Wie so viele von uns, besaßen sie das intellektuelle Wissen, hatten jedoch keine persönliche Erfahrung damit gemacht. Es war für sie daher eine glänzende Gelegenheit, zu sehen, wie es funktioniert. Sie ahnten nicht, wie direkt sie es miterleben würden.

Nach der Geburt von Ösel hatte Maria alle Phantasien darüber, daß Ösel Lama Yeshe sei, fallengelassen. Es gab viel zu viele alltägliche Pflichten, als daß sie Zeit für solche Tagträume gehabt hätte. Sie bemerkte allerdings, daß Ösel weiterhin »anders« war als die anderen Kinder. Er schien weder sie noch seine Geschwister zu brauchen. Er war sehr selbstgenügsam, fast meditativ, und konnte stundenlang die unwahrscheinlichsten Dinge betrachten. »Er nahm ganz kleine Dinge in die Hand und schaute sie sehr lange an, beispielsweise ein Haar. Die meisten Kinder besitzen weder die körperliche Fähigkeit noch das Interesse an solchen Dingen«, sagte Maria nachdenklich. »Er konnte sich auch sehr gut konzentrieren.«

Als Ösel fünf Monate alt war, nahmen ihn Paco und Maria in einem kleinen Korb mit in die Schweiz, wo der Dalai Lama die Kalachakra-Einweihung gab; später gingen sie nach Deutschland zu einem FPMT-Treffen unter der Leitung von Lama Zopa. Als Nachfolger von Lama Yeshe leitete jetzt er diese rasch wachsende Organisation. Als Lama Zopa das Baby sah, fragte er nach seinem Namen. Als er den Namen hörte; »Ösel, von Ösel-Ling«, begann er laut zu lachen. Später sagte er während einer Zeremonie, die er leitete: »Lama Yeshe ist in diesem Augenblick ganz nahe bei uns. Vielleicht ist er sogar hier mit uns im Raum.« Maria sah eine schwangere Frau unter den Zuhörern und fragte sich, ob er darauf anspiele. Oder nahm Lama Zopa auf die spirituelle Präsenz von Lama Yeshe Bezug, die im Moment besonders stark war? Niemand dachte an die kleine Person in dem Korb.

Zwei Monate später kam Lama Zopa zu einem Kurs nach Ösel-Ling. In einer Teepause hatte Maria den Meditationsraum verlassen und entdeckte bei ihrer Rückkehr etwas erstaunt, daß Lama Zopa Ösel zu sich auf den Thron geholt hatte und daß ihr Kind geschäftig mit Dorje und Glocke spielte – Ritualgegenstände der tibetischen Lamas. In der Mittagspause rief Lama Zopa Maria zu sich und befragte sie ausführlich nach der Empfängnis von Ösel und einigen anderen Dingen. Er gab zu den Antworten keinen Kommentar ab. Statt dessen hielt er kurz vor seiner Abreise eine Langlebenszeremonie für Ösel ab und erklärte den Eltern: »Ösel ist ein ganz besonderes Kind. Er hat das Karma, vielen, vielen Lebewesen in diesem Leben Gutes zu tun. Tausenden. Sorgt gut für ihn. Bringt ihn nicht an schmutzige Orte. Niemand soll in seiner Nähe rauchen. Paßt sehr, sehr gut auf ihn auf.« Dann gab er Maria Lama Yeshes Mala (Rosenkranz), die er bei sich hatte, als er starb. Maria war nervös. Hatte sie

Lama Zopa mit ihren verrückten Phantasien in der Schwangerschaft beeinflußt? Hatte Lama Zopa ihre Gedanken aufgefangen, und wurde er unbewußt von ihnen beeinflußt?

Doch dann ging das Leben mit seinem täglichen Allerlei weiter, und umgeben von ihren fünf kleinen Kindern dachte Maria nicht mehr an die Dinge, die Lama Zopa zu ihr gesagt hatte.

10
Die Suche

Inzwischen hatte Lama Zopa monatelang auf eigene Faust sehr sorgfältig nach der Wiedergeburt seines kostbaren Guru gesucht; er war sicher, er würde sein Versprechen halten und wieder auf diese Erde zurückkehren, um sein großes Werk fortzusetzen und die Lebewesen aus dem Kreislauf von unkontrollierter Geburt und unkontrolliertem Tod herauszuführen.

In Übereinstimmung mit der tibetischen Tradition, die ihre ganz besonderen, genauen Prozeduren hat, um reinkarnierte Lamas aufzuspüren, befragte er verschiedene Orakel. Es gab einige Hinweise. Einer galt einem neugeborenen westlichen Kind, dessen Eltern Schüler von Lama Yeshe waren und in Kopan lebten. Ein anderer Hinweis betraf die Voraussage, daß das Kind in Ösel-Ling geboren würde und seine Mutter Maria hieße, oder die tibetische Entsprechung dafür. Eine hellsichtige Nonne, eine Schülerin von Lama Zopa, hatte in ihrem Spiegel den Namen Paco und das Profil der Mutter gesehen. Damals hatte das keine Bedeutung für sie gehabt. Lama Zopa merkte sich die Aussagen, nahm sie jedoch nicht besonders wichtig. Er sagte, Orakel seien nicht immer zuverlässig, und in diesem Fall seien stärkere Beweise nötig.

Er achtete auf seine Träume. In einem schmerzlich lebendigen Traum erklärte Lama Yeshe, daß er gerade eine neue menschliche Gestalt annehme. Er habe die Rufe seiner Schüler vernommen; sie bräuchten ihn und litten, und er könne nicht mehr länger im Bereich der Seligkeit verweilen und ihre Not ignorieren. Ein späterer Traum zeigte ihn als ein kleines Kind mit hellen, durchdringenden Augen, der auf dem Boden eines Meditationsraumes herumkrabbelte. Es war ein Junge aus dem Westen.

In seiner neuen Rolle als Nachfolger von Lama Yeshe und Oberhaupt der Stiftung FPMT reiste Lama Zopa um die ganze Welt und besuchte die verschiedenen Zentren. Er lehrte, leitete Meditationen und gab Einweihungen – und hielt seine Augen offen nach einem Baby, das in seinen hellsichtigen Augen irgendwie »anders« war.

Als er im Herbst 1985 nach Ösel-Ling kam, sah er Ösel auf dem Boden der Gompa herumkrabbeln. Er hatte klare, durchdringende Augen. Er war ein Westler. Sein Gesicht sah genauso aus wie das Kind in seinem Traum. Lama Zopa setzte sich aufrecht hin. Er holte Ösel zu sich auf den Thron, um ihn genauer in Augenschein nehmen zu können. Das war ganz sicher das Kind aus seinem Traum. Er bemerkte, daß das Kind mit Dorje und Glocke vertraut war und sie gerne hatte. Das hätte Zufall sein können. Auf einer feineren Ebene des Geistes bemerkte er, daß sich Ösel auf eine Weise an ihn lehnte, wie das Lama Yeshe nach seinem Schlaganfall in Kalifornien kurz vor seinem Tod getan hatte. Er beobachtete auch, wie Ösel sich seinen Kopf immer kreisförmig rieb, eine Angewohnheit, die Lama Yeshe ebenfalls gehabt hatte.

Voller Interesse rief er Maria zu sich. Wann hatte sie Ösel empfangen? Maria dachte nach. Es war genau an dem Tag, als Lama Zopa einen ersten Traum von Lama Yeshe gehabt hatte, in dem der seine Wiedergeburt ankündigte. Er fragte Maria, ob sie in der Zeit irgendwelche besonderen Träume gehabt habe. Sie antwortete, daß ihr ein Traum besonders im Gedächtnis geblieben sei. Sie befand sich in einer großen Kathedrale, wo Lama Yeshe vor vielen Menschen Belehrungen gab. Einige von ihnen waren Christen. Sie knieten zumeist auf dem Boden und saßen nicht im Schneidersitz. Zusammen mit allen anderen ging sie zu Lama Yeshe und erbat seinen Segen. Als er sie berührte, hatte sie das Gefühl, als ob er Wasser in sie gösse, beseligendes, weißgoldenes Wasser, das sie reinigte. Lama Zopa sagte nichts zu dieser Schilderung.

Er fragte sie nach ihrer letzten Begegnung mit Lama Yeshe und ob dieser irgend etwas Besonderes zu ihr gesagt habe. Maria konnte sich gut an dieses Treffen erinnern. Es war ziemlich genau ein Jahr vor seinem Tod gewesen, im Februar 1983. Lama Yeshe war nach Spanien gekommen, und sie, Paco und François hatten sich mit praktischen Fragen über die Leitung des Retreat-Zentrums an ihn gewandt. Er hatte ihnen lediglich Ratschläge für Ösel-Ling gegeben, denn sie hatten nur darüber gesprochen. Doch Lama Zopa könne selbst sehen, was er gesagt habe, da sie das Gespräch auf Video aufgezeichnet hätten, um später darauf zurückgreifen zu können. Lama Zopa sagte, er würde die Videoaufzeichnung gerne sehen.

Als er die Aufzeichnung sah, war er betroffen über einige, aus dem Zusammenhang herausfallende Bemerkungen, die Lama Yeshe während seiner praktischen Ratschläge machte. Einmal sagte er: »Ösel-Ling ist ein wunderbarer Ort. Es erinnert mich sehr an den Himalaya. Irgendwann in der Zukunft möchte ich hier gerne viel Zeit verbringen.« Und zu Maria und Paco sagte er noch bedeutungsvoller: »Ich weiß, wieviel ihr für das Zentrum getan habt, wieviel Hingabe ihr gezeigt habt. Ich werde euch nie vergessen. Selbst wenn ich sterbe, werde ich euch nicht vergessen. Wir haben viel miteinander zu tun, wir haben viel gemeinsames Karma.« Damals bedeuteten diese Worte nichts Besonderes für Maria und Paco, und sie hatten sie auch vergessen. Aber Lama Zopa begann ihre wahre Bedeutung zu ahnen.

In der Tat waren Maria und Paco ideale Kandidaten für die Aufgabe, Eltern eines reinkarnierten tibetischen Lamas zu sein – mit all den Ansprüchen und Kontroversen, die das unausweichlich mit sich bringen würde. Sie waren beide bodenständige, vernünftige, stabile, hart arbeitende, ehrliche Menschen. Sie hatten bereits eine große Familie, und ein fünftes Kind, das über lange Zeiten von ihnen getrennt leben würde, würde sie nicht so schmerzen, als wenn es ein Einzelkind wäre. Noch wichtiger war, daß Maria sich nicht an ihre Kinder klammerte. Ganz im Gegenteil. Sie versorgte sie gewissenhaft und konnte sie auch mit guten Gefühlen loslassen. Sie hatte Lama Yeshe gegenüber mehrmals ganz offen gesagt, sie brauchte ihre Kinder nicht, um Erfüllung in ihrem Leben zu finden. Eine ideale Eigenschaft für einen Sohn, der unbehindert von mütterlichem Besitzverhalten seine Mission im Leben erfüllen will. Und da war Paco – beständig, stark, sanft, voller Hingabe an den buddhistischen Weg und mit einer natürlichen Zuneigung zu Kindern, eine Eigenschaft, die sich noch als sehr nützlich herausstellen sollte.

Immer mehr sprach für Ösel Torres Hita. Zu diesem Zeitpunkt schrieb Lama Zopa an Seine Heiligkeit, den Dalai Lama, der die ganze Zeit um die Wiedergeburt von Lama Yeshe gebetet und Beobachtungen durchgeführt hatte. Lama Zopa übergab ihm eine Liste von möglichen Kandidaten, die er alle in Augenschein genommen hatte und die auch alle einige günstige Anzeichen aufwiesen. Es waren insgesamt zehn Kinder, darunter drei Tibeter aus Nepal; zwei Kinder aus Tibet waren in der Nähe von Lama Yeshes Familie geboren; zwei westliche Kinder, darunter eines mit einem indischen Vater und einer westlichen Mutter. Nach einer Weile antwortete der Dalai Lama, er habe über die Namen meditiert und eines der Kinder sei auf jeden Fall die Reinkarnation von Lama Yeshe, doch brauche er mehr Zeit, um sicherzugehen. Zwei Monate später nahm der Dalai Lama wieder Kontakt mit Lama Zopa auf und sagte ihm, der Name, der wiederholt vorkomme, sei Ösel. Die Beweislage schien jetzt klar zu sein. Lama Zopas Vermutungen wurden von der Person bestätigt, die er und vierzehn Millionen weitere Buddhisten in der Welt als das heiligste Wesen auf Erden betrachten, als lebenden Buddha – von Seiner Heiligkeit, dem Dalai Lama.

Der Anruf kam am 18. April 1986 während des Frühstücks. Maria konnte inmitten des Chaos und Lärms ihrer großen Familie, die sich um die Müslipakete balgte, kaum die sanfte Stimme von Lama Zopa hören, der aus Indien anrief. Ob sie bitte *nächste Woche* nach Delhi kommen und Ösel für einige Prüfungen mitbringen könne? Das Geld dafür könne sie vom ansässigen Geshe im Retreat-Zentrum erhalten, der genau diese Summe besäße, ohne sie für einen bestimmten Zweck zu benötigen. Maria konnte es kaum aushalten. Worauf wollte Lama Zopa hinaus? Sollte Ösel zusammen mit anderen Kindern geprüft werden, damit sich klärte, ob er tatsächlich Lama Yeshe war? Ihr schwirrte der Kopf, sie mußte schnellstens Reisevorbereitungen treffen und hatte so kaum Zeit, über die Folgen ihrer Reise nachzudenken.

Die Ankunft in Delhi schien kaum vom Glück gesegnet zu sein. Die Hitze vor dem Monsun war drückend, und Ösel, der die frische Frühlingsluft der hohen spanischen Berge gewohnt war, war sichtbar geschwächt. Außerdem machte ihm die Zeitverschiebung zu schaffen. Die Wohnung, in der sie wohnten, war überfüllt. Er wurde sehr schlimm von einem Moskito gestochen und verletzte sich bei einem Sturz ein Auge.

Auch Maria fühlte sich nicht wohl. Ihr war angst und bange angesichts der bevorstehenden Ereignisse, und ihr vierzehn Monate alter Sohn war mürrisch. Man nannte ihr dann den Grund, warum sie nach Delhi hatte kommen müssen; der Dalai Lama war da und wollte Lama Ösel vor seiner nächsten Europareise noch sehen. Sie machten sich bereit: Lama Zopa, seine Sekretärin Jacie Keeley, die australische Nonne Yeshe Khadro, Maria und Ösel. Sie kauften Blumen (Yeshe Khadro kaufte für Ösel eine weiße Rose, die er übergeben sollte) und die traditionellen weißen Gabenschals.

Zur verabredeten Zeit wurden sie ordnungsgemäß in das Hotelzimmer hineingebeten, wo der Dalai Lama residierte; sie brachten die traditionellen Schals dar, und die Blumen wurden auf einen kleinen Nebentisch gelegt. Der Dalai Lama schaute Ösel lange an und nahm ihn dann freundlich auf den Schoß. Ösels Gesicht verwandelte sich in reine Ekstase. Er machte sich los, rannte zu dem Tisch, wo er zwischen den Blumen seine weiße Rose fand, rannte zurück zum Dalai Lama und schlug ihm mit der Blume sanft auf die Wange. Der Dalai Lama lachte vor Vergnügen. Die anderen waren verblüfft. Niemand hatte Ösel gesagt, daß die weiße Rose sein Geschenk war, und auf jeden Fall hatte ihn niemand zu dieser Handlung veranlaßt. Der Dalai Lama schaute Maria an und sagte, Ösel könnte, wenn er älter würde, weitere Beweise für seine Identität liefern.

Immer noch war kein klärendes Wort gefallen. Statt dessen verkündete Lama Zopa, daß sie alle mit dem Auto ins zweihundertfünfzig Kilometer entfernte Dharamsala fahren würden. Sie fuhren fünfzehn Stunden ohne Pause, und Ösel wurde zunehmend gereizter. Maria wußte nicht, was los war. Der Dalai Lama hatte, ohne daß sie davon wußte, Lama Zopa bedeutet, daß die Bekanntgabe von Ösels Identität zu diesem Zeitpunkt zu Schwierigkeiten führen könne. Vierzehn Monate war ein außergewöhnlich junges Alter für die Anerkennung eines reinkarnierten Lamas; die meisten Tulkus wurden offiziell mit vier oder fünf Jahren eingesetzt. Lama Zopa befand sich in einem Dilemma. Nichts auf Erden würde ihn dazu bringen, das Leben seines geliebten Lamas zu gefährden, und doch wußte er, wie dringend seine westlichen Schüler nicht nur einen Beweis für seine Reinkarnation, sondern auch die lebendige Anwesenheit von Lama Yeshe in ihrer Mitte brauchten. Auf der langen Autofahrt nach Dharamsala meditierte er über das richtige Vorgehen.

Als sie angekommen waren, stand sein Entschluß fest. Er rief einige Schüler von Lama Yeshe zu sich, Nonnen und Mönche, die in Tushita studierten oder Retreat machten, kleidete Ösel in eines seiner gelben Hemden, setzte ihn auf Lama Yeshes Thron in Lama Yeshes Zimmer, warf sich dreimal vor ihm nieder und brachte ihm ein Mandala-Opfer dar.

»Hier ist euer Guru«, sagte er.

Bei diesen Worten lehnte sich Ösel, der bis dahin völlig erschöpft war, gegen die Kissen, warf seine Flasche beiseite und war plötzlich voller Energie. Sein ganzes Verhalten veränderte sich. Er saß kerzengerade, völlig wach, seine Augen blitzten, und sein Gesicht war voller Lebenskraft. Er nahm Dorje und Glocke in seine kleinen Hände, und zwar in die jeweils richtige Hand, und schwang sie mit enormer Begeisterung durch die Luft, wie sich das für einen tibetischen Lama gehört. Er legte sie nieder und wiederholte die Handlung immer wieder. Sieben oder acht Mal. Und die ganze Zeit über lachte und lachte er. Einige begannen zu weinen. Das sah Lama Yeshe so ähnlich. Er war zu ihnen zurückgekommen. Maria fühlte sich innerlich wie gelähmt. Endlich begriff sie. Das Kind, das sie getragen und geboren hatte, wurde als Reinkarnation des großen Lama Yeshe bejubelt – des Mannes, der mit so viel Geschick und Hingabe westliche Menschen auf dem Weg zur Erleuchtung begleitet hatte. Wie war das möglich?

Später sprach sie mit Lama Zopa. Weshalb hatte er sie nicht gewarnt? Er sagte, zuerst hätte er ganz sicher sein wollen; dann fragte er sie, ob sie es glaube? »Ich weiß nicht. Es ist schwer. Ich glaube, ich brauche noch mehr Beweise«, antwortete sie ehrlich.

Und es kamen weitere Beweise. Wie alle reinkarnierten Lamas mußte sich Ösel den traditionellen Prüfungen unterziehen. Und wie es die Tibeter seit Hunderten von Jahren machen, wählte Lama Zopa einige von Lama Yeshes Besitztümern aus, legte sie zusammen mit ähnlich aussehenden Gegenständen vor Ösel hin und bat ihn, diejenigen herauszufinden, die von Rechts wegen ihm gehörten. Er begann die Prüfung mit einer Mala (einem Rosenkranz), einer ziemlich gewöhnlichen Mala aus Holzperlen. Sie war Lama Yeshes Lieblingsmala gewesen, und er legte sie mit vier fast identisch aussehenden Malas und einer Mala aus glänzenden Kristallperlen auf einen niedrigen Tisch, in der Annahme, daß die Kristallmala für ein vierzehn Monate altes Kleinkind gut als Ablenkungsmanöver taugen würde.

Dann bat er Ösel in Anwesenheit von Maria und einigen westlichen Schülern: »Gib mir die Mala aus deinem letzten Leben.« Ösel wandte seinen Kopf ab, als langweile ihn das. Dann schaute er wieder nach vorne und ergriff ohne Zögern die richtige Mala; er nahm sie mit beiden Händen, hob sie über seinen Kopf und grinste siegesbewußt. Ein australischer Mönch, Max Redlich, hielt zwei Kameras bereit, eine neue und ein altes Stück, das Lama Yeshe gehört hatte. »Benütze die alte«, riet ihm Lama Zopa. Max hörte nicht auf ihn und griff statt dessen nach der hochkomplizierten Kamera. Sie klemmte, Max hatte den Augenblick verpaßt.

Nach einer Pause stellte Lama Zopa die Glocken auf – insgesamt acht. Dieses Mal trödelte Ösel. Er nahm immer zwei Glocken auf einmal, läutete sie und setzte sie wieder ab. Lama Zopa gab ihm noch einmal die Anweisung: »Gib mir die Glocke aus deinem letzten Leben.« Maria, die das ganze Schauspiel beobachtete, glaubte nicht, daß ihr Sohn das gleiche Wunder zweimal vollbringen könne. Er war noch so klein. So etwas überstieg gewiß seine Fähigkeiten. Ösel spielte weiter mit den Glocken, nahm sie und stellte sie wieder hin. Den Zuschauern kam es so vor, als ob er sie an der Nase herumführen würde. Lama Zopa wies ihn wieder an: »Ösel, gibt mir *deine* Glocke.« Sanft, aber mit großer Bestimmtheit nahm Ösel Lama Zopas Hand und legte sie auf die richtige Glocke. Dieses Mal war Max mit einer funktionierenden Kamera zur Stelle.

Ösel hatte die Prüfungen bestanden und konnte nun formell als die legitime Reinkarnation des verstorbenen Lama Thubten Yeshe anerkannt werden. Die westlichen Mönche und Nonnen und die übrigen Schüler in Dharamsala, die alle Lama Yeshe sehr gut gekannt hatten, konnten ihre Augen nicht von dem blonden Kleinkind abwenden, das in Windelhosen zwischen ihnen umherrannte. Hier war er wieder, ihr großer Guru – doch in einer ganz anderen Gestalt. Für die meisten war es schwer, dies völlig zu akzeptieren. Sie beobachteten ihn und hielten Ausschau nach weiteren Zeichen. Ösel gab sie ihnen.

Oben auf dem Berg, oberhalb des Tushita-Retreat-Zentrums,

liegt das Haus, wo der große Kyabje Ling Rinpoche, der ältere Lehrer des Dalai Lama und der siebenundneunzigste Thronfolger von Je Tsongkhapa, gewohnt hatte. Er war im Dezember 1983 gestorben, und in Anerkennung dieses herausragenden Gelehrten und spirituellen Meisters hatte der Dalai Lama angeordnet, daß sein Körper nach alter Tibeter Tradition konserviert werden sollte. Er existiert heute noch im Wohnzimmer des eher unauffälligen Hauses im Kolonialstil; er ruht in der Lotushaltung, seine Hände zeigen die Mudra (symbolisch bedeutsame, stilisierte Gesten) des Lehrens, und sein altehrwürdiges, weises und äußerst mitfühlendes Gesicht trägt einen Ausdruck höchster Gelassenheit.

Maria und Max Redlich brachten Ösel dorthin. Als er die Gestalt sah, warf er sich auf den Boden und führte eine vollständige Niederwerfung durch. Er stand auf und warf sich noch einmal nieder. Dreimal. Ösel und Max waren verblüfft. Wo hatte er das gelernt? Es geschah noch mehr. Später kam er zur Stupa seines früheren Guru Trijang Rinpoche. Ohne Aufforderung begann Ösel die Stupa im Uhrzeigersinn zu umkreisen, wie es sich für jeden guten tibetischen Pilger gehört. Gelegentlich hielt er an und machte Niederwerfungen und überzeugte sich, daß die anderen ihm folgten und es ihm gleichtaten. Für ein vierzehn Monate altes Kind war dieses Verhalten zumindest ungewöhnlich.

Die vielleicht berührendste Szene ereignete sich, als Ösel der Reinkarnation von Trijang Rinpoche begegnete, einem Vierjährigen mit einer gebieterischen Präsenz und einer Weisheit, die weit über sein Alter hinausging; jetzt schon kommen Hunderte von Tibetern zu ihm, um seinen Segen zu erbitten, Lama Yeshe empfand sehr viel Hingabe für seinen großen Lehrer und hatte öffentlich geweint, als er gestorben war. Er sagte, alles, was er habe tun können, sei der Güte von Trijang Rinpoche zu verdanken. Man erzählte Ösel, wem er begegnen würde. Das Kind konnte kaum an sich halten – sein Körper zitterte vor Aufregung. Mit Geschenken beladen fuhren sie zum Haus des neuen Trijang Rinpoche – Ösel zitterte immer noch vor Erwartung –, und dort begegneten sich die beiden kleinen Gestalten und strahlten einander mit offensichtlicher Freude an. Ösel nahm das Geld, das als Geschenk gedacht war, und übergab es mit großer Freude Trijang Rinpoche, der es ihm mit ebensogroßer

Freude zurückgab. Dieser Austausch ging für einige Minuten weiter, und die beiden hatten offensichtlich großen Spaß an ihrem Spiel. Als Ösel ihn verließ, ging er auf Zehenspitzen, und seine Füße berührten kaum den Boden.

Alle, die Ösels Verhalten mit eigenen Augen beobachtet hatten, waren von Staunen erfüllt. Sie sprachen darüber und grübelten über das seltsame Verhalten des kleinen Kindes nach, das plötzlich bei ihnen war. Und rasch verbreitete sich die Nachricht von dem außerordentlichen Phänomen des kleinen, spanischen Lamas.

11
Bubión

Nach jener ersten, beunruhigenden Begegnung in London unternahm ich eine Reise nach Bubión; ich wollte Ösel in seinem Zuhause sehen. Ich fuhr unter dem Vorwand, einen Bericht zu schreiben, doch wie so oft diente mir der Journalismus auch dazu, drängende persönliche Fragen zu klären. Mein Instinkt sagte mir, daß das eine wunderbare Geschichte sei, doch meine persönliche Verbindung mit Lama Yeshe gab der ganzen Geschichte eine zusätzliche, sehr lebendige Dimension.

Kurz vor Weihnachten fuhr ich mit dem Fotografen Terry Fincher (mit dem ich bei einigen Fleet-Street-Aufträgen zusammengearbeitet hatte) vom Flughafen Malaga durch den häßlichen Betondschungel der Costa del Sol die kurvenreiche Straße nach Bubión hinauf. Die Autofahrt dauerte drei Stunden. Die Alpujarra-Berge erstrahlten in herrlichen Herbstfarben; das gelbliche Rotbraun und das Gold der Blätter hoben sich scharf gegen den hellen blauen Himmel ab. Je höher wir kamen, desto bezaubernder wurde Südspanien – die Zweckbauten der Küste wichen der ursprünglichen maurischen Architektur der Gegend. Terry wurde ganz aufgeregt. Das war ein herrliches Land für einen Fotografen.

Wir kamen kurz vor Sonnenuntergang in Bubión an; es klebt gefährlich an den höchsten Bergen, gerade unterhalb der Schneegrenze. Ein hübscher Ort, aber es ist nicht viel los hier – eine Hauptstraße schlängelt sich durch eine Reihe weißgetünchter Häuser in traditioneller Bauweise mit kleinen Balkonen, Bougainvillea an den Hauswänden und Tieren im Untergeschoß. Es gibt eine Dorfschule, einige Läden, einen Marktplatz, eine Dorfkirche und, als Neuerwerb, ein modernes Hotel, bei dessen Bau Paco mitgearbeitet hatte; es sollte die wachsende Anzahl von Sommertouristen beherbergen.

Glücklicherweise waren jetzt nur die Einheimischen da, zumeist Bauern, die sich recht und schlecht mit dem, was ihnen das Land und die Tiere einbrachten, durchschlugen. Dann gab es noch eine überraschend große Gruppe von Künstlern und Schriftstellern aus dem Ausland, die die Schönheit der Natur und das einfache Leben hierhergelockt hatte.

Es war ziemlich kalt, als wir ausstiegen, und in der Luft hing der aromatische Duft der Holzfeuer. Während ich die Esel, die Maultiere und die Kühe betrachtete, die in ihre Ställe im Untergeschoß der Häuser zurückgebracht wurden, hörte ich die Glocken von San Sebastian; und ich erinnerte mich an eine andere, fast zweitausend Jahre alte Geschichte von einem Kind, das zwischen Tieren geboren wurde, dessen Mutter Maria hieß, dessen Vater ein Zimmermann war und dessen Eintritt in die Welt Freude und Streit brachte.

Wir fanden Maria mit vier ihrer Kinder in ihrem Haus – ein Steinhaus mit jeweils zwei Zimmern oben und unten, mit Fliesen auf dem Fußboden, Holzbalken und einem großen offenen Feuer, das in einer Ecke des Wohnzimmers prasselte. Wir hörten, daß Ösel bereits mit Paco, dem ansässigen Geshe, dessen Übersetzer, einigen Mönchen und Nonnen und den Retreatern im Retreat-Zentrum auf dem Berg gegenüber lebte. Ich reagierte instinktiv. War das richtig? Ösel war gerade zweiundzwanzig Monate alt. Alle modernen westlichen psychologischen Theorien fielen mir ein. (Meine vielen Freundinnen, berufstätige Mütter, lasen sie voller Sorge, denn sie besagten, daß ein Kind zumindest in seinen ersten fünf Jahren seine Mutter braucht, wenn es emotionale Sicherheit gewinnen soll.) Und dann wieder die brennende Frage der Konditionierung. Hatte Ösel überhaupt die *Wahl*, etwas anders zu werden als ein tibetischer Lama?

Maria lächelte und sagte, Ösel sei völlig glücklich; er käme oft herunter, um einige Zeit mit der Familie zu verbringen, und außerdem habe Lama Zopa gesagt, es sei für ihn besser, wenn er seine Zeit in der friedvollen, spirituellen Atmosphäre eines Meditationszentrums verbringen würde.

In den folgenden drei Tagen sah ich Ösel häufig. Ich sprach mit ihm und suchte nach Hinweisen auf Lama Yeshe, und Terry machte eine ganze Reihe von beeindruckenden Aufnahmen von ihm und seiner Familie in dieser herrlichen Umgebung. Wenn er mit seinen

Geschwistern zu Hause spielte und auf den Holzstoß vor dem Haus kletterte, hätte er als gewöhnliches Kind gelten können – einmal abgesehen von seinem kastanienbraunen Rock, der um seine Beine flatterte, und seinem ungewöhnlich kurz geschorenen Haar. Doch im Retreat-Zentrum fiel es auf, daß er »anders« war.

Am ersten Tag kamen wir im Morgengrauen an. Ich schaute dem Sonnenaufgang zu, dem Nebel, der in den Tälern unten wirbelte, betrachtete die hohen, majestätischen Gipfel, die in den klaren, blauen Himmel hinaufragten; durch die ehrfurchtgebietende Stille, die heiligen Orten zu eigen scheint, fühlte ich mich sofort nach Kopan versetzt. Ich atmete tief ein. Die Ähnlichkeit war unheimlich. Die kleinen Retreat-Hütten, die über den Hügel verstreut lagen, der tibetische Lehrer, die Ansammlung roter und goldener Gewänder; diese Atmosphäre von Frieden und geistiger Gesundheit, die Menschen ausstrahlen, die ihre Zeit damit verbringen, die Wahrheit in ihrem Inneren zu suchen; selbst die tibetischen Hunde, die umhertollten; alles beschwor die besondere Atmosphäre des Königreiches im Himalaya herauf.

Ösel fühlte sich hier offensichtlich ganz zu Hause. Er lebte mit seinem Vater in einem einfachen Raum, der an das Hauptgebäude angebaut war; an einem Ende stand ein niedriger Altar, und am anderen Ende lagen ein paar Spielsachen. Sie hatten offensichtlich eine starke Verbindung – eine echte Verbindung zwischen zwei männlichen Wesen. Paco war mit seiner sanften und geduldigen Art auf eine bewunderungswürdige Weise geeignet, mit den Ansprüchen des Kindes umzugehen. Es fiel mir später ein, daß Ösel so auch auf die vorwiegend aus Männern bestehende Gemeinschaft des Klosters vorbereitet wurde, in dem er leben würde. Seine Eltern sagen, daß er eine spontane Zuneigung zu dem Geshe und zu allen tibetischen Lamas habe; er suche sie geradezu und ziehe ihre Gesellschaft der von allen anderen vor. Ösel verbringt Stunden mit ihnen, ich hatte dies mit eigenen Augen in London gesehen. Ösel hatte Geshe Wangchen gerade kennengelernt, und schon stolperte er in sein Zimmer, vergaß seine Familie und die anderen Westler und verbrachte Stunden mit ihm im Zimmer. Nein, er habe nicht ein einziges Mal nach seiner Mutter geweint. Er schien sie einfach nicht zu vermissen. Natürlich hatte er seine Freude an den Tagen, die er mit Maria und dem Rest der Familie in Bubión verbrachte, doch machte es ihm nie etwas aus, wieder zu gehen; er schien froh zu sein, wieder im Jeep zu sitzen und nach Ösel-Ling zurückzukehren.

An jenem ersten Morgen frühstückte ich mit der Gemeinschaft und bemerkte mit einer gewissen Erleichterung, wie Ösel sein Porridge quer über den Tisch schleuderte wie jedes normale Kind in seinem Alter. Und auch, wie er dafür getadelt wurde. Wir wollten ihn nicht anstarren, doch fiel es uns schwer, dies zu lassen. Wie benimmt sich ein Baby Rinpoche? Welche Gedanken gehen ihm durch den Kopf? Wieviel an ihm ist Kind, wieviel transzendentale Weisheit? Ich versuchte, mich normal zu benehmen, wie bei einem anderen Kind auch, und als ich mich entspannte, schaute mich Ösel quer über den Tisch ganz direkt an und rümpfte Nase und Augen, genau wie es Lama Yeshe getan hatte. Es geschah bewußt, und es war entnervend. Dieses Kind besaß den gleichen Sinn für Albernheiten, einen erwachsenen Sinn für Humor, und es schien mich offensichtlich an der Nase herumzuführen!

Dieses Muster wiederholte sich immer wieder. Erwarteten wir ein Zeichen seiner Heiligkeit, tat Ösel entweder ganz verstockt gar nichts oder benahm sich besonders schlecht. War man ganz bei sich und wirklich offen für ihn, dann tat er etwas, was einem völlig den Atem verschlug. Er schien alles, was geschah, völlig unter Kontrolle zu haben.

Und wie ich schon das erste Mal in London festgestellt hatte, war Ösel ein zufriedenes Kind, erstaunlich selbstgenügsam und von einer wirklich ununterdrückbaren Energie. Wie Lama Yeshe. Er war so körperlich. Wie Lama Yeshe. Er war kein kraftloses, ätherisches »Geistkind«, das aussah, als gehöre es einer anderen, feineren Dimension an. Ösel war ganz von dieser Welt – untersetzt, kräftig, er trat fest auf, wenn er ging oder, besser gesagt rannte. Wie Lama Yeshe. Ösel war solide, völlig zu Hause in seinem Körper, voller Vertrauen in jede Geste und Bewegung, die er machte.

Er schien in der Tat überhaupt keine Angst zu haben. Ich beobachtete ihn bei seinem Lieblingsspiel – wie er sich von dem flachen Dach des Meditationsraumes herunterfallen ließ, vor Freude kreischte und völlig darauf vertraute, daß ihn Pacos Arme irgendwie auffangen würden. Dann rannte er den steilen, steinigen Berg hinunter, sicher wie eine Ziege (oder ein Yak), und hinter ihm her stampften die Erwachsenen, glitten auf den losen Steinen aus, voller Angst, daß ihr wiedergefundener Guru den Abhang hinunterstürzen und im Abgrund verschwinden würde. Ösel war kein Hasenherz! Er zeigte im Gegenteil Anzeichen von Überlebensgröße. Wie Lama Yeshe.

Er war auch extrovertiert. Er wandte sich bei jeder Gelegenheit auf seine kindliche Weise an die Menschen und wollte Kontakt aufnehmen, trotz seiner natürlichen Selbstgenügsamkeit. Doch war da noch etwas, etwas Undefinierbares. Ein Charisma, eine Präsenz. Es hatte teilweise mit seiner überschäumenden Energie zu tun (man hatte das Gefühl, in ihm sprudle eine Quelle von Freude), teilweise mit der Tatsache, daß er auf eine seltsame erwachsene Weise alles eindeutig unter Kontrolle zu haben schien. Und doch war da noch etwas anderes. Man hatte das Gefühl, es sei etwas Besonderes um ihn. Während ich dies schreibe und über diese seltsame Qualität von Ösel nachdachte, stieß ich auf einige mystische Texte, die der Erzengel Michael einem Medium in Glastonbury, England, gegeben hatte. Das Buch heißt *Die Winde der Wahrheit*, und Lama Yeshe selbst hatte es der Bibliothek in Kopan geschenkt.

»Ihr habt eine Redensart, ›die überzählige Person‹, ›das fünfte Rad am Wagen‹«, heißt es in diesem Buch. »Diese scheinbar nicht zur Familie gehörenden Männer und Frauen werden zu einem bestimmten Zweck auf dieser Erde geboren, nicht aus karmischer Notwendigkeit, sondern um ein großes Werk zu vollbringen. Diese Kinder sind irgendwie ›anders‹, es ist eine Stille um sie, eine tiefe Nachdenklichkeit. Sie *wissen*, daß sie ›anders‹ sind, sie sind sich bewußt, daß sie ›nicht dazugehören‹. Kann man sagen, daß diese Kinder ihren Eltern *gehören*? Nein!«

Das entsprach den Gefühlen, die ich in der Gegenwart von Ösel empfand. Nicht daß er immer liebenswürdig und lustig gewesen wäre! Am Ende des zweiten Tages, als Terry ihn zu einer weiteren Aufnahme überreden wollte, drehte sich Ösel um und trat ihn gegen das Schienbein. Was war das? Ein schlecht gelaunter Buddha? Ich war schockiert, sogar enttäuscht. Ich ging weg und dachte darüber nach. Das war ein völlig normales Verhalten. Ösel war müde, und er hatte volle zwei Tage beim Fotografieren mitgemacht. Vielleicht

Ösel mit seinen Lehrern im buddhistischen Kloster auf dem Mont Pélerin.

kann ein zweiundzwanzig Monate altes Kleinkind nur auf eine Weise mitteilen, wenn es genug hat, gleichgültig, wie heilig es ist.

Doch diese triviale Unvollkommenheit wurde größer, wenn ich sie mit dem Ideal verglich, das ich im Kopf hatte. Ich begriff, daß es immer so sein würde. Er würde sich nie in der Nase bohren, mürrisch oder unkooperativ sein können, ohne daß ihn ein skeptischer Mensch für einen »Betrüger« halten würde. Und würde nicht dennoch jedes göttliche Wesen, das auf dieser Erde inkarnierte, auch die Begrenzungen seines stofflichen Körpers auf sich nehmen, einschließlich Müdigkeit, Krankheit oder ein manchmal irritiertes Nervensystem? Wäre das Göttliche nur göttlich und nicht mit Menschlichem vermischt, könnten wir es dann überhaupt erkennen? Und hatten nicht alle Heiligen manchmal menschliche Schwächen gezeigt?

Dann wieder war Ösel die Liebenswürdigkeit in Person. Ich beobachtete ihn, wie er vor dem Essen betete; er faltete die Hände und sagte das buddhistische Mantra »OM AH HUM« über dem Teller mit Essen vor sich. Ich folgte ihm in den Meditationsraum, sah, wie er sich im Schneidersitz auf ein Kissen setzte, als ob das der Platz sei, wo er in dieser Welt hingehörte, und er schaukelte hin und her wie jeder Lama in der tiefen Konzentration der Meditation. Er liebkoste ein Hundebaby, ging mit dem grauhaarigen Geshe spazieren; zwei Menschen auf einem Bergweg, in gleichen Kleidern, einer klein und jung, einer groß und alt, sie hielten sich an den Händen und fühlten sich äußerst wohl miteinander. Einmal kam er scheinbar aus dem Nichts zu dem Platz, wo ich saß, legte seine Hand in die meine und lachte mir direkt ins Gesicht. Eine Nonne, die uns sah, sagte, es sei der gleiche Anblick gewesen wie auf der Fotografie von Lama Yeshe und mir auf dem Weg in Kopan, als ich ihn nach dem aufwühlenden Vortrag über Mitgefühl das letzte Mal gesehen hatte.

Ösel zog mich magnetisch an – eine neue Erfahrung für eine Person, die sich noch nie von einem Kind unter sechzehn länger als einige Minuten angezogen gefühlt hatte. Immer wenn ich ihn anschaute, mußte ich lächeln. Er war würdevoll und gleichzeitig lustig. Er war sicherlich frühreif, aber nicht verwöhnt. Er war ein ganz besonderes Kind.

In Bubión sprach ich später wieder mit Maria; sie lernte Englisch, um die Fragen beantworten zu können, mit der die Presse sie bestürmte. Sie ist von Natur aus gesprächiger als ihr Ehemann, wenn es um ihre Gefühle gegenüber ihrem jüngsten Sohn geht und darum, wie sich ihr Leben durch ihn verändert hat, und was für Beweise es dafür gibt, daß er Lama Yeshe ist.

»Anfangs, in Dharamsala, war es schwierig«, erzählte sie. »Wie konnte ich meine Gefühle als Mutter mit den Gefühlen für meinen Guru zusammenbringen? Ich wußte nicht, wie ich mich Ösel gegenüber verhalten sollte. Sollte ich ihn zurechtweisen, wenn er unartig war? Ich bat Lama Zopa um Rat, und er gab mir praktische Ratschläge, die mir halfen. Er sagte, man müsse ihn wie jedes Kind korrigieren, wenn er sich schlecht benehme! Ich ärgere mich immer noch über ihn. Es gibt da manchmal schwierige Situationen für mich – wenn er beispielsweise mit anderen zusammen ist und ich möchte, daß er sich benimmt und wie Lama Yeshe handelt, und er das nicht tut! Wenn ich ihn unter Druck setze, wird es schlimmer. Ich habe gemerkt, ich muß mich entspannen und ihm gestatten, er selbst zu sein. Er ist so empfindsam, er nimmt jede Atmosphäre auf wie ein Schwamm. Empfinden Menschen ihm gegenüber wie Lama Yeshe, so gibt er das zurück. Behandeln sie ihn wie ein Kleinkind, dann verhält er sich auch so. Er scheint sich auf andere Leute einzustimmen und ihnen ihre Gefühle widerzuspiegeln.

Meine buddhistische Schulung hat mir geholfen. Wir lernen, daß jede Person ihre eigene Identität in diese Welt mitbringt, Mutter und Vater geben dem Menschen nur den Körper und sorgen für ihn. Die Eltern sind nicht für das verantwortlich, was das Kind ist«, sagte sie.

Inzwischen hat sich Maria an den Gedanken gewöhnt, daß ihr Sohn ein reinkarnierter Lama ist, und glaubt es auch, wie auch der Rest der Familie. »Ich habe jetzt keine Zweifel mehr. Ich glaube wirklich, daß mein Sohn Lama Yeshe ist«, sagt sie einfach. »Es gibt inzwischen auch jede Menge von Beweisen.

Auf einer alltäglichen Ebene gibt es die kleinen Dinge, wie beispielsweise seine Vorliebe für tibetischen Tee, seit dem Tag, als ihm Lama Zopa das erste Mal in Dharamsala welchen davon anbot. Und er liebt tibetisches Essen. Keines meiner Kinder mag das. Sie verabscheuen es sogar«, erzählte mir Maria. Ich war nicht überrascht. An tibetischen Tee mit gesalzener Butter muß man sich wirklich erst gewöhnen! Er schmeckt abscheulich. Ösel stürzt ihn herunter, als ob er am Verdursten sei. Die typische tibetische Kost, Tsampa, Momos und Tugpa, würden auch kaum den Gaumen eines westlichen Kindes reizen. »Ösel ißt Früchte wie Lama Yeshe. Er saugt das Fruchtfleisch heraus und wirft den Rest weg.«

Es gibt auch andere Verhaltensweisen, die sie und andere sehr verblüffen. Kurz nach ihrer Rückkehr aus Dharamsala, Ösel war damals gerade fünfzehn Monate alt, lud Maria ihre Eltern zu einem Besuch ein. Insbesondere ihre Mutter war sehr besorgt und skeptisch der Tatsache gegenüber, daß ihr Enkel ein tibetischer Lama sein sollte. Während des Besuchs schauten sie sich einen Videofilm vom Besuch des Dalai Lama in Spanien an, einen Amateurfilm von mäßiger Qualität, der über zwei Stunden dauerte.

»Ösel saß während des ganzen Films vor der Mattscheibe und faltete jedes Mal, wenn der Dalai Lama erschien, seine Hände und warf ihm Kußhände zu. Es war ganz ungewöhnlich. Kein Kind seines Alters kann zwei Stunden lang *irgendeinen* Film anschauen – nicht einmal einen Walt-Disney-Film. Ösel war wie gebannt. Er bewegte sich nicht. Seine Freude, wenn er den Dalai Lama sah, und seine Bewunderung für ihn waren ungeheuer groß. Danach glaubte es meine Mutter«, sagte Maria.

Seltsamerweise nahmen die Einheimischen die Nachricht von Ösels Identität mit Gleichmut hin. »Es sind einfache und naive Menschen, sie gehören zur Erde und zu den Tieren. Sie haben ein gutes Herz. Als sie von Ösel hörten, kamen sie zu mir, gratulierten mir und brachten Blumen mit. Sie sind stolz darauf, daß er im Dorf wohnt. Für sie ist er eine Art neuer Papst. Ein Ladenbesitzer sagte zu mir: ›Wir haben Gott doch noch nie gesehen, warum sollten wir das nicht akzeptieren?‹ Nur die Intellektuellen stellen es in Frage«, erklärte Maria. Man fragt sich, inwieweit der Dalai Lama den Boden für dieses ungewöhnliche Geschehen vorbereitet hat, als er lange vor der Geburt Ösels unverhofft Bubión und den Gemeindepfarrer besucht hatte.

Für die Familie Hita Torres hat sich das Leben in den letzten Monaten drastisch verändert. Mit einem Kind, das sehr schnell berühmt wurde, mußten Maria und Paco lernen, wie man mit den Scharen internationaler Presseleute und den Aufnahmeteams vom Fernsehen umgeht, die in das kleine Dorf Bubión kommen, um die erste Zeit von Ösels Leben festzuhalten. Paco gestand, daß ihn die ganze Angelegenheit überwältigte, doch Maria wird damit offensichtlich spielend fertig. »Das hätte Lama Yeshe gefallen. Er ermutigte uns stets, ›groß zu denken‹, und er selbst hatte überhaupt keine Scheu vor den Medien«, meinte sie.

So fing Marias und Pacos internationales Jet-set-Leben an. Ösel setzte sein Leben einfach fort. Als sich die Nachricht von Lama Yeshes Wiedergeburt verbreitete, wurde die Familie in Bubión von Einladungen der Schüler von Lama Yeshe überschüttet, die überall auf der Welt leben. Sie sind schon in Europa und in den USA gewesen, und es sind weitere Reisen in Vorbereitung. Auf einer dieser Reisen lieferte Ösel weitere Beweise dafür, daß er ein besonderes Kind ist.

In Frankreich sah er zum ersten Mal in seinem Leben eine lebensgroße Statue des Buddha. Er ging auf den Buddha zu und benahm sich wie ein alter Freund. »Als hätten sie eine gute Beziehung. Ösel legte seine Hand in die des Buddha, stand bei ihm und war glücklich. Das war schon etwas Besonderes«, erklärte Maria.

In Holland demonstrierte er wieder diese seltsame Fähigkeit, seinen Willen genau auf das auszurichten, was er wollte, und sich nicht nach den Erwartungen der anderen zu richten. Maria beschreibt es so: »Es waren viele Schüler um ihn, sie wollten ihm nahe sein, sie suchten seine Aufmerksamkeit und wollten sehr viel von ihm. Ösel zeigte wenig Interesse an ihnen. Er sah dann eine Frau, die allein im Garten saß. Er ging hinaus, ging auf sie zu, öffnete ihre Handtasche und fand darin eine Katag (ein weißer Schal), den sie für ihn mitgebracht hatte; doch war sie offensichtlich zu schüchtern, sie ihm darzubringen. Er gestattete der Frau, sie ihm zu geben, und sie freute sich wie ein Kind. Ich verstand nicht, wie er das wissen konnte. Er konnte das von niemand gelernt haben.«

In Amerika benahm sich Ösel wie zu Hause – wie Lama Yeshe. In einem Haus, in dem Lama Yeshe oft gewohnt hatte, rannte Ösel durch die Eingangstür direkt in Lama Yeshes Zimmer. Er hüpfte auf dem Bett umher und fand dann zum Erstaunen der Anwesenden in einer Schublade den dort stets versteckten Schlüssel zu dem Schrank, den Lama Yeshe für gewöhnlich benutzt hatte. Doch die

Krönung war wohl sein Verhalten gegenüber Geshe Sopa in Madison. Geshe Sopa war Lama Yeshes Lehrer in Tibet gewesen, und Lama Yeshe bekannte stets, daß er immer ziemlich aufgeregt war, wenn er diesem freundlichen und äußerst klugen Mann begegnete, der von seinen kleinen Mönchen sowohl bei den Studien als auch bei der Disziplin sehr viel forderte. »Ösel ging in Geshe Sopas Zimmer und vollführte sofort lange Niederwerfungen vor ihm. Er stand auf und warf sich noch einmal nieder. Das verblüffte sogar Lama Zopa und die noch anwesenden tibetischen Lamas. Niemand hatte Ösel veranlaßt, Niederwerfungen zu machen – niemand hatte sie ihm vorgemacht. Es geschah völlig spontan. Wo lernt er solche Dinge – wenn er sie nicht aus dem letzten Leben kennt? Er ist doch noch zu klein für ein solches Verhalten«, sagte Maria.

In Kalifornien empfingen ihn diejenigen, die seinen Tod miterlebt hatten, bei seiner Rückkehr mit einer Mischung aus Freude und Verwirrung. Als das Auto mit Ösel durch die riesigen Redwood-Wälder des wunderschönen Vajrapani-Zentrums fuhr, sahen sie den blonden, eindeutig westlichen Kopf des Kindes am Fenster, das als der neue Lama Yeshe bejubelt wurde. Niemand sprach. Die Atmosphäre war angespannt, als Ösel aus dem Auto stieg. Hier hatte der Körper von Lama Yeshe im offenen Sarg gelegen und süße Düfte ausgeströmt.

Hier an diesem Ort war er rituell verbrannt worden. Hier an diesem Ort war, als die Flammen während der Beisetzung prasselten, für alle sichtbar am Himmel ein Regenbogen erschienen, obgleich es ein strahlend blauer Tag ohne einen einzigen Tropfen Regen gewesen war.

Ösel stürmte auf keine dieser tapferen Personen, die ihn bis zu seinem Tod gepflegt hatten, zu; er war wie gebannt von der kleinen wunderschönen Stupa vor sich, die zum Gedächtnis an Lama Yeshe errichtet worden war. Als er aus dem Auto stieg, rannte er zu ihr hin, und seine Augen strahlten vor Freude, als wollte er sagen: »Was für eine schöne Stupa habt ihr mir da gebaut.« Die Anwesenden sahen mit eigenen Augen, wie ein kleines Kind den Gedenkstein untersuchte, den man für seinen Vorgänger errichtet hatte. Eine ungewöhnliche Erfahrung.

Später führten die Anwesenden eine religiöse Zeremonie für ihn durch, um ihn sozusagen zu Hause willkommen zu heißen. Bei ihrem Höhepunkt wird dem Guru ein Mandala dargebracht (eine Pyramide von Getreidekörnern und bunten Perlen auf einem Silbertablett mit drei Stufen; sie symbolisiert das Universum). Ösel saß auf dem Ehrenplatz; dann nahm er feierlich eine kleine bunte Perle aus dem Mandala, schritt die vorderste Reihe seiner Schüler ab und legte jedem wie zum Segen die Perle auf den Scheitel. Nachdem er das getan hatte, ging er ruhig zum Mandala zurück und legte die Perle sorgsam wieder zurück. Wieder hatte er völlig spontan gehandelt. Maria behauptete, niemand habe ihm das beigebracht – und er hat es in der Tat noch nie zuvor gemacht. »Allein eine Perle zu halten und sie einer Reihe von Personen auf den Kopf zu legen, ist recht schwierig für ein Kind seines Alters – und dann hat er sie auch wieder zurückgelegt; die meisten Kinder würden sie einfach wegwerfen! Für ein Kind von zwanzig Monaten ist das eine außergewöhnliche Handlung«, erklärte sie.

Er habe schon, als er noch kleiner war, etwas ähnliches gemacht, fuhr Maria fort. Sie hatten ein Treffen im Meditationsraum in Ösel-Ling, und es gab Meinungsverschiedenheiten. Ösel saß auf dem Meditationskissen und hörte dem Streit zu; plötzlich stand er auf, ging zum Altar, nahm eine kleine Statue von Shakyamuni Buddha herunter, ging zu den Anwesenden und legte ihnen nacheinander die Statue auf den Kopf. Plötzlich gab es keinen Streit mehr!

Das war besonders seltsam, weil Ösel bis vor einigen Monaten nur sehr wenige religiöse Gegenstände gesehen hatte. Maria hielt nicht viel von einem Altar und Buddha-Statuen in ihrem Haus in Bubión. »Das mochte ich nie. Ich habe Respekt, doch lieber im Herzen. Und für mich hatte Guru-Hingabe immer den Sinn, die Lehren umzusetzen«, sagte sie ehrlich. »Wie Ösel in so kurzer Zeit mit Statuen und religiösen Ritualen vertraut wurde, bleibt mit ein völliges Rätsel.«

Aber immer noch gab es die Frage der Konditonierung. Ich ging damit zu Maria. Ob sie nicht glaube, daß das Leben, das Ösel jetzt führe, getrennt vom Rest der Familie, in der speziellen Atmosphäre eines Retreat-Zentrums, mit all der Aufmerksamkeit, die er von den Exschülern von Lama Yeshe erhielt, ihn zu einem spirituellen Meister mache, ob er nun einer sei oder nicht?

Maria dachte einen Augenblick nach und sagte dann: »Aus meiner Erfahrung mit Kindern halte ich es nicht für möglich, Kinder zu etwas zu *machen*, was sie nicht sind – insbesondere nicht in diesem Alter. Man kann ein zwanzig Monate altes Kleinkind nicht dazu bringen, etwas zu tun, was es nicht will. Und keines meiner anderen Kinder, gleichgültig wie intelligent sie sind, wäre in der Lage gewesen, die Dinge zu tun, die Ösel getan hat. Das steckt nicht in ihnen. Außerdem lebt er nicht isoliert. Er ist frei. Wenn er reist, so reist er in normalen Kleidern (und spricht mit allen, wohin er auch geht!) und trifft viele Nicht-Buddhisten. Er kennt meine Familie. Wir setzen ihn nicht unter Druck. Meine Mutter fragte mich, was geschieht, wenn sich herausstellt, daß er kein Lama ist? Ich sagte ihr, daß mir das gleichgültig sei. Mich kümmert es nicht, ob er ein Lama ist oder nicht. In Zukunft wird er genügend Möglichkeiten haben, sich zu entscheiden.

Im Augenblick glauben wir an das, was Lama Zopa und der Dalai Lama sagen, und wir folgen ihren Anweisungen, weil wir ihnen vertrauen. Wir haben ihn nach Ösel-Ling gebracht, weil Lama Zopa meinte, es sei besser für ihn, und tatsächlich ißt und schläft er besser, wenn er dort ist. Der Lärm und die Unruhe der anderen Kinder scheinen ihn zu stören. In dieser Hinsicht konditionieren wir Ösel, doch das tun alle Eltern in einem gewissen Ausmaß. Wenn sie feststellen, daß ihr Kind eine Begabung für den Beruf eines Arztes oder Juristen zeigt, kümmern sich Eltern für gewöhnlich um eine entsprechende Erziehung und sorgen dafür, daß sich diese Begabung entwickeln kann. Mehr tun wir auch nicht.

Ich mache keine Voraussagen für die Zukunft. Ich lebe für die Gegenwart und vertraue darauf, daß sich alles, was geschieht, zum Besten wenden wird. Ich weiß, daß Lama Zopa nie etwas tun würde, was einem von uns schaden könnte. Und seit Ösels Geburt werden wir immer glücklicher.«

Marias Argumente schienen unwiderlegbar zu sein. Ich räume ein, daß die meisten Eltern ihre Kinder mit oder ohne Absicht konditionieren – doch wäre es meines Erachtens ein klarerer Beweis für Ösels Identität, wenn sich seine Fähigkeiten in einer normalen westlichen Umgebung entwickeln würden.

Der Aufenthalt in Bubión hatte mich bereichert, und ich hatte wieder Nahrung für mein Gehirn bekommen. Ich war bezaubert von der Landschaft, fühlte mich willkommen bei Maria und Paco; unsere Gespräche hatten mich angeregt, und Ösel hatte mich fasziniert. Nach unserer ersten Begegnung in London haben mich meine weiteren Nachforschungen nicht enttäuscht. Die *Mail on Sunday* veröffentlichte die Geschichte auf der Titelseite ihrer Beilage *You*. Sie verkauften die gesamte Auflage. Und mit Terrys ausgezeichneten Fotos verkauften wir den Artikel nach Europa, Skandinavien, Australien, Neuseeland, Südafrika und nach Fernost. Die Welt war offensichtlich reif für die Nachrichten von dem kleinen spanischen Lama.

Zufälligerweise kam gleichzeitig der Film *Das Goldene Kind* (Golden Child) heraus. Es handelt sich um die Geschichte eines besonderen tibetischen Kindes, einer Verkörperung des Mitfühlenden Buddha; es wird von den Kräften des Bösen geraubt und von dem schwarzen Komödianten Eddy Murphy gerettet. Trotz der rührseligen Hollywood-Bearbeitung dieses heiklen und tiefgründigen Themas brachte der Film ganz offensichtlich eine Saite in den Menschen zum Klingen. Hier war Ösel, ein lebendes »Goldenes Kind«, das all die Faszination der östlichen Mystik in einem westlichen Körper darstellte.

Wenn Ösel tatsächlich Lama Yeshe ist, dann führt er dessen Werk gewiß nicht auf die schlechteste Weise fort – den westlichen Stadtmenschen des zwanzigsten Jahrhunderts bringt er den Buddhismus auf eine verständliche Weise nahe. Zweiundzwanzig Monate war er damals erst alt und hatte bereits die Vorstellungskraft der Menschen überall auf der Welt gefesselt. Wer auch immer er ist, er ist zweifellos ein außergewöhnliches Wesen. Doch in dem Maße, wie sein Ruhm größer wird, wächst auch seine Verantwortung. Es liegt bei ihm, zu dem spirituellen Wesen heranzuwachsen, das die Welt in ihm sieht. Eine schwere Last auf so kleinen Schultern.

12
Die Geschichten

Nicht nur seine Eltern und Lama Zopa erhalten immer wieder Zeichen, daß Ösel zumindest eine starke Verbindung mit der tibetischen Kultur im allgemeinen und mit dem verstorbenen Lama Yeshe im besonderen hat. Auf seinen Reisen zu den FPMT-Zentren auf den verschiedenen Kontinenten, im Brennpunkt der ständig auf ihn gerichteten Aufmerksamkeit und Neugierde, fährt das blonde Kind mit der beeindruckenden Präsenz damit fort, seine unheimlichen »Erinnerungen« an Aussprüche, Handlungen und Eigenheiten zu demonstrieren, die man nur Lama Yeshe zuschreiben kann. Diese kleinen »persönlichen Beweise« legen auf überzeugendere Weise von der wahren Identität des Kindes Zeugnis ab als die offiziellen Tests von Lama Zopa, vielleicht weil sie – mit einer Kraft, die die Zeugen fassungslos zurückläßt – ins Schwarze treffen.

Auf meiner eigenen Suche nach der Wahrheit sammelte ich eifrig diese Geschichten. Was ich hörte, faszinierte mich, und ich war völlig überzeugt von der Aufrichtigkeit der Erzähler, aber je mehr ich sah und hörte, desto mehr merkte ich, daß Reinkarnation keine einfache Sache ist. So viel hängt damit zusammen; das Thema ist immens und von großer Tragweite. Dasselbe gilt auch für den Geist – dieses im Westen unerforschte Territorium, dieses Grenzgebiet der Wissenschaft. Die Entdeckung des inneren Raumes scheint mir ein unendlich aufregenderes und sinnvolleres Abenteuer zu sein, als Raketen zu den unfruchtbaren Einöden des Mondes zu schicken.

Besonders ergreifend und überzeugend ist die Geschichte von Suzanna Parodi. Sie war die junge Frau, die beim ersten Kopan-Kurs 1976 ihren Schlafsack neben den meinen gelegt hatte und die ganze Nacht über zitterte und unter den Entzugserscheinungen ihrer Drogensucht litt. Sie ist inzwischen nach Italien zurückgekehrt und führt dort ein äußerst kreatives, produktives Leben; sie ist eine erfolgreiche Textildesignerin geworden und trotzdem in regelmäßigem Kontakt mit Lama Yeshe und seinen buddhistischen Zentren geblieben. Als Suzanna erfuhr, daß er krank war, war sie natürlich verzweifelt. Diesem Mann verdankte sie ihr Leben. Mit der für sie typischen Spontaneität flog sie sofort nach Indien. Wie es das Glück wollte, traf sie ihn am Flughafen in Delhi, auf dem Weg nach Kalifornien, wo er sterben sollte. Es herrschte ein erhebliches Durcheinander, und es gab keinen Rollstuhl für Lama Yeshe, mit dem er ins Flugzeug fahren konnte. Daher wurde er von zwei Schülern gestützt. Als sie ihren einst so starken und vitalen Lama Yeshe so dünn und verfallen sah, brach sie in Tränen aus.

Lama Yeshe schaute sie an und lächelte. Er nahm seine Arme von den Schultern seiner Schüler, hob sie über seinen Kopf, schwang sie hin und her und schnippte mit den Fingern, als ob er tanze. »Mach dir keine Sorgen, meine Tochter, mir geht es gut«, sagte er, und bewies damit, daß sein großer Geist lebendig war, auch wenn sein Körper verfiel. Das war das letzte, was sie von ihm gesehen hatte.

Wie wir alle, so war auch Suzanna gespannt, als sie hörte, daß man nicht nur seine Reinkarnation gefunden, sondern daß Lama Zopa sie bereits öffentlich in Dharamsala bekanntgegeben hatte. Bei der ersten Gelegenheit eilte sie zu ihm, und zwar nach Holland, wo Maria zusammen mit Ösel ein Zentrum besuchte. Er war damals siebzehn Monate alt. Ösel nahm sie gar nicht wahr. Es gab keinen Schimmer eines Wiedererkennens – kein einziger Hinweis auf das enge Band, das zwischen ihr und Lama Yeshe über die Jahre hinweg entstanden war. Verletzt und enttäuscht schloß Suzanna daraus, daß sie wohl dem buddhistischen Weg nicht eifrig genug gefolgt war. »Ich war wohl eine schlechte Schülerin«, sagte sie zu einem Mönch in der Nähe. Da drehte sich der Mönch zu Ösel um und fragte ihn: »Du erinnerst dich doch an Suzanna, nicht wahr?« Ösel stand auf, hob seine Arme in die Luft, schwang sie hin und her und versuchte, mit den Fingern zu schnippen, als ob er tanzen würde. Keiner der Anwesenden außer vielleicht Ösel selbst konnte verstehen, warum Suzanna bei einer so simplen Geste erneut in Tränen ausbrach. Das war alles, was sie an Beweisen benötigte. Lama Yeshe hatte sein Wort gehalten. Er hatte sie nicht verlassen.

Der australische Mönch Max Redlich, der bei Ösels offiziellen Überprüfungen mit seinen Kameras dabei war, erlebte später seine eigene informelle Zeremonie. Max hatte eine schillernde Vergangenheit gehabt, bevor er ordiniert wurde. Seine Eltern waren von Österreich nach Australien ausgewandert, wo sie einen Metzgereibetrieb aufbauten, der äußerst erfolgreich wurde. Max trat in den Familienbetrieb ein und konnte die seltene Erfahrung machen, kniehoch im Blut zu waten (eine sagenhafte Erfahrung für spätere buddhistische Meditationen!). Es brachte ihm jede Menge Geld, und er kaufte sich damit sein eigenes Flugzeug und führte das dazu passende Leben. Dann unterbrach der Konflikt in Israel sein herrliches Leben, er machte sich auf nach Israel und kämpfte im Sechstagekrieg. Er wurde taub auf einem Ohr, da er explodierenden Granaten zu nahe gekommen war, und lernte aus unmittelbarer Nähe, was Tod bedeutet (ebenfalls eine ungeheuerliche Erfahrung für spätere buddhistische Meditationen). Dieser Bursche begegnete Lama Yeshe, und Max war für einige Zeit sein Chauffeur in Dharamsala.

Max nimmt den Faden der Geschichte auf: »Lama Yeshe hatte für den steilen Weg zum Tushita-Retreat-Zentrum einen neuen Jeep gekauft. In den zwei Jahren vor seinem Tod fuhr ich oft damit zum Bahnhof in Pathankot, um ihn abzuholen. Das erste, was Lama Yeshe immer nach seiner Ankunft in Tushita tat, war ein Rundgang um den Jeep; wir inspizierten zusammen das Auto, und er gab mir Ratschläge und machte Vorschläge für die Pflege. In dem Jahr vor seinem Tod geschah das gleiche. Insbesondere bemerkte Lama Yeshe einen Kratzer an einer Seite, den ich reparieren sollte. Auch wollte er, daß ich das zerbrochene Nummernschild hinten erneuerte.

Eines Tages, nachdem sich Ösel den traditionellen Prüfungen mit Lama Zopa unterzogen hatte (eine beeindruckende Angelegenheit für die Anwesenden), befand ich mich mit einer Gruppe von Leuten im Garten von Tushita. Ösel kam aus dem Haus, ging geradewegs auf mich zu, nahm mich bei der Hand und führte mich zum Jeep, der wie gewöhnlich in der Einfahrt stand. Er ging ganz langsam mit mir um das Auto herum, schaute sich alles genau an und wies mich knurrend auf dieses und jenes hin. Ich traute meinen Ohren nicht. Das war ein Kleinkind in Windeln! Als wir den hinteren Teil betrachteten, sah er das rückwärtige Nummernschild, das ich noch nicht erneuert hatte, schaute mich an und schimpfte! Er ging weiter und hielt mich immer noch bei der Hand. Wir standen dann vor dem Jeep, der aus bestimmten Gründen vorn ein brandneues Nummernschild hatte. Ösel schüttelte meine Hand, schaute mich an und strahlte. Ich war verwirrt. Wenn gerade das geschah, was ich glaubte, was geschah, dann zeigte mir das Kind, daß es sich an Ereignisse erinnern konnte, die in seinem letzten Leben geschehen waren. Es warf mich beinahe um«, erzählte er.

Alle, die Ösel sahen, mußten sich Gedanken über Reinkarnation machen. Irgend etwas war ganz bestimmt daran – es gab zu viele Beweise, um alles als »Zufall« abtun zu können, doch war Ösel keine exakte Replika von Lama Yeshe. Er hatte seine eigenen individuellen Eigenschaften, von denen nicht alle »heilig« waren, und er sah auch nicht wie Lama Yeshe aus, denn er war ein Spanier und erst zwei Jahre alt.

Glücklicherweise ermutigt die Gelug-Schule des tibetischen Buddhismus, zu der Lama Yeshe gehört hatte, zur Diskussion und dazu, alle dargelegten »Wahrheiten« in Frage zu stellen. Sie ist der Meinung, daß man eine Wahrheit verwerfen sollte, von der man sich durch gründliche und aufrichtige Überprüfung nicht persönlich überzeugen kann. Das war mir schon immer gut und schlüssig erschienen.

Thubten Pende ist ein amerikanischer Mönch, der im Kloster Nalanda in Frankreich für sein Geshe-Examen studiert. Von seiner Neigung und seiner Ausbildung her ist er ein scharfsinniger Intellektueller. Als Ösel mit seiner Mutter in Nalanda ankam, wurde er herzlich willkommen geheißen. Er schien sich sofort zu Hause zu fühlen und fügte sich problemlos in den Tagesablauf eines tibetischen Klosters im Westen ein. Eines Abends beschloß Pende, der persönlich nicht davon überzeugt war, daß Ösel die Reinkarnation von Lama Yeshe war, ihn selbst zu prüfen. Er nahm eine Sonnenbrille, die Lama Yeshe gehört hatte, und legte sie auf einen Tisch mit vier oder fünf Sonnenbrillen, die anderen Personen gehörten. Er sagte nichts, sondern wartete ab, ob Ösel irgend etwas tun würde. Ösel kam ins Zimmer und ging nach einer Weile zum Tisch. Er schaute die Sonnenbrillen an und spielte ein wenig mit ihnen. Dann nahm er die Sonnenbrille von Lama Yeshe, ging zu Pende und schlug ihm damit auf den Kopf. Der Intellektuelle erlebte, wie ihm sein Beweis im wahrsten Sinne des Wortes eingebleut wurde. Die anderen Mönche, die ihre Freude an dieser Vorstellung gehabt hatten, klatschten Beifall.

Die kalifornische Nonne Thubten Angmo hatte Lama Yeshe seit 1973 gekannt und stets eine besonders enge Beziehung zu ihm gehabt. Ihre Vergangenheit war der der russischen »Prinzessin« Zina Rachevsky nicht unähnlich. Thubten Angmo oder Feather Meston, wie sie »wirklich« heißt, kam auch aus reichen Hollywood-Verhältnissen. Ihre Mutter war Fotomodell und Schauspielerin, und ihr Vater war Drehbuchautor; sie hatten sich scheiden lassen, als Angmo fünf Jahre alt gewesen war. Der einzige ruhende Pol für Angmo war ihre Großmutter; sie hatte in China gelebt und brachte ihr die Philosophien des Ostens nahe. Angmo wuchs von daher mit einer natürlichen Neigung zum Buddhismus und einem natürlichen Glauben an Reinkarnation auf.

Nach ihrer Begegnung mit den Lamas stand ihr Weg fest. 1982 beschloß sie, einen Dreijahres-Retreat durchzuführen. Lama Yeshe stimmte zu und entwarf für sie ein kleines und doch recht komfortables Haus auf dem Gelände des Tushita-Retreat-Zentrums in Dharamsala; es hatte einen Dachgarten, heißes Wasser, eine moderne Küche und einen Innenhof. »Du kommst aus Kalifornien, du brauchst Komfort – wenn dein Geist glücklich ist, kannst du lange im Retreat bleiben«, war sein Argument. Er empfahl ihr als besondere Meditationspraxis die tantrische Gottheit Vajrayogini. Immer wenn er in Dharamsala war, besuchte er Angmo mehrmals in der Woche, um ihre Fortschritte im Retreat zu überwachen.

Angmo traf Ösel in Holland. Sie freute sich, als man sie bat, einen Nachmittag auf Ösel aufzupassen. Sie hatte gerade drei Abbildungen von tibetischen Gottheiten gekauft und sie auf ihr Bett gelegt. Als Ösel hereinkam, ging er zum Bett, nahm eine Fotografie und warf sie, mit dem Bild nach unten, voller Kraft auf Angmos Herz. Als sie darauf schaute, sah sie, daß Ösel die Abbildung von Vajrayogini ausgewählt hatte. »Das war etwas Besonderes – es war sehr direkt. Ösel wußte, was er tat. Auf jeden Fall überzeugte es mich! Das war Lama Yeshe, der mir meine Gottheit wiedergab«, sagte sie.

Anderen erschien Ösel lange bevor sie ihn tatsächlich trafen. Die schwedische Nonne Yeshe Chödrön (Ingeborg Sandberg), die jetzt in Ösel-Ling bei Bubión lebt, sah eines Nachts im Traum sehr deutlich ein blondes Kind mit einer dunkelhaarigen Mutter. Der Vater im Hintergrund war weniger deutlich. Besonders das Kind fesselte ihre Aufmerksamkeit. Es war drei Jahre alt, hatte goldblondes Haar und ein leicht fliehendes Kinn. Im Traum kam es auf Inge zu und bat sie, ihn hochzuheben. Sie nahm das Kind auf die Hüfte; es schaute ihr direkt in die Augen und sagte: »Ich bin dein Guru.« Als sie erwachte, verfolgte sie der Traum; er hatte sie tief beeindruckt. Es war keiner ihrer üblichen verwirrten Träume gewesen – er hatte eine besondere Qualität. Sie war überzeugt, daß sie eines Tages diesem Kind begegnen würde, das ihr erschienen war. Dann erinnerte sie sich, daß einer ihrer Lehrer, Serkong Rinpoche, gerade gestorben war, und sie war überzeugt, er sei das Kind gewesen. Lama Yeshe lebte zu der Zeit noch.

Später sah sie dann ein Bild von Maria, Paco und Ösel und erkannte das Kind sofort wieder. Das ist er, dachte sie. Das ist Serkong Rinpoche! Inge glaubte, Ösel sei die Reinkarnation von Serkong Rinpoche, bis sie sich schließlich von etwas anderem überzeugen ließ. Lama Zopa schickte sie nach Ösel-Ling, wo sie genügend Gelegenheit hatte, mit dem Kind zusammenzusein, das ihr im Traum erschienen war.

»Ich brauchte natürlich keine Beweise mehr – nach dieser Erfahrung, doch mußte ich erst das Gefühl, das ich zu Lama Yeshe hatte, wiederfinden«, sagte sie zu mir. »Eines Tages saß Ösel auf dem Arm eines Mönches, und dieser sagte zu ihm: ›Gib Ingeborg deinen Segen.‹ Ösel streckte seinen Arm aus, strich mir über die Wange und packte mich am Kinn, wie das Lama Yeshe zu tun pflegte. Es war sehr vertraut und liebevoll. Das gleiche vertraute Gefühl, das ich immer zu Lama Yeshe empfunden hatte. Ich wußte nach meinem Traum, daß Ösel ein besonderes Kind war, doch bedeutete dieser persönliche Kontakt sehr viel für mich. Es war genau das, was ich brauchte«, erzählte sie.

»Danach bemerkte ich, wie Ösel meinen Geist widerspiegelte. Wenn es mir gutging, konnte ich den Kontakt wieder spüren, wenn ich negativ war, verlor ich ihn wieder, und Ösel erschien mir dann wie ein gewöhnliches Kleinkind. So war es auch mit Lama Yeshe gewesen. Wenn ich mich negativ fühlte, verlor ich den Kontakt zu ihm – so als ob er mich nicht erreichen könnte.«

Die Nonne Zia Bassam besaß ein reiches Traumleben, das sich, wie sie fand, stets als äußerst genau herausstellte. Diese faszinierende, kleine, dunkle, ägyptische Nonne ist in Kalkutta geboren und in Indien, im Nahen Osten, in Schottland und in London aufgewachsen; vier Jahre lang reiste sie mit Lama Yeshe, kochte für ihn und kümmerte sich um seinen Haushalt. Es entstand eine starke Verbindung zwischen ihnen; sie hatten Freude an den gleichen Dingen – am Kochen, an Blumen, an einer vertrauten Umgebung, an den »weiblichen« Seiten des Lebens. Zia sprach mit Lama Yeshe stets über ihre Träume, und er erschien ihr auch häufig im Traum, für gewöhnlich als Führer.

»Als er krank in Amerika lag, hatte ich einen sehr klaren Traum von ihm – da war eine Gruppe von Menschen, und Lama Yeshe schwebte über ihnen in der Luft; er sah glücklich aus, aber er war auch sehr fern. Da wußte ich, daß er sterben würde«, erklärte Zia. »Doch er blickte nach unten und sagte: ›Ich komme zurück, um euch zu helfen.‹ Später war ich in Dharamsala im Retreat, und Lama Zopa suchte überall nach der Reinkarnation; er fragte mich immer wieder, ob ich besondere Träume habe, und ich verneinte stets. Gegen Ende des Retreats hatte ich allerdings einen Traum, in dem ich ein Kind von etwa sechs, acht Jahren sah, das mit einer höchst ekstatischen Freude im Gesicht durch den Wald rannte. Besonders die Augen fielen mir auf; sie waren dunkel und standen ziemlich eng beieinander, und die Nase war ungewöhnlich kurz. Dieses Kind trug kastanienbraune Shorts und ein mattgelbes T-Shirt, die Farben der Roben. Es war Ösels Gesicht, aber es war ein älterer Ösel.

Als ich sah, daß Lama Zopa bei seiner Rückkehr nach Dharamsala ein Kind bei sich hatte, das von einem Mönch auf den Schultern getragen wurde, wußte ich instinktiv, daß er seinen Guru wiedergefunden hatte. Lama Zopa hatte sich verändert. Als er ging, sah er müde, alt und abgespannt aus. Jetzt sah er jung und glücklich aus und lachte viel. Als ich mich mit gefalteten Händen vor Ösel verneigte, sah ich seine Füße. Ich erkannte die Füße von Lama Yeshe, auch wenn es sich um die eines kleinen Kindes handelte. Dann schaute ich auf und sah sein Gesicht. Es war das Gesicht des Kindes aus meinem Traum. Diese Augen und diese Nase sind sehr auffällig, man kann sie nicht übersehen. Ich setzte mich später vor ihm nieder, und für Bruchteile von Sekunden sah er mich mit Augen an, die nicht die Augen eines Kindes waren. Es waren die Augen eines sehr hohen Wesens. Es war ein durchdringender Blick, der geradewegs in mein Herz ging. Es gab keinen Unterschied zu dem Blick, mit dem mich Lama Yeshe manchmal angeschaut hatte.

Je mehr ich von ihm sehe, desto mehr *weiß* ich, daß er eine neue Form von Lama Yeshe ist – und ich bin überzeugt, er wird mehr und mehr Beweise dafür liefern, wenn er älter ist«, sagte sie.

Es gab weitere Anhaltspunkte dafür, daß Ösel eine starke Verbindung mit dem verstorbenen Lama Yeshe hatte. Die Engländerin Trisha Donelly lebt in Kopan, in Nepal; sie hat jahrelang mit Lama Yeshe gelebt und gearbeitet, und sie unterzog sich zu der Zeit den vorbereitenden Übungen für einen Dreijahres-Retreat. Sie hatte immer *das Gefühl*, daß das Kind im Kloster, oberhalb ihres kleinen Hauses, Lama Yeshe ist.

»Es gibt so viele kleine Dinge, die er tut, die sehr stark an Lama Yeshe erinnern – wie er geht und wie er sich bewegt und seine Liebe zu Blumen. Wie er die Räume der Mönche besucht und nachschaut, ob es ihnen gutgeht. Und dann seine Eigenheiten«, sagte sie. »Er hat mir auch einen sehr konkreten Beweis geliefert. Lama Yeshe hatte eine tibetische Praxis, ›die sechs Yogas des Naropa‹, sehr gründlich studiert; dazu gehören, unter anderem, gewisse esoterische und geheime ›Yogas‹ – Körperübungen, die sich von dem Yoga, das man in Indien und im Westen übt, deutlich unterscheiden. Als er gerade in Kopan angekommen war, stand Ösel auf dem Hügel oberhalb meines Hauses, sah mich und vollführte dann schnell, aber bewußt, eines dieser geheimen Yogas. Ich traute meinen Augen nicht. Es ist keine Übung, die man mißverstehen kann; doch wie konnte dieses kleine Kind sie kennen? Ich fragte alle Personen in Kopan, ob jemand von ihnen die Sechs Yogas praktiziere. Es war niemand dabei. Soweit ich wußte, hatte er niemanden gesehen, der sie praktizierte. Später machte er sie noch einmal. Das dritte Mal machte er sie vor einigen Wochen; er saß in seiner Unterhose im Garten. Da konnte er bereits sprechen: ›Ich mache Übungen‹, sagte er und vollführte eine weitere geheime Yoga-Übung. Da gab es nichts mehr mißzuverstehen. Ich bin völlig überzeugt, daß er Lama Yeshe ist«, sagte sie.

Ein anderer Bewohner von Kopan, John Cayton, auch Karuna genannt, hatte Lama Yeshe, als er so krank war, nach Delhi begleitet. Er blieb bei ihm, bis er nach Kalifornien flog; in dieser Zeit sagte er zu Karuna häufig diese geheimnisvollen Worte: »Ich bin du, und du bist Lama.« Karuna dachte, daß Lama Yeshe damit vielleicht andeuten wollte, daß er bald wiedergeboren und dann ein junger Mann sein würde, während er, Karuna, dann alt und krank sein und sterben würde. Doch fand er die wahre Bedeutung dieser Worte nicht heraus. Vor kurzem kehrte Ösel nach Kopan zurück, und eines Tages, als Karuna unter seinem Fenster vorbeiging, rief Ösel: »Ich bin du, und du bist Lama.« Wieder diese geheimnisvollen Worte. »Vielleicht finde ich eines Tages heraus, was er damit meint«, sagte Karuna.

»Ich sehe auf jeden Fall kurze Bilder von Lama Yeshe, doch ist das Medium ein anderes. Wir im Westen müssen noch genau überprüfen, wie diese reinkarnierten Lamas funktionieren. Sind sie von Geburt an voll bewußt? Oder setzt ihnen die Tatsache, daß sie geboren werden, bestimmte Grenzen? Ich glaube, daß man als Baby auch die Fähigkeiten eines Babys hat, und daß im Falle der reinkarnierten Lamas die Verwirklichungen latent sind, nicht manifest. Sie müssen sie wiedererlangen. Den Aussagen der Tibeter zufolge dauert das jedoch nicht lange. Man muß es sie einmal lehren, und dann wissen sie es. Es wird noch interessant werden, wenn man das beobachten kann«, sagte er abschließend.

Andere waren vorsichtiger mit ihrer Anerkennung von Ösel Hita Torres. Ein Schriftsteller drückte es so aus: »Ich glaube an Wiedergeburt, doch habe ich es noch nicht erlebt. Das Herz sagt ›ja‹, und der Intellekt sagt ›ja, aber‹.« Er faßte damit zusammen, was einige von Lama Yeshes Schülern empfanden. Der Punkt dabei ist für viele, daß es, gleichgültig wie viele Hinweise Ösel darauf gibt, daß er eine unmittelbare Verbindung zu dem verstorbenen Lama Yeshe hat, keinen Weg gibt, dies wissenschaftlich zu beweisen. Für die Zweifler wird es stets genügend Möglichkeiten geben, ihre Argumente ebenfalls zu beweisen.

Harvey Horrocks war bereits in den ersten Tagen nach Kopan gekommen und leitet jetzt das Büro (Central Office) der Stiftung FPMT in Katmandu (seit 1989 befindet es sich in Kalifornien, Anm. d. Ü.). Er sagte: »Wir müssen uns fragen, wie wir glauben, Lama Yeshe erkennen zu können. Das ist eine äußerst subtile Angelegenheit. Selbst wenn wir Wunder erleben würden, würde das ausreichen? Selbst wenn jemand beispielsweise levitieren kann, wird es immer noch einige geben, denen das nicht genügt, und sie werden nach den Schnüren suchen. Und wollen wir Scharen von Menschen in Kopan, die darauf warten, daß Ösel sagt: ›In meinem letzten Leben wurde ich in einem kleinen Dorf bei Lhasa geboren‹, und dergleichen mehr? Ich hoffe, daß alles, was Ösel tun wird, zeigt, daß er den Lebewesen Nutzen bringt.«

Die Schüler in Kalifornien, die eine so besondere Beziehung zu Lama Yeshe hatten, haben auch einiges Interessantes zu dem Thema beizusteuern. Sie haben die außergewöhnliche Erfahrung gemacht, als Ösel zur Einweihung der Stupa nach Vajrapani gekommen war, die zum Gedenken an seine vorige Inkarnation errichtet wurde. Ihre Reaktion war eine ehrliche Mischung aus Skepsis und Vertrauen.

»Ich habe es nicht gesehen, aber ich glaube es«, sagte Age Delbanco, ein dänischer Buddhist, der jetzt in Kalifornien lebt. »Ich habe das Gefühl, ein reinkarnierter Lama ist seine erleuchtete Energie, nicht seine Persönlichkeit. Ösel ist nicht der wiedergekehrte Lama Yeshe, er ist Lama Yeshes Energie in einer neuen Gestalt. Mit Ösel spüre ich nicht die starke Verbindung, die gleiche Beziehung, die ich mit Lama Yeshe hatte. Aber das erwarte ich auch nicht. Ich kann sehen, daß Ösel kein gewöhnliches Kind ist. Es ist auf jeden Fall etwas Besonderes. Kein anderes Kind von zwanzig Monaten würde es unterlassen, das Maß an Aufmerksamkeit, das Ösel erhält, zu seinem Vorteil auszunutzen. Ösel steht darüber; es ist nicht so, daß er es nicht bemerkt, er nimmt es einfach an. Ich beobachtete ihn – alles, was er tat, schien von innen zu kommen. Mir hat er keine Beweise geliefert. Ehrlich gesagt, ich brauche auch keine Beweise. Ich habe alles, was ich brauche, von Lama Yeshe bekommen.«

Beverly Gwynn hatte Lama Yeshe in den letzten Wochen vor seinem Tod mit großem Eifer gepflegt; sie erzählte mir: »Ich kann nicht sagen, daß ich das Gefühl habe, er ist Lama Yeshe, doch als Ösel hier ankam, spürte ich, daß Lamas Energie wieder da war. Ich bemerkte auch, daß ich, wenn ich mit Ösel zusammen war, das gleiche Gefühl hatte wie mit Lama Yeshe. Eines Morgens beobachtete ich, wie er in die Gompa ging, an den Platz, wo Lama Yeshe im Sarg gelegen hatte, und anfing, Niederwerfungen zu machen – ich fand das ziemlich erstaunlich. Später, als wir bei einer Puja mit der Darbringung des Mandala begannen, setzte er sich neben mich und schüttete Sand in meine Schuhe, als würde er sein eigenes Mandala machen. Dann nahm er meine Hand – und ich spürte eine enge Verbindung, doch war das nicht das Zeichen, auf das ich gewartet hatte. Vielleicht geschieht das noch, wenn er älter ist«, meinte sie.

Tom Waggoner war bei Lama Yeshe, als er starb; er schaute sich Ösel sehr genau an, als dieser nach Vajrapani kam, auch wenn das für ihn, wie für alle anderen, etwas Neues war, da er nicht wußte, was er erwarten sollte. Er sah Ösel zuerst auf dem Arm von Lama Zopa. »Ich ging mit gefalteten Händen auf ihn zu, und Lama Zopa sagte zu ihm: ›Gib Tom deinen Segen.‹ Ösel berührte meinen Kopf und zog mich am Bart. Als ich wieder gehen wollte, rief Ösel mich zurück und zog mich wieder am Bart. Lama Zopa lächelte und sagte: ›Er erinnert sich an dich.‹ Ich empfand eine Art ehrfürchtige Scheu und dachte, daß ich gerade die andere Seite der Reinkarnation erfahren hatte. Doch ist mein Geist auch skeptisch. Irgendwo war da der Gedanke: ›War das alles?‹ Ich wollte gerne vollkommenes Vertrauen, wollte mich gerne völlig hingeben, doch das bedeutet viel Arbeit. Wenn wir wirklich glauben, daß man stirbt und dann wiedergeboren wird, wie man uns lehrt, dann würde das bedeuten, daß man ein großes Erwachen erlebt. Ich hatte also immer noch meine Zweifel. Als ich dann später mit Lama Zopa spazierenging, meinte er, daß Ösel mich wirklich *erkannt* habe.

Ich entgegnete: ›Wirklich? Hat er mich *wirklich* erkannt?‹ Und Lama Zopas Augen blitzten wie Schwerter, als er mich zornig ansah: ›Natürlich – wie kannst du nur daran zweifeln?‹ fragte er empört. Obgleich mein Geist es nicht völlig annehmen konnte, war es etwas, worüber ich staunen mußte. Das war nicht Lama Yeshe, das war Ösel – hier mit Lama Zopa. Wir waren wieder alle zusammen, und ich hatte die ganze Geschichte miterlebt«, berichtete Tom.

Lennie Kronisch kann wohl von den umfangreichsten Erfahrungen erzählen. Man hatte die diplomierte Krankenschwester und

Psychologin Lennie herbeigerufen, damit sie Lama Yeshe in den letzten Wochen seines Lebens, als er so schwer krank war, mit ihrem großen Geschick pflegen sollte. Sie erzählte, er habe sie bis an die Grenzen ihrer persönlichen Belastbarkeit gefordert. Ösel tat dasselbe. Lennies Bericht von seinem Besuch war um so interessanter, als sie zum einen Mutter von drei Kindern ist und zum anderen im Zuge ihrer Arbeit bei Tausenden von Geburten dabei gewesen war und als Expertin für die Pflege und Entwicklung von Kindern gilt. Ihre Ansichten über Ösel sind beeinflußt von ihrer beruflichen Erfahrung.

»Von Anfang an war dieses Kind offensichtlich ›anders‹. Mein erster Eindruck war, daß der Junge nicht besonders anziehend ist. Das überraschte mich und bereitete mir ein wenig Schuldgefühle. Ich hatte erwartet, daß ein Kind, das ein Rinpoche ist – eine Reinkarnation von Lama Yeshe, der so sehr strahlte –, ein außergewöhnlich hübsches Gesicht haben müsse; wie ein Engel. Dieses Kind war ganz und gar nicht hübsch. Sein Kopf war sowohl von der Form als auch vom Umfang her größer als bei anderen Kindern. Er sah aus wie ein Männerkopf auf einem Kinderkörper. Sein Gesicht sah seltsam reif aus. Er sah nicht aus wie ein Kind von zwanzig Monaten. Er sah überhaupt nicht aus wie ein Kind. Er sah aus wie ein kleiner Mann. Ösel war gleichzeitig jung und alt.

Er lachte kaum, war sehr ernsthaft, hatte etwas Faszinierendes, aber auch etwas Entmutigendes. Es gab nichts an ihm, auf das ich so reagieren konnte, wie ich es für gewöhnlich bei einem Kleinkind tat. Ich bin ganz und gar keine ›eiteitei‹-Person bei Kindern, doch um dieses Kind war etwas, was von Anfang an ungewöhnlich war. Es war nicht charmant, verführerisch, bezaubernd oder schön. Es existierte eine *Kraft*, eine Kraft ohne Lächeln. Ösel konnte mit einem Brummen sehr großen Einfluß ausüben. Nicht wie ein gewöhnliches Kind, das auf etwas deutet und lärmt. *Er* deutete auf etwas mit Bestimmtheit, Wissen und Kraft. Er war es gewohnt, zu befehlen. Dieses Kind vermittelte Autorität.

Aber, wie ich schon sagte, es war nichts Kindliches an ihm. Ich bin in meinem Beruf und in den zehn Jahren, in denen ich einem spirituellen Weg folge, zahlreichen ungewöhnlichen Kindern begegnet, doch noch nie einem solchen Kind«, erzählte sie.

Lennie registrierte ihre verwirrten Gefühle und besprach sie mit einer guten Freundin, die auch gekommen war, um sich die Inkarnation von Lama Yeshe anzuschauen. Eines Abends fragte Maria, ob sie auf Ösel aufpassen würde, damit sie zu einem Vortrag von Lama Zopa gehen könne. Lennie war gerne dazu bereit. Maria erklärte, Ösel würde bei ihrer Ankunft schon schlafen und sicher nicht aufwachen. Für den Fall, daß er doch aufwachen würde, stünde eine Flasche mit Milch am Kopfende des Bettes. Lennie kam pünktlich um halb acht in der kleinen Blockhütte an, wo die Familie wohnte, und Ösel schlief tief und fest in seinem Hochbett, wie Maria es gesagt hatte. Sie setzte sich hin und wollte einige Briefe schreiben.

Plötzlich hörte sie ein Weinen. Sie kletterte die senkrechte Leiter hinauf, und Ösel saß in seinem Bett und brüllte wie am Spieß – seine Nase lief, Tränen kullerten ihm über die Wangen, er war in einer schrecklichen Verfassung. Sie gab ihm die Milchflasche, er riß sie ihr aus der Hand, schleuderte sie durchs Zimmer und *befahl* ihr, aus seinem Bett zu verschwinden! Ein Alptraum begann, Ösel kroch aus seinem Bett und auf die Leiter zu. Lennie eilte zu ihm – die Leiter war steil, ohne Geländer, und unten stand ein brennender Holzofen. Ösel bestand darauf, hinunterzuklettern. Voller Verzweiflung nahm sie ihn hoch und trug das brüllende, um sich tretende Kind die gefährliche Leiter hinunter. Sie konnte ihn nicht beruhigen.

Schließlich hüllte sie ihn in eine Decke und ging mit ihm nach draußen. Sofort begann er, sich zu beruhigen und hörte auf zu schluchzen. Sie ging mit ihm hin und her und fing an zu singen. Er schmiegte sich an sie, und sie durfte ihm die Flasche geben. Ihr Rükken schmerzte, ebenso ihre Hüften und ihr Nacken – Ösel war sehr schwer, und Lennie hatte eine Woche zuvor einen Frontalzusammenstoß mit ihrem Auto gehabt – und so stellte sie ihren Fuß auf ein Geländer, um sich auszuruhen. (Jedes Mal, wenn sie sich hinsetzen wollte, fing Ösel wieder an zu weinen.) Als sie in dieser unbequemen Haltung dastand und Ösel die Flasche gab, hob er seinen Arm und zog sie näher zu sich heran.

»Es war genau die gleiche Szene, wie ich sie mit Lama Yeshe erlebt hatte. Ich befand mich in einer äußerst schmerzhaften Haltung, fütterte ihn, war am Ende meiner körperlichen und emotionalen Kräfte angelangt, und er zog mich an meiner Bluse zu sich. Es war alles wieder da, als ob es gestern geschehen wäre. Dann hob Ösel seine andere Hand und wickelte mein Haar um seine Finger, mit der gleichen liebevollen und vertrauten Geste wie Lama Yeshe. Das wußte nur Lama Yeshe! Ich traute meinen Augen nicht. Es war ein unglaublicher Beweis.«

Doch Ösel war noch nicht fertig mit Lennie. Die Frau, die so viel von sich selbst gab, bekam plötzlich ganz viel zurück. Am nächsten Tag machte Lennie mit Ösel einen Spaziergang durch den Wald, und ihr erster intuitiver Eindruck, daß dieses Kind eine sehr hoch entwickelte Intelligenz besaß, wurde bestätigt. »Ich wies ihn auf Dinge in der Natur hin, was ich bei Kindern gerne tue, und ich war erstaunt, wie schnell seine Auffassungsgabe und seine Wahrnehmung funktionierten. Nach einer Weile konnte er verschiedene Vogelstimmen erkennen! Das war ganz außergewöhnlich.

Wir gingen zu dem Bergrücken, wo Lama Yeshe verbrannt worden war. Er nahm keinerlei Notiz von den verbrannten Überresten der Stupa, doch als wir wieder gehen wollten, um Mittag zu essen und seine Eltern zu treffen, hielt er mich und eine andere Frau zurück. Er ging zu einem alten schäbigen, halb in der Erde vergrabenen Teppich, auf dem wir in den Monaten nach Lama Yeshes Tod immer gesessen und gebetet hatten. Ösel wollte, daß wir uns alle auf den Teppich setzten, in einer Reihe, wie wir das früher auch getan hatten. Es war seltsam, das zu tun. Der Teppich konnte ein Kind nicht interessieren – er war nicht schön, es gab keine Spielsachen darauf –, und dann waren seine Eltern da, und unten am Hügel wartete das Essen auf ihn. Er hatte wieder einmal einen Augenblick tiefer Bedeutung ausgesucht, etwas, was man schlecht ignorieren konnte«, erzählte sie.

Ich hörte immer wieder Geschichten über Ösels ungewöhnliches Verhalten, da ich seine Entwicklung auf seinen Reisen um die Welt mit Interesse verfolgte. Das lebende Beispiel für Reinkarnation, das man uns vorgestellt hatte, erfüllte seine Aufgabe auf bewundernswerte Weise. Ob wir nun Lama Yeshe in ihm sehen oder nicht, er zwingt uns und einen Teil der Menschen dieser Welt, unseren bisher gültigen Glauben zu hinterfragen, daß diese materielle Welt, einschließlich Körper und Gehirn, alles sei, was es gibt. Lama Yeshe hat einmal gesagt: »Buddhismus ist nichts Bequemes. Er sollte euch *erschüttern*!« Obgleich Ösel noch nicht sprechen konnte, tat er das auf jeden Fall. Und oft, wenn ich ihn anschaue, kann ich Lama Yeshes Stimme in jenem letzten Vortrag in Kopan hören: »Bin ich dieser Körper, diese Erscheinung? Wer bin ich!«

13
Die Inthronisation

Das nächste Mal sah ich Ösel Mitte März 1987 anläßlich seiner Inthronisation. Ursprünglich sollte sie in Kopan stattfinden. Ich überlegte nur kurz, dann reizte mich der Gedanke sehr, dabeizusein, wenn Lama Yeshes Reinkarnation wieder in ihrem Hauptkloster eingesetzt wurde, so daß er meine Bedenken zerstreute, es sei doch etwas extravagant, wegen eines einzigen Ereignisses so weit zu fliegen.

Ich flog nach Katmandu, und zum ersten Mal eilte ich nicht sofort ins Kloster auf dem Hügel, sondern fuhr in ein relativ luxuriöses, neu eröffnetes, kleines Hotel in den engen Gassen von Thamel, dem bunten Bazarviertel von Katmandu. Ich duschte, zog mich um und rief dann sofort das FPMT-Büro an, um die letzten Einzelheiten über die Inthronisation zu erfahren. Die verlegene Stimme am anderen Ende der Leitung signalisierte mir, daß irgend etwas nicht in Ordnung war. Nach längeren Diskussionen kam heraus, daß es gar nicht sicher sei, ob die Inthronisation in Kopan stattfinden würde, und ob sie überhaupt stattfinden würde. Im Augenblick war Ösel mit seiner Familie in Dharamsala, und Lama Zopa versuchte zu klären, was für alle Beteiligten das Beste sei. Ich war wegen dieser Nachricht sprachlos. Ich kam von so weit her, hatte sehr viel Geld ausgegeben und hatte sogar einen Auftrag von einer deutschen Zeitschrift in der Tasche, einen Bericht über das Ereignis zu schreiben. Wieder einmal wurde ich offensichtlich mit der typisch östlichen Ineffizienz und Unklarheit konfrontiert.

In der nächsten Woche saß ich mit vielen anderen wie auf heißen Kohlen; es waren auch einige Journalisten dabei, die von überall her eingeflogen waren, um bei diesem Ereignis dabeizusein. Einmal hieß es, die Inthronisation würde in Dharamsala stattfinden, und in der nächsten Minute, Ösel käme nach Kopan. Die Spannung war unerträglich. Meine Enttäuschung und Verärgerung wuchsen. Als ich schließlich Lama Zopa eines Nachmittags vor der Gompa in Kopan begegnete, beklagte ich mich. »Das alles wird die Erfahrung nur bereichern«, sagte er geheimnisvoll. Das Dilemma war nicht durch eine unberechenbare Laune von Lama Zopa entstanden – das wußte ich damals allerdings nicht –, sondern es hatte mit Visa-Schwierigkeiten für Ösel zu tun (die sich später klärten). Nach einigem Hin und Her – Tage, in denen wir durch wunderbare Belehrungen von Lama Zopa besänftigt wurden – hieß es endlich, daß die Inthronisation nun doch stattfinden würde, und zwar in Dharamsala.

Panik brach aus! Wir eilten zu den verschiedenen Reisebüros und zur indischen Botschaft. Unsere Herzen schlugen bis zum Halse, denn wir fürchteten, es nicht rechtzeitig nach Dharamsala zu schaffen. Es ist eine lange, komplizierte Reise durch Indien, durch den unruhigen Punjab bis in den Nordzipfel des indischen Subkontinents. Zu allem Übel war auch noch *Holi*-Woche, eines der größten religiösen Feste in Indien, und es schien so, als sei jeder Sitzplatz im Flugzeug schon seit Wochen ausgebucht. Täglich eilten wir ins Reisebüro und fragten nach Stornierungen, und in letzter Minute saß ich dann wunderbarerweise in einem Flugzeug nach Delhi. Die Kosten dieser Reise stiegen immer mehr, und meine Angst stieg ebenfalls. Es war zwei Tage vor dem geplanten Beginn der Zeremonie.

Nach nur wenigen Stunden Schlaf in der lebhaften, lauten Hauptstadt eilte ich durch die Straßen zur Old Delhi Station (dem Bahnhof von Alt-Delhi) und versuchte einen Sitzplatz für mich und meine Mitreisenden im Zug nach Pathankot zu bekommen, der Bahnstation in der Nähe von Dharamsala. Ich stieg über zahllose schlafende Menschen, die offensichtlich ständig im Bahnhof wohnten, zum Reservierungsschalter, wo schon eine große Menge darauf wartete, daß die Türen sich öffnen würden. In der Holi-Woche sind offensichtlich alle Inder unterwegs. Als die Türen endlich geöffnet wurden, drängten sich alle nach vorn. In dem ganzen Durcheinander wurde ich an einen Schalter geschoben, wo ein geduldiger Angestellter einen Fahrplan las, der wie ein kompliziertes Computerhandbuch aussah; zu meinem Erstaunen bot er uns die letzten sechs Plätze im Nachtzug an. Liegewagen dritter Klasse, ohne Klimaanlage.

Abends kehrte ich mit meinen Mitreisenden in das unglaubliche Chaos der Old Delhi Station zurück, stieg in den schmutzigsten Zug der Welt und entdeckte zu meinem Entsetzen, daß unser »Liegewagen«-Abteil aus hölzernen Sitzbänken bestand, die in Betten umgebaut wurden. Es gab keine Tür und keine Trennwand zwischen uns und den zahllosen anderen Körpern, die wie Tiere im Korridor zusammengepfercht saßen. Die Nacht über zuckelten wir, erzwungenermaßen in engster Tuchfühlung mit den indischen Menschen, dahin; die Reise wurde durch viele Stops unterbrochen, und ständig kamen Essensverkäufer und boten ihre Waren an.

Das nächste Abenteuer war die Toilette. Ein übelriechendes Kabuff, wo man stehend über einem gähnenden Loch balanciert und dabei die Zuggleise gefährlich unter sich schwanken sehen kann. Wenigstens hatte ich keinen Delhi-Durchfall. Statt dessen hatte mich die Grippe erwischt. Erinnerungen an romantische Filme und Reiseberichte, die von dem Abenteuer einer Zugreise durch Indien schwärmten, fielen mir plötzlich wieder ein. Waren wir in demselben Land?

Um zehn Uhr morgens am nächsten Tag kamen wir am Bahnhof von Pathankot an. Meine verschnupfte Nase paßte gut zu meinen rotgeränderten Augen. Wir nahmen ein »sicheres« Frühstück mit gekochten Eiern in dem freundlichen Bahnhofsrestaurant zu uns, wo Bougainvillea an den Pfeilern hochkletterten und die Händler auf dem Bahnsteig Orangen anboten. Dann zwängten wir uns in zwei Taxis und handelten einen Preis für die vierstündige Fahrt in die Berge nach Dharamsala aus. Natürlich blieb ein Auto unterwegs liegen, und das zweite hatte kein Öl mehr, wie das eben bei indischen Taxis häufig passiert. Da wir jedoch mit zwei Autos unterwegs waren, konnten wir uns gegenseitig helfen. Außerdem hatte ich mich inzwischen mit den Reisetraumata auf dem Subkontinent abgefunden. Schließlich fuhren wir an der kleinen englischen Kirche vorbei, wo Lord Elgin begraben liegt, und kamen nach Klein-Tibet. Hier haben einige der vielen tausend Tibeter, die ihrem Oberhaupt ins Exil gefolgt waren und lieber Flüchtlinge werden wollten als unter der chinesischen Herrschaft zu leben, in den letzten fünfundzwanzig Jahren ihre Kultur mit sichtbarem Erfolg wieder aufleben lassen.

Mit der Residenz des Dalai Lama als Herzstück (ein bescheidener Bungalow, der sich sehr von dem mächtigen Potala-Palast unterscheidet, wo er früher lebte), hat Dharamsala inzwischen einen großen Tempel mit goldenem Dach, in dem eine riesige Statue von Chenrezig, dem Buddha des Mitgefühls, steht (der mit seinen tausend Armen allen Lebewesen hilft) und als dessen Emanation Seine Heiligkeit gilt. Man sieht auch einige herrliche Klöster, wo Mönche aus den vier Schulen des tibetischen Buddhismus ihr reiches spirituelles Erbe – Studium, Debatte und Meditation – lebendig erhalten. Es gibt dann noch die Tibetan Library of Works and Archives, die einige der unschätzbar kostbaren alten Schriften besitzt; sie waren aus Tibet herausgeschmuggelt worden und konnten somit vor der Zerstörungswut der chinesischen Invasoren gerettet werden. Und es gibt das Medical Institute, das jetzt von Dr. Tenzin Choedak geleitet wird. (Er ist der Leibarzt des Dalai Lama; erst kürzlich ist er nach zwanzig Jahren Gefängnis und Folter freigelassen worden; die Chinesen hatten ihn wegen nicht näher bezeichneter »Verbrechen« in Haft gehalten.) Er kümmert sich intensiv um den Erhalt der tibetischen Heiltradition, einer alten Wissenschaft. Es gibt in Dharamsala auch eine Schule für bildende und darstellende Kunst und ein blühendes Kunsthandwerk, wo Teppiche und Kunstgegenstände hergestellt werden. Es tat gut, wieder hier zu sein. Die Luft war rein, der Blick über die Ebene und auf den mit Schnee bedeckten Himalaya war atemberaubend. Das beste war jedoch, daß wir rechtzeitig angekommen waren. Die Inthronisation sollte am folgenden Nachmittag im Tushita-Retreat-Zentrum stattfinden.

Zur angegebenen Stunde stellten wir uns alle im zentralen Meditationsraum im Tushita-Zentrum auf und fragten uns, was jetzt wohl geschehen würde. Wir waren etwa sechzig Personen, eine bunte Mischung aus Mönchen, Nonnen, ehemaligen Schülern von Lama Yeshe und zahlreichen Journalisten von einigen der maßgebenden Zeitschriften und Presseagenturen der Welt. Alle waren den steilen Bergweg hinaufgeklettert, um bei einem Ereignis dabei zu sein und darüber zu berichten, das für alle eine wichtige Nachricht war – die Investitur des kleinsten und ungewöhnlichsten Lamas der Welt. Ösel Hita Torres sollte im Alter von zwei Jahren und einem Monat sein offizielles Weltdebüt geben.

Die Gompa war für diesen Anlaß festlich geschmückt. Vielfarbige Thangkas, die verschiedene Aspekte von Buddha darstellen, bedeckten jedes freie Stück Wand. Der Thron war knapp einen Meter hoch und mit schwerem Brokat belegt. Unten saßen zu beiden Seiten des Mittelgangs je eine Reihe tibetischer Lamas in ihren Galaroben. Hinter ihnen saßen die westlichen Mönche und Nonnen, und der Rest von uns saß da, wo Platz war.

Lange Hörner wurden geblasen und Zimbeln geschlagen, Trommeln und Damarus ertönten, und Muschelhörner erklangen in einem schaurigen und beschwörenden Ritual, mit dem man die bösen Kräfte vertreibt und die Buddhas und die Beschützer der zehn Richtungen anruft. Als die Lamas mit ihrer im Chor gesungenen Mantra-Rezitation einsetzten – ein Klang, der übliche Töne weit übertrifft und unser innerstes Wesen berührt –, kam Ösel, auf dem Arm seines Vaters getragen, herein.

Ich war wirklich nicht vorbereitet auf das, was ich da sah. Ösel trug seine vollständige Krönungsgala. Er trug die zeremoniellen Roben eines Lama, und auf seinem Kopf saß der hohe, verzierte Pandithut, das Symbol seiner Position. Vielleicht lag es daran, daß er so klein wirkte unter diesem großen gelben Hut oder an dem Schweigen, das uns alle überfiel, als er hereinkam, aber es war unleugbar ein sehr bewegender Augenblick. Als Ösel vorbeigetragen wurde, bemerkte ich, daß er an einem Bonbon lutschte, und er hielt eine flauschige Eule zum Aufziehen unter dem Arm – das erinnerte uns wieder daran, daß er noch ein Kleinkind war. Er nickte dem Aufgebot der Fotografen in der Ecke zu wie jemand, der es gewohnt ist, mit der Presse umzugehen, und nach einem kurzen Protest durfte ihn Paco auf den Thron setzen.

Da saß nun diese kleine Person, der Mittelpunkt allen Interesses, mit seinem großen Hut, der ihm ab und an über die Augen rutschte, mit seiner Eule, die völlig unpassend neben ihm hin und her wakkelte. Rechts von ihm saß Lama Zopa, sein engster Schüler, mit einem, dem wichtigen Anlaß entsprechenden, feierlichen Gesicht. Neben dem Thron saßen seine Eltern, mit einer Mischung aus Stolz und Sorge in den Gesichtern. Eine öffentliche Zeremonie mit einem Zweijährigen als Hauptperson war für sie nicht nur nervenaufreibend, sie konnte auch leicht zu einer Katastrophe werden.

Sie brauchten sich aber nicht zu sorgen. In den nächsten drei Stunden saß Ösel auf dem Thron und beobachtete die Vorgänge mit einer Ruhe, Fassung und Würde, die weit über sein Alter hinausgingen. Zwei oder drei Mal kletterte er vom Thron herunter und setzte sich für eine Minute auf Pacos Schoß, spielte ein wenig mit einem kleinen italienischen Jungen, den er in der Menge entdeckt hatte; aber er wehrte sich nicht, wenn ihn Paco oder sein Betreuer, ein Mönch, sanft zurück auf den Thron setzten. Noch überraschender war, daß er die Fotografen, die die ganzen drei Stunden ihre Aufnahmen machten, mit vollendeter Gelassenheit behandelte. Wenn er der Meinung war, sie seien zu aufdringlich, hob er gelegentlich die Hand und sagte »Nein«; doch meist war er erstaunlich zuvorkommend und setzte sich sogar manchmal für sie in Positur. Sie waren außer sich vor Freude. Kinder und Tiere begeistern alle Leser, und dieses Kind verhielt sich völlig natürlich. Sie konnten nichts falsch machen.

Für diejenigen, die mit den subtileren Fragen des Buddhismus vertraut waren, hatte dieses Ereignis eine noch tiefere Bedeutung. Sie begriffen, hier saß Lama Yeshes Reinkarnation auf seinem früheren Thron, in seinem früheren Haus; er schlief in seinem früheren Bett, ging in dem Garten umher, den er selbst angelegt hatte, und benutzte dieselben religiösen Gegenstände. Für diejenigen, die an ihn glaubten, war Ösel nicht einfach etwas Neues, nicht einfach ein spanisches Kind, das als Lama bejubelt wurde, sondern der lebendige Beweis für die Kontinuität des individuellen Bewußtseins. Hier vor uns saß der Geistesstrom von Lama Yeshe in einer neuen Gestalt; aus seinem großen Mitgefühl heraus war er zur Erde zurückgekehrt, um uns allen auf unserem Weg zur Wahrheit beizustehen. Um dieses Wunder zu vollbringen, war er erkannt worden. Ich fragte mich, wie viele Heilige wohl unbemerkt unter uns leben. Niemand preist ihr Werk und ihren Wert. Das ist zwar in Ordnung, aber es gibt den Menschen nicht die Gelegenheit, vollen Nutzen aus ihrem heiligen Dasein zu ziehen – soviel wie möglich zu lernen und wahrzunehmen.

Doch wie problematisch war auch Ösels Stellung. Da öffentlich seine Identität verkündet worden war, gaben der Dalai Lama und Lama Zopa ihn möglicherweise der Lächerlichkeit preis, setzten ihn

Kontroversen, vielleicht sogar der Feindseligkeit derer aus, die ihn angreifen wollten. Er war so verletzbar. Wie mutig waren Seine Heiligkeit und Lama Zopa, daß sie dafür ihren Kopf riskierten – sie mußten sich dessen, was sie taten, sehr sicher gewesen sein.

Im Augenblick ging Ösel mit sich und der Situation auf eine Weise um, als wäre er in der Tat dafür geboren. Voller Würde saß er auf seinem Thron, während das Ritual vor ihm ablief. Man bot ihm tibetischen Tee an, den er mit Genuß trank, und brachte ihm eine Reihe weiterer symbolischer Gaben dar: ein vergoldetes Dharmachakra (Rad), Symbol der Bitte an den Guru, immer zu lehren; den Kangyur und Tengyur (die hundertacht Bände der Lehren des Buddha und der dazugehörigen Kommentare); Statuen von Amitayus und Namgyalma (die Buddhas des Langen Lebens); die Roben und den Pandithut eines tibetischen Lamas und die fünf Dakinikleider, Symbole für die Weisheitsgöttinnen der fünf Elemente, Gewänder, die die tibetischen Lamas anlegen, wenn sie ihre stilisierten Ritualtänze aufführen.

Am Höhepunkt der Zeremonie stellten sich die Lamas, angeführt von Lama Zopa, vor ihm auf, warfen sich vor ihm nieder und brachten dem Kind demütig ihre Gaben dar. Unaufgefordert nahm Ösel jedes Geschenk, führte jeden heiligen Gegenstand zu seinem Scheitel, um damit seine Achtung auszudrücken, und gab sie dann seinem Assistenten. Danach legte er seine pummelige Hand auf den gebeugten Kopf vor ihm und segnete die Person. Er tat das immer wieder – zuerst kamen die Vertreter der tibetischen Hierarchie an die Reihe und dann seine westlichen Schüler. Ich bemerkte, wie er einmal von diesem Verfahren abwich und, statt die Hand auszustrecken, sich nach vorn neigte und als Zeichen des Respekts mit dem Kopf den Scheitel eines jungen, hübschen Lamas berührte. Später fand ich heraus, daß es sich um Yangtse Rinpoche handelte, die anerkannte Reinkarnation eines früheren Lehrers von Lama Yeshe aus dem Kloster Sera in Tibet.

Es war eine Darbietung, die einem den Atem verschlug. Ösel war jetzt eindeutig müde (obgleich ihn ein Erste-Hilfe-Wagen mit einer leuchtendroten Lichthupe, das Geschenk eines westlichen Schülers, offensichtlich für einige Zeit aufmunterte), doch blieb er bis zum Ende der Zeremonie sitzen. Nach der letzten Lobeshymne der Lamas und der Widmung, dem Wunsch, daß all das angesammelte Gute allen Lebewesen Nutzen bringen möge, hob ihn Paco vom Thron und trug ihn hinaus. Lama Zopa hatte recht behalten. Obgleich oder gerade weil es Anstrengung gekostet hatte hierherzukommen, war die Inthronisation eine wertvolle Erfahrung.

Nach dieser Mammutveranstaltung war Ösel völlig erschöpft. Seine Eltern berichteten, daß er nicht mehr in die Gompa gehen wollte, in der die Inthronisation stattgefunden hatte, und schon gar nicht auf dem Thron sitzen wollte. Man konnte ihn deswegen wirklich nicht tadeln. In der Hoffnung auf exklusive Fotos für die deutsche Zeitschrift wagte ich, Ösel zu fragen, ob er bereit sei, seine zeremoniellen Gewänder noch einmal für den Fotografen Robin Bath (einen früheren Schüler von Lama Yeshe) anzulegen, der extra aus London angereist war, um das Ereignis zu dokumentieren. Zu unserer großen Überraschung und Freude stimmte er zu, und wir genossen das Privileg eines privaten Fototermins.

Wenn Ösel bei der offiziellen Inthronisation sich bereits bewundernswert verhalten hatte, so übertraf er sich noch vor Robins Kamera. Er saß auf dem Thron und zeigte die ganze Skala von Lama Yeshes Gesichtern, alles für Robins Kamera. Er sah abwechselnd gelassen, heilig, weise, verschmitzt, tiefgründig, mitfühlend und lustig aus. Mit größter Eleganz nahm er eine Frucht von der Gabenschale neben dem Thron und bot sie allen im Raum an – eine liebevolle, sorgende Geste, die typisch für Lama Yeshe war. Dann jedoch sorgte er dafür, daß die Sitzung nicht zu seriös wurde, warf Robin eine Orange an den Kopf und krähte vor Lachen. Dann wieder zog er seine Gewänder über den Kopf, wie das Lama Yeshe häufig getan hatte, und saß da wie der größte Clown. Dann nahm er sich einen tibetischen Text, legte ihn vor sich auf den Thron und »las« daraus im Singsang eines tibetischen Lamas vor, blätterte um und legte die losen Blätter in einem ordentlichen Stapel vor sich hin. Sehr beeindruckend! Dann legte er seine Hände in die Meditationshaltung, schloß die Augen und sang Mantras. Alles das war Lama Yeshe im Kleinformat.

Die Fotos haben diesen besonderen Augenblick eingefangen, doch leider machte die deutsche Zeitschrift weder von den Bildern noch von der Geschichte Gebrauch. Sie standen zu sehr unter

Druck wegen der vielen Geschichten über Ösel, die überall in Europa veröffentlicht wurden, und wollten daher nicht auf unser Exklusivmaterial warten. Zwar war die Berichterstattung durchweg freundlich und unvoreingenommen, doch gab es auch Sensationsartikel, einige Artikel enthielten Fehler, und ein Bericht war geradezu eine Verleumdung. Eine Zeitung zitierte »Quellen« in Dharamsala, die besagten, Ösel sei vom Dalai Lama nicht anerkannt worden, und die ganze Geschichte sei teilweise eine List, um Gelder für Kopan aufzutreiben. Dem wurde später von Lama Zopa und dem Dalai Lama widersprochen, und die sogenannten »Quellen« waren nicht ausfindig zu machen. Das war die einzige Beleidigung, mit der Ösel konfrontiert wurde. Ich fragte mich, wie viele er wohl im Laufe seines Lebens noch erleben würde.

Nachdem das große Ereignis vorüber war, Ösel im Garten spielte und wie ein gewöhnliches Kind Steine in den Teich warf, beschloß ich, die anderen Gelegenheiten zu nutzen, die diese Reise nach Dharamsala bot. Ganz zufällig begannen am Tag nach der Inthronisation Belehrungen des Dalai Lama über einen ausführlichen Lamrim-Text. Er lehrte vor einer großen Gruppe tibetischer Pilger, die wochenlang *zu Fuß* den Himalaya überquert hatten, um den lebenden Buddha, ihr spirituelles und weltliches Oberhaupt, zu erleben. Wie gering erschienen im Vergleich dazu meine Mühen, in ein Flugzeug und einen Zug zu steigen. Es war ein prachtvoller Anblick, sie alle auf dem Rasen vor dem Haupttempel sitzen zu sehen. Die Frauen trugen ihre langen, traditionellen, im Rücken gefalteten Kleider, buntgestreifte Schürzen; ihre schwarzen Haare waren zu Zöpfen geflochten und mit bunten Bändern durchzogen, und sie trugen ihren besten Schmuck – große Bernsteine und Türkise als Ohrschmuck oder in den Haaren. Auch die Männer boten einen beeindruckenden Anblick; sie trugen hohe Stiefel, Brokatmützen mit Pelzbesatz und hatten ihre Mäntel lässig über eine Schulter geworfen. Gutaussehende Menschen, stolz und stark, aber mit einer Sanftheit, einem Humor und einer Bescheidenheit, die aus einer tiefverwurzelten Spiritualität erwachsen ist.

Sie hörten die Lehren des Dalai Lama durch den Lautsprecher. Die Ränge der tibetischen Lamas, Geshes und Rinpoches saßen im Tempel; diejenigen mit dem höchsten spirituellen Status saßen dem

Dalai Lama am nächsten. Und eine Gruppe westlicher Schüler saß in gemischten Reihen an dem ihnen zugewiesenen Platz auf der Veranda und hörte die tiefe Weisheit des Dalai Lama in Simultanübersetzung über die Taschenradios. Hier trafen sich Ost und West – alte Weisheit und moderne Naturwissenschaften. Eine gute Hochzeit. Eine Verbindung, die sowohl der Dalai Lama als auch Lama Yeshe für die modernen Menschen als notwendig erachteten.

Trotz des ernsthaften Anlasses war die Stimmung nicht feierlich. In den Pausen bekam die ganze Versammlung vieler hundert Menschen Tee gereicht; er wurde von jungen Mönchen in großen Silberkesseln herangeschleppt; gesalzener Buttertee für die Tibeter und normalen gesüßten Tee für uns Westler. Die Pausen wurden zu Picknicks; die Anwesenden teilten ihr Essen miteinander, und man lernte seine Nachbarn kennen. Die Tibeter besitzen zwar große Hingabe für ihre Religion und ihr Oberhaupt, empfinden es jedoch nicht unter ihrer Würde, mit Orangenschalen und Kernen nacheinander zu werfen, wenn ihnen die philosophischen Vorträge zu langweilig oder zu schwierig werden.

Den Dalai Lama störte das nicht im geringsten. Er war äußerst entspannt – er erzählte häufig Scherze (oft auf Kosten der Mönche), lachte und gähnte sogar ganz ungeniert. Er war ganz er selbst – natürlich, einfach und über alle Maßen warmherzig. Kein Wunder, daß ihn sein Volk liebt. Er ist nicht nur ein höchst weises Oberhaupt, sondern er verhält sich seinem Volk gegenüber auch wie ein Vater. Zumindest in dieser Gestalt ist er unendlich menschlich.

Es gab auch noch andere Personen in Dharamsala zu treffen. Ich hatte die Chance, meinen ersten kleinen tibetischen Tulku zu sehen – den kleinen Trijang Rinpoche, der Ösel so sehr faszinierte, als er im Jahr zuvor das erste Mal in Dharamsala war. Mit Robin und seiner Kamera an der Seite stieg ich den Berg hinab, vorbei an der großen Tibetan Library und dem rasch anwachsenden Medical Centre, und kam zu einem bescheidenen Bungalow in einem kleinen Garten, wo der Tutor des Dalai Lama, der vorige Trijang Rinpoche, gewohnt hatte.

Wieder waren keine Formalitäten nötig. Ich hatte keinen Termin und erklärte dem Mann am Tor, wer ich war und was ich wollte. Er bat mich höflich, einige Minuten zu warten. Nach einigen Minuten wurden Robin und ich in ein Zimmer gebeten, wo ein kleines tibetisches Kind auf einem niedrigen Thron saß. Sein Gesicht war nicht nur schön, sondern es strahlte auch diese seltsame Autorität und Reife aus, die ich von Ösel kannte. Er nahm den weißen Schal an, den ich ihm darbot, legte ihn, wie es Brauch ist, um meinen Hals und gab mir ein Segensbändchen aus dem großen Stapel neben sich. Das gleiche machte er mit Robin. Es geschah offensichtlich ganz routiniert, er machte das wohl schon einige Zeit. Aber er war erst vier Jahre alt. Als er sich dann einem Spielzeughubschrauber zuwandte, der neben ihm auf einer Bank lag, und ihn mit der kühlen Genauigkeit eines wissenschaftlichen Geistes untersuchte, wurde er lockerer und grinste verschmitzt. Wie Ösel – zuerst sahen wir das spirituelle Wesen, dann wurde uns das Kind gezeigt. Er zielte mit einem Gummiband auf Robin (der langsam Komplexe bekam, weil die Rinpoches stets Geschosse nach ihm warfen) und dann auf seinen Assistenten. Er lachte voller Freude über ihre Reaktionen.

Sein Assistent war der Meinung, Trijang Rinpoche brauche frische Luft, so hob er ihn auf seine Schultern und trug ihn nach draußen; der kleine Junge schlug ihm dabei spielerisch auf den Kopf. Ich war mir nicht klar, was ich davon halten sollte. In meinen Augen besaß er nicht die Liebenswürdigkeit von Ösel, doch war er unleugbar weit über sein Alter hinaus, altklug und zeigte eine fast gebieterische Präsenz. Ein Vorfall blieb mir im Gedächtnis haften: Er stand etwas breitbeinig im Garten, die Hände an den Hüften, in wahrhaft gebieterischer Haltung. Hätte er den Finger erhoben und gesagt: »Gehorche!«, hätte ich mich nicht gewundert. Trijang Rinpoche war sich seiner Position nur allzu bewußt. Kam ein junges tibetisches Paar mit seinem Kind, um ihm seine Verehrung zu bezeugen, stand er still, wartete, bis sie ihre Niederwerfungen gemacht hatten und streckte dann die Hand aus, um sie zu segnen. Es war ganz natürlich für ihn.

Sein Assistent, Herr Panden, erzählte uns seine Geschichte. Trijang Rinpoche war der Sohn eines Teppichwebers, der fünf Kinder hatte. Seine Mutter bemerkte, daß ihr dritter Sohn irgendwie anders war, da er ständig den rechten Daumen am Zeigefinger rieb – eine Bewegung, die Lamas machen, wenn sie die Perlen am Rosenkranz zählen. Das Kind hatte auch ein übergroßes Verlangen nach Milch.

Als er wegen dieser Extravaganz, die sich seine Familie nicht leisten konnte, zurechtgewiesen wurde, entgegnete das kleine Kind lässig, sie sollten sich nicht aufregen, er habe eine Herde von acht Kühen in Dharamsala. Diese Aussage war ihnen ein völliges Rätsel – sie verstanden erst, was er damit gemeint hatte, nachdem er als Reinkarnation des verstorbenen Trijang Rinpoche anerkannt war; dieser besaß tatsächlich eine Herde Kühe, genau acht Stück.

Das Kind wurde aus nicht weniger als fünfhundert Kandidaten ausgewählt. (Die meisten Namen waren von Müttern genannt worden, die alle glaubten, ihre Kinder wiesen besondere Zeichen auf, und die auf die angesehene Stellung spekulierten, die der Titel mit sich brachte.) Diese beeindruckende Liste wurde schließlich auf acht Namen reduziert und dem Dalai Lama vorgelegt, der sie nach Beobachtungen und Gebeten auf drei verringerte. Tiefe Meditationen und spirituelle Übungen ließen schließlich dieses Kind als die richtige Inkarnation von Trijang Rinpoche erkennen. Er unterzog sich dann einer Reihe strenger Prüfungen; er mußte, wie zuvor auch Ösel, Gegenstände herausfinden, die früher ihm gehört hatten, und wurde schließlich als eine der höchsten Autoritäten in der tibetischen Hierarchie eingesetzt.

Als der Junge mit seinen Eltern in das Haus der vorigen Trijang Rinpoche zurückkehrte, ging er von Zimmer zu Zimmer und sagte bei verschiedenen Gegenständen: »Das gehört mir.« Er nahm ein Gruppenfoto mehrerer Lamas, deutete auf Trijang Rinpoche und sagte deutlich hörbar für alle: »Das bin ich.« Wie Ösel erwähnte er weiterhin ständig Ereignisse und Einzelheiten aus seinem früheren Leben.

»Niemand hegt den geringsten Zweifel«, erklärte Herr Panden. »Er besucht schon den Unterricht im Kloster und kann einige Texte rezitieren. Man muß ihm die Texte nicht lehren – wenn er sie einmal gehört hat, kann er sie sofort rezitieren. Er erinnert sich nämlich. Andere Kinder in seiner Klasse muß man sie immer wieder lehren. Er kennt auch schon das englische Alphabet und die Zahlen – und er kann ein paar einfache englische Wörter lesen«, erzählte er uns.

Das waren aufregende Neuigkeiten. Mit einem europäischen reinkarnierten Lama, der bereit ist, in das tibetische System einzutreten, und einem tibetischen reinkarnierten Lama, der sich bereits mit dem Westen befaßte, hat wohl der interkulturelle Austausch, von dem Lama Yeshe und andere hohe Lamas träumten, begonnen.

Herr Panden war jedoch sehr vorsichig mit Voraussagen: »Wir wissen noch nicht, ob er wieder lehren wird wie sein Vorgänger. Man erwartet das von ihm. Und das tibetische Volk hofft, daß er nach Tibet zurückkehrt und sein Land mit seiner Gegenwart segnet. Doch wer weiß? Wir müssen abwarten und sehen, was die Zukunft bringt«, meinte er nachdenklich.

Sein Zögern ist verständlich. Bei aller Sorgfalt und Gründlichkeit, mit der man eine Reinkarnation sucht, ist es trotzdem immer möglich, daß man die falsche oder eine unglückliche Wahl trifft. Der sechste Dalai Lama beispielsweise, der um 1700 in Tibet an die Macht gekommen war, zeigte wenig Interesse an seinen politischen und religiösen Pflichten. Er schrieb lieber Gedichte und besuchte die Frauen. Und doch bleibt er ein Liebling der Tibeter, sie singen heute noch seine Lieder und sind der Meinung, daß »exzentrisches« Verhalten nicht notwendigerweise im Widerspruch zu innerer Spiritualität steht.

In jüngster Zeit hört man sowohl in Tibet als auch außerhalb von reinkarnierten Lamas, die in ähnlicher Weise das »gute Leben« der Kargheit des asketischen Lebens vorzuziehen scheinen. Zwar wird das in einigen Schulen des tibetischen Buddhismus toleriert und sogar gestattet (der Körper steht nicht in so enger Beziehung zum Teufel wie im Christentum), ein solches Verhalten würde allerdings einen katastrophalen Eindruck auf die neuen Rinpoches machen, die in den Westen kommen.

Im allgemeinen ist das System, mit dem man Reinkarnation herausfindet, bemerkenswert gut. Die Inhaber der wichtigsten Titel und Positionen in der spirituellen Hierarchie der Tibeter werden den in sie gesetzten Erwartungen mehr als gerecht. Die Eigenschaften, die sie verkörpern, sind in der Tat so beeindruckend, daß man sich kaum vorstellen kann, daß sie nicht bereits damit geboren wurden. Und die Schulung, der sie sich unterziehen müssen, und die Anforderungen, die an diese Rinpoches gestellt werden, sind so streng, daß sie mit großer Wahrscheinlichkeit unter diesem Druck zusammenbrechen würden, wenn sie nicht besondere Eigenschaften besäßen.

14
Lama Zopa spricht

Die Begegnung mit den beiden kleinen Rinpoches aus West und Ost hatte meine schier unersättliche Neugierde für den Vorgang der Wiedergeburt eher gesteigert als gestillt. Was für ein seltsames Phänomen ist das doch! Obgleich ich zugeben muß, daß sich mein »Gefühl« dafür langsam in eine Art Überzeugung verwandelt, gibt es noch vieles, was ich wissen will. Mit einer Liste von Fragen bewaffnet, traf ich eine Verabredung mit der Person, von der ich wußte, daß sie mir zumindest einige der Antworten geben konnte – mit Lama Zopa Rinpoche, der viel über das Thema weiß und selbst eine anerkannte Reinkarnation ist. Wenn jemand Bescheid wußte, dann er.

In den Jahren nach dem Tod seines besten Freundes und Lehrers ist mit Lama Zopa etwas Seltsames geschehen. Er veränderte sich schnell und drastisch. Der Mann, den ich stets als den Archetyp des Meditierenden erlebt hatte – vergeistigt, asketisch, schmal und ätherisch –, hatte sich in eine runde, kräftige, stämmige Person verwandelt, mit Pausbacken und einem breiten, großen Brustkorb. Die Verwandlung hatte kurz nach dem Tod von Lama Yeshe eingesetzt, als Lama Zopa aus einem Retreat in Dharamsala zurückkam. Doch nicht nur sein Körper veränderte sich; auch seine Persönlichkeit wurde anders. Der einst äußerlich zurückhaltende, eher ernste junge Mann, der keine Miene verzog, verhielt sich nahezu extrovertiert – fröhlich, umgänglich und zu Späßen bereit (sogar in den Belehrungen!). Der Gegensatz zu seinem früheren Verhalten war so groß, daß es fast frivol wirkte.

Es war so, als hätte Lama Zopa irgendwie Lama Yeshe in sich aufgenommen. Mit meinem rationalen Geist konnte ich nicht verstehen, was vor sich ging, doch auf einer anderen Ebene ergab es viel

Sinn, daß Lama Zopa Eigenschaften von Lama Yeshe übernommen hatte. Er leitete jetzt die große Organisation, die Lama Yeshe gegründet hatte. Er mußte mitteilsam und stark sein, um die ungeheure Verantwortung übernehmen zu können, die damit verbunden war. Er mußte nach außen gehen und sich ein »dickeres Fell« zulegen. Auf einer weniger weltlichen Ebene hatte ich die beiden Lamas stets als zwei Seiten einer Medaille begriffen – das perfekte Paar. Es schien vernünftig, daß, wenn einer von beiden stirbt, der andere notwendigerweise die Totalität dieser großartigen Partnerschaft verkörpert. Ich wußte, daß Lama Zopa die Kraft dafür besaß.

Jetzt saß dieser äußerst bescheidene Mann auf einem Kissen am Boden in einem Gartenhaus in Tushita und winkte mich an seine Seite. Er bot mir zuerst Tee an und fragte mich höflich nach meiner Gesundheit, dann kamen wir zum eigentlichen Zweck meines Besuches. Die Fragen sprudelten nur so aus mir heraus. Wie sehr war er davon überzeugt, daß das spanische Kind Ösel die Reinkarnation seines geliebten Guru Lama Yeshe war und wie konnte er sich dessen sicher sein? Lama Zopa lächelte: »Als ich nach vielen Beobachtungen das Baby mit seinen sieben Monaten auf dem Teppich in Ösel-Ling umherkrabbeln sah, hatte ich das überwältigende Gefühl, daß es Lama Yeshe ist. Ich hatte keine Zweifel. Ich sah Lama Yeshe in der Gestalt eines Babys.« Er hielt einen Augenblick inne und wollte noch etwas sagen: »Seit diesem Augenblick habe ich das Gefühl, es ist *unglaublich* gütig von Lama Yeshe, daß er eine andere Gestalt angenommen hat, um uns zu leiten. Es ist schwer auszudrücken, wie gütig das ist, wie unglaublich tapfer.« Dabei schluckte er ein Gefühl hinunter, das ihn zu überwältigen drohte. Und ich dachte, wie wahr! Freiwillig einen Körper mit all den Krankheiten, die dazugehören, anzunehmen, und wieder in diese Welt mit all ihrer Wut, Gier, Feindseligkeit und Gewalt zurückzukommen, ist in der Tat eine mutige Handlung.

Es kommt mir eine Geschichte in den Sinn, die mir ein italienischer Mönch erzählt hat. In seinen letzten Monaten im Osten, bevor er 1983 das letzte Mal nach Kopan gekommen war, hatte Lama Yeshe ein Retreat in Dharamsala durchgeführt, und der italienische Mönch wohnte im Raum daneben. Dreißig Nächte lang hörte der Mönch Lama Yeshe weinen – er sprach seine Gebete, machte seine religiösen Übungen und weinte. Der Mönch begriff, daß er weinte, weil er wußte, daß er uns verlassen würde – es war ergreifend; die Tränen galten nicht ihm selbst, sondern uns verblendeten leidenden Wesen, die er zurückließ. So groß war sein Mitgefühl. Der Mut, zurückzukommen, konnte nur aus Liebe geboren sein – einer Liebe, deren Ausmaße die meisten von uns kaum zu ahnen imstande sind.

Jetzt erzählte mir Lama Zopa von all den anderen Vorfällen, die ihm die Gewißheit gaben, daß er die richtige Wahl getroffen hatte. »Ich sehe so viel, was mich an Lama Yeshe erinnert. Seine wichtigste Fähigkeit bestand darin, daß er die Menschen sehr glücklich machen konnte. Wo immer er mit einer Gruppe von Menschen zusammen war, munterte er sie auf. Ösel ist auch so. Andere Kinder werden für gewöhnlich vor einer großen Anzahl von Menschen sehr schüchtern, doch Ösel ist sehr tapfer – er tritt vor sie hin und bringt sie alle zum Lachen. Er kann noch nicht sprechen, macht aber alle glücklich. Wie Lama Yeshe. Der wichtige Punkt dabei ist, daß er das mit Absicht tut. Für gewöhnlich nimmt sich ein Baby nicht vor, andere zum Lachen zu bringen. Ösel macht das mit Absicht.«

Das war ein schwieriger Punkt, aber es stimmte. Ösel konnte vor einer hundertköpfigen Menge das Mikrofon nehmen und sie alle zum Lachen bringen. Später würde er auf dem Thron sitzen und absichtlich Späße machen.

»Und dann die kleinen Dinge. Lama Yeshe arbeitete gern im Garten, und in Tushita spielt Ösel immer mit den Gartenwerkzeugen und betrachtet die Blumen. Lama benutzte einen Spazierstock – Ösel gebraucht einen Spazierstock. Lama Yeshe rieb sich den Kopf – Ösel reibt sich den Kopf. Und Lama Yeshe kümmerte sich stets um alle, angefangen bei mir bis hin zu den kleinen Hunden. Er kümmerte sich um jeden von uns. Ich sehe, wie Ösel das gleiche tut. Er geht umher und schaut nach, ob wir glücklich sind – er geht in die Küche und hebt die Topfdeckel und schaut nach dem Essen, genauso wie das Lama Yeshe getan hat.

Wenn wir auf Reisen gehen, dann erkennt er viele Orte wieder, wo Lama Yeshe auch gewesen war. Als wir mit Mami Max in das Haus in Santa Cruz zurückkehrten, ging Lama Ösel in den Hauptraum, machte kehrt, ging in der Ecke zwei Stufen nach unten und lief sofort in das Zimmer, wo Lama Yeshe gewohnt hatte, als er krank war. Seine Mutter Maria wußte nichts von diesen Stufen und diesem Raum. Er hüpfte auf Lama Yeshes Bett umher und öffnete alle Schubladen – und schaute nach.

Auch wenn er erst zwei Jahre alt ist, so zeigt er doch bereits jetzt sein großes Wissen über spirituelle Übungen. Das kommt aus seinem früheren Leben«, fuhr Lama Zopa fort. »Das geschieht nur auf seine Initiative. Für mich wirkt er wie ein kleiner Junge, der sich wie ein alter Mönch benimmt. Er kennt den Brauch, die Katag (den weißen Schal) zurückzugeben, streift ihn der Person über den Kopf und legt ihn ihr um den Hals. Seit er in Dharamsala ist, möchte er Menschen segnen. Das geschieht völlig spontan. Das erste Mal sah ich es, als er mit mir im Auto saß. Das Auto wurde angehalten, und einige Tibeter baten um seinen Segen. Ich setzte Lama Ösel auf meinen Schoß, drehte die Fensterscheibe herunter und wollte Ösels Hand auf den Kopf der Menschen legen, als er das von allein tat. Diese Dinge treiben mir die Tränen in die Augen. Für mich ist das Verhalten von Ösel ungewöhnlich, auch im Vergleich mit anderen inkarnierten Lamas in seinem Alter«, sagte er.

Zeigt das kleine Kind etwas von der engen Beziehung, die Lama Yeshe mit seinen engsten Schülern hatte? Lama Zopa wirkte einen Augenblick sehr verlegen und antwortete dann bescheiden: »Als ich nach seiner Anerkennung in Spanien war, kam er oft zu mir und setzte sich auf meinen Schoß. Er stand mir schon immer sehr nahe, doch nach der Prüfung in Dharamsala scheint er mir noch näher zu sein.« Lama Zopa konnte meisterhaft untertreiben. Ich wußte von einigen Zeugen, daß Ösel völlige Hingabe an Lama Zopa zeigt und umgekehrt.

Der vierzigjährige Lama Zopa behandelt seinen wiedergefundenen Guru mit einer wirklich wunderbaren Zärtlichkeit und Fürsorge. Er nimmt Ösel auf den Arm und hält ihn, als ob er das kostbarste Geschöpf auf Erden sei. Es gibt keinen Augenblick, in dem Lama Zopa vergißt, wer dieses Kind in Wirklichkeit ist. Er behandelt das kleine Kind in Windeln mit derselben Achtung und Verehrung, die er Lama Yeshe erwiesen hat. Und wie er auch bei Lama Yeshe davon gesprochen hatte, daß dieser im Sterben »Krankheit manifestiere«, so spricht er jetzt davon, daß Ösel »den Aspekt des Krabbelns« zeige oder im »Aspekt eines Babys« erscheine. Er ist stets der vollkommene »Herzensschüler«, der mit den Banden einer Liebe und Hingabe, die den gewöhnlichen Verstand übersteigen, mit Lama Yeshe verbunden bleibt.

Was hat Lama Zopa mit ihm vor, da er ihn jetzt entdeckt hat? Immerhin ist Ösel kein gewöhnlicher tibetischer Rinpoche. Würde er in die typische klösterliche Struktur passen, die auf die bestmögliche spirituelle Erziehung für inkarnierte Lamas ausgerichtet ist? Ist das überhaupt seine Zukunft? Wenn Lama Yeshe traditionell sein wollte, wäre er dann nicht in einer tibetischen Familie geboren worden? Lama Ösel ist ein Original, er ist einmalig, Lama Zopa zeigt, daß er sich dessen genau bewußt ist. Seine Pläne für die Zukunft des Kindes sind weitreichend.

»Ich möchte, daß er einen englischsprechenden, aber auch spanischsprechenden Betreuer hat, damit er auch seine Muttersprache beherrscht. Dann möchte ich ihn ins Tibetische einführen, damit er eine solide Grundlage in buddhistischer Philosophie erhält. Diese Belehrungen können vielleicht in Kopan stattfinden – wo er dann in der Nähe seiner Familie lebt. (Seine Familie ist inzwischen wieder nach Bubión in Spanien zurückgekehrt. Lama Ösel lebt einen großen Teil des Jahres in einem tibetischen Kloster in der französischen Schweiz, er besucht ab und zu seine Eltern in Spanien und verbringt regelmäßige einige Wochen mit Lama Zopa in Nepal und Indien. Anm. d. Ü.) Dann möchte ich gerne, daß er die anderen großen Religionen der Welt kennenlernt. Später braucht er eine gründliche Ausbildung in den westlichen Naturwissenschaften – in Mathematik, Physik und Chemie –, und dafür wird er dann in den Westen gehen. So wird Ösel einen weiten Horizont erhalten und kann dann vielen Lebewesen ihren Bedürfnissen entsprechend Nutzen bringen«, erklärt er. Ein atemberaubender Plan im Hinblick auf seine Reichweite und Auswirkung. Ösel soll offensichtlich ein neuer Renaissance-Mensch werden – ein spiritueller Superman. Ich hoffe, daß ich das noch miterleben werde.

Doch Lama Zopa ist zuversichtlich: »Wenn er heranwächst und erst einmal spricht, wird er uns noch mehr in Erstaunen versetzen. Und das wird von ganz allein große Hingabe und Vertrauen in denen wecken, die ihn sehen und hören. Wenn er zu lehren beginnt, werden seine Worte unglaublich kraftvoll sein. Wenn er gesund ist und lange lebt, wird er viel Glück in die Welt bringen.« Diese Aussage ist natürlich von der grundlegenden Aussage des Buddhismus beeinflußt, daß wir ein langes Leben nie für selbstverständlich halten dürfen.

Aber sind, wollte ich wissen, Lama Yeshe und Lama Ösel wirklich genau dieselbe Person? Gewiß gibt es einige Unterschiede im Vergleich mit Lama Yeshe, die mit der anderen Erbmasse, den anderen Eltern und dem jetzt schon völlig anderen Lebensstil zusammenhängen. Lama Zopa schloß die Augen und dachte nach. Schließlich schaute er mich mit großer Güte an und erklärte: »Die wunderschöne Rose, die wir heute sehen, ist lediglich eine Fortsetzung der Pflanze von gestern. Und so ist auch Lama Ösels heiliger Geist eine Fortsetzung von Lama Yeshes heiligem Geist.« Er ging noch weiter und gab mir tiefgründige buddhistische Erklärungen. »Sieh doch, das Bewußtsein, das mit einem bestimmten Körper verbunden war und das von einem Abt in Tibet den Namen Lama Yeshe erhielt – dasselbe geistige Kontinuum in Verbindung mit einem westlichen Körper, der in Spanien geboren wurde, trägt jetzt die lediglich zugeschriebene Bezeichnung Ösel. Es geht um dieselbe Kontinuität. Wenn der Westen die Reinkarnation verstehen möchte, muß er notwendigerweise anfangen, den Geist zu verstehen. Doch das Insubstantielle, das Unkörperliche, ist schwer zu begreifen«, sagte er nüchtern.

Wir waren wieder bei der alten Frage angelangt: »Wer bin ich?« Sind wir die Bezeichnung, der Name, der einer Ansammlung von körperlichen und geistigen Attributen zugeschrieben wird, die dem buddhistischen Verständnis zufolge sowieso nie beständig sind, sondern sich stets im Fluß befinden? Sind wir mehr oder weniger? Ich weiß, daß wir die Antworten nur in der Meditation finden können – wenn wir den Geist mit dem Geist erforschen. Sich auf diese Reise in die inneren Räume zu begeben, ist bestimmt das größte Abenteuer, das die Menschen wagen können. Wenn ich Lama Zopa richtig verstanden habe, besitzt die Rose von heute zwar dieselbe Essenz wie die Rose von gestern, aber auch ihre besonderen Eigenschaften. Ösel ist Lama Yeshe und ist es nicht. Der Ursprung ist derselbe; die Manifestationen unterscheiden sich.

Dann stellte ich meine Lieblingsfrage – die Frage nach der Konditionierung. Bestimmt ist es nicht richtig, wenn man ihn in eine Umgebung bringt, wo er von dem ganzen Drum und Dran des tibetischen Buddhismus umgeben ist und wo sich Menschen vor ihm niederwerfen; denn das zwingt ihn, ein Lama zu werden. Wäre es nicht überzeugender, wenn man ihn in seiner Umgebung beließe und sich seine spirituellen Eigenschaften spontan zeigen könnten? Lama Zopa war hitzige Debatten gewohnt und freute sich über meine Frage. Er wurde ganz lebhaft, als er sich bemühte, meine Frage zu beantworten.

»Ganz im Gegenteil, diese Bedingungen bringen das, was schon da ist, nur noch deutlicher heraus. Wenn wir ihn nach Indien und Nepal in die Nähe von tibetischen Lamas bringen, dann wird das noch stärker beweisen, wer er ist«, sagte er. »Ich glaube, daß Lama Ösel in dieser Umgebung seinen spirituellen Wert noch *mehr* zeigen wird. Sieh doch, echte Rinpoches muß man nur sehr kurze Zeit lehren, dann erwacht ihre Erinnerung, und sie können selbst lehren. Ich habe mit eigenen Ohren gehört, was für unglaubliche Gedanken dann aus ihrem Mund kommen. Sie können Dinge erläutern und Fragen beantworten, wie das selbst die hohen Geshes nicht können. Ein tief esoterisches Wissen kommt zum Vorschein. Das Zusammensein mit hohen Geshes und Lamas kann noch mehr Hinweise darauf geben, wer sie wirklich sind.

Doch selbst wenn Lama Ösel im Westen bliebe und ein normales Familienleben führte, würde er durch seine ungewöhnlichen spirituellen Taten trotzdem zeigen, wer er ist. Wenn wir ihn in diese Umgebung hier bringen, dann bringt das seine Qualitäten noch schneller zum Vorschein«, sprach er weiter.

Später wurde mir klar, wie vernünftig das System ist, mit dem man reinkarnierte Wesen erkennt. Viele von uns, die über spirituelle Neigungen (oder andere Neigungen) verfügen, können sie meist erst dann ausleben, wenn wir älter sind. Doch diese Lamas verschwenden keine Zeit. Sie fangen mit der Arbeit an, wenn sie vier oder fünf Jahre alt sind und bewahren sich so vor vielen Enttäuschungen und emotionalen Schmerzen, die sie erfahren würden, wenn sie ein Leben führten und Dinge täten, die ihnen nicht entsprechen.

Doch zurück zu Ösel. Erkennt er von allein die Menschen wieder, die er als Lama Yeshe kannte? »Wenn es eine Beziehung gab, wenn es früher eine Verbindung gab, wird das auch jetzt wieder der Fall sein, teilweise zumindest, wenn nicht in gleichem Ausmaß«, antwortete Lama Zopa. »Je stärker die Beziehung früher war, desto wahrscheinlicher ist eine Beziehung in Zukunft. Ich habe schon gesehen, daß Lama Ösel sich um einige Schüler besonders bemühte, die ihm in seinem letzten Leben sehr nahe gestanden haben – er gibt ihnen Dinge oder schenkt ihnen besondere Aufmerksamkeit.«

Eine letzte Frage: »Weiß Ösel, daß er Lama Yeshe ist?«

»Ich glaube, er wird uns das später erzählen«, sagte Lama Zopa und lächelte geheimnisvoll.

Mit meinen Versuchen, seine eigenen Erinnerungen an sein früheres Leben zu überprüfen, hatte ich kein Glück. Ob er sich an seine Zeit in der Höhle erinnere, in der er als Lawudo Lama meditiert habe? »Es war einfach dunkel«, entgegnete er knapp. Dann fügte er hinzu: »Das Bewußtsein ist viel klarer, wenn man klein ist.« Mehr konnte ich nicht aus ihm herauslocken. Sein Gesicht war nun hinter einer Mauer der Unergründlichkeit verborgen, und weitere Fragen verboten sich von selbst. Insgeheim war ich angenehm berührt. So verhält sich ein wirklich geschickter spiritueller Lehrer; er setzt seine Schüler nicht mit Enthüllungen über seine eigenen spirituellen Fähigkeiten in Erstaunen, sondern zeigt ihnen den Weg.

15
Der Dalai Lama

Auf meiner Suche nach dem Wesen der Reinkarnation hatte ich das Glück, zweimal eine Audienz bei ihrem bedeutendsten Vertreter, Tenzin Gyatso, dem vierzehnten Dalai Lama von Tibet, gewährt zu bekommen. Unserem Kalender zufolge ist dieser faszinierende und äußerst bescheidene Mann, der gerne die gewöhnlichen Mönchsgewänder in Kastanienbraun und Gold trägt, dreiundfünfzig Jahre alt. Zählt man alle seine anerkannten Reinkarnationen zusammen, kommt man jedoch auf das atemberaubende Alter von fast sechshundert Jahren. Das Geheimnis wird noch größer, wenn man bedenkt, daß es sich dabei nicht um gewöhnliche Reinkarnationen handelt, denn der Dalai Lama wird von rund vierzehn Millionen Menschen auf der Welt als ein lebender Buddha betrachtet – als Verkörperung von Chenrezig, dem Buddha des Mitgefühls, der gelobte, alle Lebewesen zu beschützen. Für die sechs Millionen Tibeter ist er das unangefochtene spirituelle und weltliche Oberhaupt ihres Landes, und sie verehren ihn mit einem Eifer, den dreißig Jahre kommunistische, antireligiöse Propaganda der Chinesen nicht verringern konnte, sondern eher noch verstärkt hat.

Wenn man ihm begegnet, versteht man auch, warum. Dieser etwas gebeugte Mann, mit seinem stets freudigen Strahlen und seinem Humor in den Augen, strahlt eine Menschlichkeit aus, die alle berührt, die ihm begegnen. Er ist eines dieser seltenen Wesen, bei denen es fast unmöglich ist, sie nicht zu mögen. Und trotz seiner ehrfurchtgebietenden Position ist er fast ungehörig ungezwungen und weist mit einer Handbewegung jede Art von ehrfürchtigem Verhalten zurück, das man ihm gegenüber zeigen möchte.

Bei beiden Begegnungen, einmal als ich ihn für die *Sunday Times* im Aufenthaltsraum des Dekans von Westminster in London interviewte, und einmal in seinem bescheidenen Bungalow in Dharamsala, begrüßte er mich mit ausgestreckten Händen. Er bestand darauf, daß ich meine Schuhe anbehalten sollte, und bat mich auf einen Stuhl neben sich; kein Schreibtisch trennte uns, wie das bei hohen Amtsinhabern häufig der Fall ist, die darauf bedacht sind, eine Schranke zwischen sich und dem Besucher zu errichten. Wie zwei alte Freunde saßen wir da, die sich zu einem Schwatz getroffen haben. In London bat er mich sogar in den bequemen Lehnstuhl, während er sich mit dem härteren Stuhl mit der hohen Lehne begnügte, und brachte mich dadurch zuerst ziemlich in Verlegenheit. Ich habe viele Politiker und viele Männer und Frauen in Machtpositionen interviewt, doch kann ich ohne jeden Vorbehalt sagen, daß Seine Heiligkeit der Dalai Lama die beeindruckendste Persönlichkeit ist, der ich je begegnet bin. Dieser lebende Buddha strahlt eine unglaubliche Wärme aus; als würde man einem wunderbaren Freund begegnen, bei dem man sich völlig sicher und entspannt fühlt und dem man alles sagen kann.

Und doch besitzt er eine unübersehbare Kraft. Bei all seiner Bescheidenheit vergißt man nie auch für nur eine Sekunde, daß man sich in der Gegenwart eines erhabenen Wesens befindet. Hinter dem ungezwungenen Charme, dem schlagfertigen Lachen und dem schlichten Verhalten ist eine Energie zu spüren, die einen tief berührt.

Plötzlich erschien mir diese seltsame Statue von Chenrezig mit den vielen Köpfen und tausend Armen, wobei jede Hand ein Auge aufweist, gar nicht mehr so abwegig. Wie könnte man die alles sehende, alles umfassende Natur einer Gottheit des Mitgefühls besser darstellen als mit tausend Armen und Augen und vielen Köpfen, die in alle Richtungen weisen? Jetzt verstand ich, warum Chenrezig einen weißen Lotus in den Händen hält und warum man den Dalai Lama auch den »Träger des weißen Lotus« nennt. Denn wie ein Lotus aus dem Schmutz geboren wird und zu einer wunderschönen Blume heranwächst, kann sich ein Mensch aus seinen Begrenzungen und seiner Unwissenheit erheben und die erhabene Blüte der Buddhaschaft entfalten.

Es ist Tenzin Gyatsos besonderes Karma, daß er den Titel eines Dalai Lama in einer Zeit erbte, die zugegebenermaßen bisher die unsicherste Phase dieser Institution ist. Der absolute Herrscher des Schneelandes lebte einst in nahezu vollständiger Isolation in dem mächtigen Potala-Palast, dem achten Weltwunder. Er wuchs auf, ohne je einen Zug, einen Fernsehapparat, Elektrizität oder irgendeine andere Errungenschaft der modernen Naturwissenschaften gesehen zu haben, und ist doch ein durch und durch moderner Mensch geworden. Sein bloßer Arm weist ein buntes Muster von Impfnarben auf. Sie zeigen, daß der Dalai Lama wirklich ein »Weltbürger« geworden ist, wie er sich heutzutage gerne nennt. Er fliegt in der Welt umher wie ein buddhistischer Johannes Paul II., setzt sich für den Weltfrieden und, wo und wann immer er kann, für die Menschenrechte seines Volkes in Tibet und dessen Freiheitskampf ein.

Die persönliche Geschichte des Dalai Lama liest sich wie ein romantisches geheimnisvolles Märchen. Er wurde auf die genau gleiche Weise entdeckt wie seine dreizehn vorherigen Inkarnationen. Als sein Vorgänger im Jahr des Wasservogels (1933) starb, suchte man sofort nach seiner Reinkarnation. Wie seit Hunderten von Jahren hielten die bedeutendsten Weisen und Meditierer am Hof des Dalai Lama Ausschau nach Zeichen, die Auskunft geben könnten über den Aufenthaltsort ihres zukünftigen Gottkönigs. Sie wußten, daß »Der große Dreizehnte«, wie er genannt wurde, in seiner Meditation über das klare Licht nach seinem »Tod« eines Nachts seinen Kopf nach Nordosten gerichtet hatte. Dann erschien auf der nordöstlichen Seite des Raumes, in dem der Chörten (Mausoleum) zu Ehren des gerade verstorbenen Dalai Lama stand, ein sternförmiger Pilz. Und im zentralen Hof des Potala-Palastes wuchs ebenfalls auf der nordöstlichen Seite plötzlich eine Drachenblume.

Der Regent, der das Land in der Zeit, bis der Dalai Lama gefunden war, regieren sollte, reiste daraufhin zum heiligen See von Lhamo Namtso, neunzig Meilen nordöstlich von Lhasa, wo die Meister häufig in das Wasser geschaut hatten, um die Visionen der Zukunft zu sehen. Man erzählt sich, daß sich, als er in das Wasser schaute, ein Wind erhob und das blaue Wasser weiß wurde. In dem weißen Wasser bildete sich eine blauschwarze Öffnung, und darüber erschienen Wolken. Unter den Wolken entdeckte der Regent ein Kloster mit goldenen Dächern, einen gewundenen Weg, der zu einem nahe gelegenen Berg führte, und ein kleines Haus mit auffälligen, türkisfarbenen Ziegeln. Im Garten des Hauses stand ein Pfirsichbaum in voller Blüte, und eine Frau hielt ein Baby im Arm. Der Regent wußte, daß er sein zukünftiges Oberhaupt gesehen hatte.

Wie es Brauch ist, machten sich Suchgruppen auf den Weg – eine nach Nordosten, die bevorzugte Richtung, eine nach Süden und eine weitere nach Südosten. Auf ihrer Reise nach Nordosten kam die Suchgruppe am Kloster Kumbum mit seinen auffälligen, in der Sonne glänzenden Dächern und Kuppeln aus Gold und Kupfer vorbei. Sie ritten weiter bis Takster; in diesem Dorf entdeckten sie ein kleines Haus mit türkisfarbenen Ziegeln und einem blühenden Pfirsichbaum. Es stand am Ende eines langen, gewundenen Weges unterhalb eines Berges. Die Aufregung wuchs. Der Tradition gemäß tauschte Keutsang Rinpoche, der Hochlama, der die Gruppe leitete, seine Kleidung mit einem einfacheren Beamten (um die Mission geheimzuhalten) und ging ins Haus und sah nach, ob es einen kleinen Jungen gäbe. Der »Lama« wurde an der Eingangstür begrüßt, und sein »Diener« wurde in die Küche gebeten; sofort rannte ein kleiner Junge mit offenen Armen auf ihn zu und rief: »Lama, Lama.« Das war doppelt aufregend, weil man in dieser Gegend einen Lama »Aga« nennt – ein Begriff, den der Junge eigentlich hätte benutzen müssen. Das Kind freute sich deutlich sichtbar über den Besuch, kletterte auf den Schoß des Lamas und griff nach der Mala um Keutsang Rinpoches Hals, die ihm der dreizehnte Dalai Lama vor langer Zeit geschenkt hatte. »Die gehört mir«, sagte das Kind. Der Rinpoche meinte, er könne sie haben, wenn er raten würde, wer er sei. Das Kind schaute ihn an und sagte: »Sera Aga« – das heißt, ein Lama vom Kloster Sera in Lhasa, der Ort, wo Keutsang Rinpoche studiert hatte.

Dann begannen die Prüfungen. Wie man es von zukünftigen, reinkarnierten Wesen seit Jahrhunderten erwartete, mußte das Kind von Takster Dinge identifizieren, die ihm in seinem vorherigen Leben gehört hatten – eine Mala, eine Trommel und einen Spazierstock, die ihm zusammen mit teils ähnlichen, teils attraktiveren Gegenständen der gleichen Machart vorgelegt wurden. Jedes Mal traf das Kind die richtige Wahl. Und so wurde sein Spiel »der Ritt nach Lhasa«, das er, wie sich seine Eltern erinnerten, immer schon gespielt hatte, Wirklichkeit. Die dreimonatige Reise kam zu ihrem

Ende, als Tenzin Gyatso in einer seidenbezogenen Sänfte in Lhasa einzog; sein Volk säumte die Straßen, Jubelrufe ertönten, und viele weinten vor Freude. Er wurde auf den zwei Meter hohen Löwenthron gehoben und zum vierzehnten Dalai Lama gekrönt. Er war gerade vier Jahre alt.

Wie alle reinkarnierten Lamas ist der heute in seiner Lebensmitte stehende Mann mit dem gütigen Gesicht sehr zurückhaltend, was seine früheren Leben angeht. Als ich ihm das erste Mal begegnete, fragte ich ihn am Ende des überwiegend politisch orientierten Interviews, ob er sich an eine seiner früheren Inkarnationen erinnere. »Im Augenblick nicht«, antwortete er lachend mit seiner volltönenden, musikalischen Stimme. »Als ich noch klein war, etwa drei oder vier Jahre alt, habe ich, so hat man mir erzählt, sehr deutlich meine Erinnerungen demonstriert. Damals sprach ich einen Dialekt, der in meinem Geburtsort nicht gesprochen wurde. Und ich zeigte natürlich der Suchgruppe, daß ich meine frühere Inkarnation kannte.«

Mutig fragte ich nach. Ob er sich *jetzt* an irgend etwas erinnern könne? »An kaum etwas. Ich habe gewisse mystische Erfahrungen – doch außer an diese kann ich mich an nichts erinnern«, antwortete er vorsichtig. Ich wagte nicht, weiter zu fragen. Der Dalai Lama wollte ganz offensichtlich nicht mehr darüber sagen, und ich wollte mir keine direkte Abfuhr einhandeln; doch der Hinweis auf »mystische Erfahrungen« eröffnet eine ganze Reihe von Möglichkeiten.

In Dharamsala fragte ich ihn, wer er sei. »Ein unwissender Mensch! Ich bin ein einfacher buddhistischer Mönch, das ist alles«, lachte er. Ich ließ es nicht dabei bewenden. »Aber die Menschen halten Sie für die Verkörperung von Chenrezig, dem Buddha des Mitgefühls«, insistierte ich. Seine Heiligkeit hielt inne, wirkte sehr nachdenklich und sagte: »Ah, jetzt geht es um die Frage der Reinkarnation. Es gibt verschiedene Arten von Reinkarnation. Vom Standpunkt der Gläubigen aus betrachtet, habe ich eine besondere Beziehung zu einigen hohen Wesen – soviel kann ich sagen. Doch bin ich immer noch einfach ein buddhistischer Mönch. Ein unartiger buddhistischer Mönch. Aber was meine Motivation angeht, bin ich sehr aufrichtig. Ich habe das Gefühl, ich bin eine aufrichtige Person. Das ist alles.« Seine Worte waren brillant, sie sagten alles und nichts.

Seine Umgebung ist sich darin einig: Der kleine spanische Junge ist der wiedergeborene Lama Yeshe...

...auch wenn soviel geistliche Würde manchmal ganz schön ermüdend sein kann.

Später las ich dann seine Autobiographie *Mein Land und mein Volk*, in der er indirekt ausführlicher auf diese »Beziehung zu hohen Wesen« eingeht. »Buddhas reinkarnieren sich nur, um anderen Wesen zu helfen, denn sie selbst haben die höchste aller Stufen schon erreicht. Sie reinkarnieren durch einen aktiven Wunsch von ihrer Seite; ein derart aktiver geistiger Vorgang hat keinen Raum im Nirvana. Sie reinkarnieren vielmehr aus dem inneren Wunsch heraus, anderen zu helfen; so haben sie auch Buddhaschaft erlangt. Sie reinkarnieren, wann immer die Bedingungen hierfür geeignet sind, und das bedeutet nicht, daß sie ihren Zustand im Nirvana verlassen. Wenn wir ein Gleichnis gebrauchen wollen, so entspricht das dem Mond, der sich unter günstigen Bedingungen auf der Erde in stillen Seen und Meeren spiegelt, und doch oben am Himmel bleibt. Um im gleichen Bild zu bleiben: der Mond kann sich im selben Augenblick an vielen verschiedenen Orten spiegeln, und ein Buddha kann sich gleichzeitig in vielen verschiedenen Körpern inkarnieren. All diese inkarnierten Wesen können, wie ich schon angedeutet habe, mit ihren Wünschen auf Ort und Zeit ihrer Wiedergeburt Einfluß nehmen, und nach jeder Geburt klingen noch Erinnerungen an ihr voriges Leben nach, an denen man sie erkennen kann.«

Wenn er sich auch mit Aussagen über seine übernatürlichen Kräfte und seine Verbindungen mit den hohen Wesen zurückhält, so lassen uns seine Handlungen und Haltung doch nicht im unklaren darüber, daß der Dalai Lama ein Heiliger ist, ob man nun an Reinkarnation glaubt oder nicht. Er hat mitangesehen, wie Tausende seiner Untertanen in den Jahren nach dem Einmarsch der Chinesen gefoltert und getötet wurden und wie man die Kultur seines Landes zerstörte. Man zwang ihn, ins Exil zu gehen; eines Nachts flüchtete er als einfacher Soldat verkleidet aus seinem Palast und ritt auf einem Yak über die höchsten Berge der Welt nach Indien; man könnte annehmen, daß er dadurch etwas verbittert wurde. Ganz und gar nicht. Seine Haltung gegenüber seinen Unterdrückern ist von erstaunlichem Gleichmut geprägt.

»Sie sind Menschen wie wir alle. Sie haben dieselben Gefühle – sie wollen Glück und kein Leid. Warum sollte man also Haß oder Wut empfinden?« sagte er. »Wenn wir die Lehren des Mahayana-Buddhismus praktizieren, beten wir jeden Tag um grenzenlosen Altruismus. Es gibt daher keinen Grund, Haß auf die Chinesen zu empfinden. Wir sollten vielmehr Achtung, Liebe und Mitgefühl für sie entwickeln.« Dann fügte er sanft hinzu: »Wir müssen die Chinesen allerdings über ihre Unwissenheit aufklären. Das ist unser Ziel, und darin besteht unsere moralische Verantwortung. Die Chinesen haben ihre eigene Welt, ihr imaginäres Tibet geschaffen. Sie glauben, sie seien als ›Befreier‹ gekommen. Sie müssen irgendwann begreifen, daß Tibet ein eigenständiges Land ist. Wäre Tibet wirklich immer ein Teil von China gewesen, dann müßten die Tibeter damit leben, auch wenn ihnen das nicht gefällt. Doch das ist nicht der Fall«, sagte der Dalai Lama, der sich zur Bestürzung vieler seiner Landsleute weigert, Gewalt anzuwenden.

Habe er denn nicht, so meine Frage, die drastischen Veränderungen seines Lebensstiles als etwas störend empfunden? Er war aus einem großartigen Palast in einen einfachen Bungalow »abgestiegen«. Sein »Königreich« ist jetzt ein Hügel, und offiziell ist er ein Flüchtling. Wenn man daran denkt, wie der Schah von Persien körperlich und geistig zerfiel, nachdem er sein Land verloren hatte, hatte der Dalai Lama nicht auch irgendein Trauma erlitten, als er Tibet verlassen mußte?

»O nein. Ich fand es überhaupt nicht schwierig, mich daran zu gewöhnen«, antwortete Seine Heiligkeit fröhlich. »Diese anderen, schwierigen Umstände waren eine große Hilfe. Wäre ich unter dem alten System in Tibet geblieben und hätte ich in derselben Gesellschaft und unter den gleichen Bedingungen gelebt, dann hätte ich mich nie der Wirklichkeit stellen müssen. Seit ich Flüchtling bin und diese Tragödie erlebt habe, mußte ich den harten Tatsachen des Lebens ins Auge sehen. Wenn im Leben alles glatt verläuft, kann man so tun, als ob alles in Ordnung sei. Sieht man sich einer schwierigen Situation gegenüber, kann man das nicht mehr. Man muß die Wirklichkeit annehmen. Und aus Schwierigkeiten erwächst mehr Mut, mehr Geduld – und das ist sehr wichtig für unser Leben.«

Der Dalai Lama geht an vieles im Leben gerne mit einer bodenständigen, praktischen Vernunft heran, die alle abstrusen, romantischen Bilder, die man über inkarnierte Buddhas haben mag, auflöst. Einmal antwortete er einem erstaunten Interviewer von BBC, nein, er würde die Potala überhaupt nicht vermissen, denn es habe dort keine anständigen Badezimmer gegeben! Und als ich ihn nach seinen Hobbies fragte, antwortete er liebenswürdig: »Ich züchte Saatgut und Knollengewächse und beschäftige mich gerne mit Feinmechanik. Ich repariere ab und zu Dinge, vor allem Uhren. Ich repariere gerne Uhren, die nicht mehr gehen, aber keine Quarzuhren. Nicht nur meine eigenen Uhren, sondern auch die meiner Angestellten, ohne Bezahlung!« lachte er. »Und dann lese ich gerne Bücher über Geschichte und Astronomie. Mein englischer Wortschatz ist zwar nicht sehr groß, aber ich spüre ein großes Bedürfnis, naturwissenschaftliche Bücher zu lesen. Mein großes Handicap ist meine Faulheit. Wenn ich bei einem Wort steckenbleibe, dann nehme ich aus Faulheit das Wörterbuch nicht zur Hand. Und so schlage ich das Wort nicht nach. Früher bin ich auch gerne gewandert und habe Berge bestiegen – doch auch dazu bin ich jetzt zu faul. Einfach zu faul! Doch geistig bin ich aktiv. Es gibt kaum einen Augenblick, in dem mein Geist nicht arbeitet. Das geschieht wirklich selten. Doch körperlich bin ich sehr faul, glaube ich«, bekannte er mit einem tiefen Lachen.

Mit derselben umwerfenden Ehrlichkeit räumt er ein, daß es in Tibet vieles gab, was er nicht leiden konnte. »Es gab gewisse Zeremonien, die viel Zeit beanspruchten, doch wenig Substanz besaßen«, sagte er offen. Er stellte auch fest, daß die Tibeter zu sehr an Traditionen gebunden sind und daß er zu weit von seinem Volk entfernt gelebt hatte. Er fühlt sich jetzt wohler, wo er sich freier unter seinen Landsleuten bewegen kann und die vielen Zeremonien und Verpflichtungen seines Amtes notwendigerweise wegfallen. Ich war daher in keiner Weise über seine Antwort auf meine letzte Frage überrascht, ob er der letzte Dalai Lama sein werde, wie es eine alte Prophezeiung behauptet.

»Ob das anerkannte reinkarnierte Wesen kommt oder nicht, hängt von den Umständen ab. Meine eigene Wiedergeburt und Reinkarnation ist sicher, ob jedoch die Menschen den nächsten Dalai Lama anerkennen, hängt von den Ereignissen ab. Manchmal habe ich das Gefühl, ich könnte der letzte Dalai Lama sein. Wenn man einen Dalai Lama braucht, dann werden ihn die Menschen ganz natürlicherweise erkennen. Doch wenn man ihn nicht braucht, dann kann man ihn vergessen! Ich bin in der Tat nicht sehr an der Institution des Dalai Lama interessiert. Die Geschichte Tibets ist lang, und die Geschichte des Dalai Lama dagegen recht kurz, nur ein paar Jahrhunderte alt. In der frühen Geschichte, vor den Dalai Lamas, war Tibet viel mächtiger – und in der Zeit der Dalai Lamas wurde Tibet geteilt. Beim Dalai Lama geht es nur um eine Person – was wichtiger ist, ist unser Land.«

Es war für sein Volk sehr beunruhigend, als der Dalai Lama 1963 einen Verfassungsentwurf vorlegte, in dem eine Klausel die Anklage des Dalai Lama gestattet. Jetzt spricht er über neue Möglichkeiten, seinen Nachfolger zu wählen, eventuell in Anlehnung an die Papstwahl.

Der Dalai Lama ist Ösel schon mehrere Male begegnet, zuerst in seinen Meditationen, dann persönlich mit seiner Familie, und später in Dharamsala, als er ihm rituell das Haar schnitt, Symbol für Ösels Status als Entsagender. Er hatte stets großes Interesse an seinem Wohlergehen und seinen Fortschritten gezeigt. In einer spanischen Fernsehsendung über Ösel erklärte Seine Heiligkeit in seiner leichten, fast witzigen Art ganz genau, wie er dazu kam, ihn als Inkarnation von Lama Yeshe auszuwählen. »Zuerst erhielt ich von Lama Zopa eine Liste von Kandidaten, dann prüfte ich die Liste, und das spanische Kind gewann die Wahl. Er hat die meisten Stimmen bekommen! So entschied ich – er ist die Inkarnation von Lama Yeshe«, erklärte er in einem ganz sachlichen Ton.

Es erstaune ihn überhaupt nicht, daß dies geschehen sei, sagt er. »Der Buddhismus ist neu im Westen; mehr und mehr Menschen zeigen daran Interesse, insbesondere am tibetischen Buddhismus. Vielleicht weil er mehr Wert auf Vernunft und Logik legt als auf bloßen Glauben; das gefällt einigen Menschen. Außerdem bietet er viele verschiedene Methoden an, wie man praktizieren, verstehen und meditieren kann und ist daher so attraktiv wie ein Supermarkt«, lachte er. »So scheint es nur logisch, daß Lama Yeshe, der überwiegend im Westen gearbeitet hat, in Spanien geboren wurde. Es gibt heutzutage in der Tat mehrere im Westen reinkarnierte Lamas«, sagte er.

Ösel ist tatsächlich nicht der erste tibetische Lama, der in einem westlichen Körper wiedergeboren wurde. Allerdings ist er zweifellos der bekannteste und wohl auch der angesehenste Lama. Doch sind in den USA, in Neuseeland, in Frankreich und in einigen anderen westlichen Ländern ebenfalls Lamas aufgetaucht, und sie werden in aller Stille in den westlichen buddhistischen Gemeinschaften, mit denen sie in Verbindung stehen, erzogen.

Der Dalai Lama erklärte in der für ihn typischen bodenständigen Art, worin für ihn der Sinn und Zweck solcher Reinkarnationen besteht: »Für bestimmte Dharma-Aufgaben reicht ein Menschenleben nicht aus. Man braucht mehr Zeit, um das Werk, das man im vorigen Leben angefangen hat, weiterzuführen. In diesen Fällen ist Reinkarnation sinnvoll. In anderen Fällen, wenn reinkarnierte Lamas lediglich einen sozialen Status erlangen, ist der ganze Vorgang nicht sehr sinnvoll«, sagte er mit einer entwaffnenden Offenheit. Er hat mehr als einmal festgestellt, daß ein gewöhnlicher Geshe (Doktor der »Theologie« oder Religion), der den religiösen Weg mit Eifer lehrt und lebt, weit wertvoller ist als eine hochmütige Reinkarnation, die wenig spirituelle Fortschritte zeigt. »Den wichtigsten Beweis für Reinkarnation kann nur das Kind selbst geben«, sagt er.

Er wiederholte diese Gedanken vor Maria und Paco, als er der ganzen Familie 1987 eine Audienz in Bodhgaya gewährte, kurz nachdem sie aus Spanien angereist waren. Er beobachtete Ösel genau und fragte eindringlich nach seinem Verhalten und seiner Entwicklung. Als Maria entgegnete, er habe ein so feines Gespür für seine Umgebung, daß er wie ein Chamäleon auf die vorhandene Atmosphäre reagiere und daß seine Energie so stark sei, daß sie manchmal nicht wüßten, wie sie ihn behandeln sollten, antwortete der Dalai Lama: »Behandelt Ösel wie ein normales Kind, doch seid euch bewußt, daß er ein reinkarnierter Lama ist. Manchmal müßt ihr ihn zurechtweisen, und vielleicht braucht er auch manchmal einen Klaps, doch vergeßt nie, wer er ist. Je unartiger sie als Kinder sind, desto besser sind sie, wenn sie heranwachsen«, sagte er lachend.

Dann riet er ihnen, Ösel genau zu beobachten, wenn er zu sprechen anfange. »Bald wird Ösel anfangen zu sprechen, und er wird sagen, wer er ist. Wir müssen sehr auf diesen Augenblick achten. Dieser Augenblick ist sehr wichtig«, betonte er. Das war eine Prophezeiung, die sich bald bewahrheiten sollte. Dalai Lama sprach dann darüber, wie er sich die Zukunft eines so ungewöhnlichen und bedeutenden Kindes vorstellt. »Er braucht Ausbildung und Disziplin. Wenn er vier oder fünf Jahre alt ist, wird er anfangen zu studieren. Und wenn er acht Jahre alt ist, wird er wohl ins Kloster müssen und noch ernsthafter studieren. Ich denke, Sera in Südindien wird gut für ihn sein. Er wird mindestens zehn Jahre lang studieren müssen, und gleichzeitig muß er persönliche Lehren von einem Meister erhalten, Retreats durchführen und eine stabile persönliche Meditationspraxis aufbauen. Dann kann er, wenn er zwanzig oder fünfundzwanzig Jahre alt ist, vielen Menschen Nutzen bringen – vor allem im Westen.

Ösel wird zwei sehr wichtige Dinge vereinen: Er kommt aus dem Westen und besitzt die Weisheit des Ostens. Später wird er vielleicht sogar nach Tibet gehen und dort lehren, und die Tibeter werden sich amüsieren über einen Lama mit blonden Haaren und hellen Augen«, sagte er lachend. Dann schaute er Ösel lange an und fügte hinzu: »Ja, er steckt voller Energie, voller Leben. Er wird sehr gut sein.«

Wenn dieser brillante und doch bescheidene Mann, für den Güte die wahre Religion ist, der letzte Dalai Lama ist, wird die Welt einen ihrer ältesten Schätze verlieren. Doch wie Seine Heiligkeit nur zu gut weiß, ändern sich unsere Zeiten sehr schnell. Die Mönche müssen die Berge verlassen und unter die Menschen gehen, sie müssen den Menschen helfen, sich über den groben Materialismus, das heutige universelle Glaubensbekenntnis, zu erheben. Bei dieser Entwicklung muß sich das Antlitz des Buddhismus unausweichlich verändern; der Buddhismus muß sich entwickeln, damit er den Bedürfnissen dieser Zeit gerecht wird. Da er die unorthodoxeste aller Religionen ist, er befaßt sich ja schließlich mit dem Geist der Menschen, scheint er dieser Aufgabe durchaus gewachsen zu sein. Eine Aufgabe, die Lama Yeshe, dieser äußerst weitsichtige und aufgeschlossene Mann, lange vor seinen Zeitgenossen erkannte und der er sich widmete. Er war eingeschränkt durch seine gesundheitliche Verfassung und seine traditionelle Herkunft. Lama Ösel, seine Reinkarnation, ist jedoch jung und frisch und stammt aus dem Westen. Wer wäre besser geeignet, den Weg zu einem neuen Buddhismus zu weisen?

16
Lama Ösel

Ein Jahr nach der Inthronisation bin ich wieder in Kopan, auf dem magischen Hügel mitten im Tal von Katmandu. Und ich schreibe all das auf, was ich von der außergewöhnlichen Geschichte von Lama Yeshe, der so viele Herzen bewegt hat, weiß und verstanden habe. Und ich schreibe über den kleinen spanischen Jungen, der dessen Reinkarnation sein soll. Wie jedesmal, wenn ich beschlossen hatte, zu diesem buddhistischen Kloster zu fliegen, so geschah es auch dieses Mal ganz spontan, und der Zeitpunkt hat sich, wie auch in den anderen Fällen, als genau richtig herausgestellt. Wo wäre ein besserer Ort, sich alles, was in den letzten Jahren geschehen ist, ins Gedächtnis zu rufen und es niederzuschreiben, als hier, wo alles angefangen hat.

Meine Situation hat sich gegenüber 1976, als ich zum ersten Mal hierhergekommen war, beträchtlich verbessert. Ich rolle meinen Schlafsack nicht mehr in einem überfüllten Raum mit acht weiteren Frauen aus und schlafe auch nicht auf einem Holzbett in einer kleinen Zelle aus Beton. Jetzt habe ich ein Haus mit drei Zimmern für mich; es hat bogenförmige Türöffnungen und einen steinernen Kamin in der Ecke, in einem Zimmer stehen zwei Betten mit Schaumstoffmatratzen, Decken und Bettwäsche, und als Krönung dieses ganzen Luxus gibt es eine Toilette mit Wasserspülung. Das Haus liegt auf dem halben Weg zum Hügel, noch innerhalb des Klostergeländes. Außen herum stehen kleine Gruppen von Mangobäumen, ständig höre ich exotische Vögel singen, und wenn ich aus dem Fenster schaue, sehe ich die Frauen in ihren bunten Longhis auf den Terrassenfeldern arbeiten. Unten liegt die große Stupa von Boudhanath mit den Buddha-Augen oberhalb der Kuppel, die in die vier Richtungen blicken, und dahinter die malvenfarbenen und purpurroten Bergketten des Himalaya, um dessen mächtige Gipfel ständig Wolken spielen.

Ich führe ein einfaches, gesundes Leben, weit weg von meiner Chelsea-Existenz. Mein Waschbecken besteht aus einem Rohr mit kaltem Wasser vor der Eingangstür; dort wasche ich zusammen mit der Bauersfrau vom Dorf mein Geschirr und meine Kleider. Mein »Badezimmer« ist immer noch ein Eimer, aber jetzt im Frühling ist mir die kalte Dusche willkommen. Ich esse mit den anderen zusammen – einfache, nahrhafte, vegetarische Gerichte –, und die Hauptmahlzeit wird immer noch gegen halb zwölf Uhr serviert. Ich bin an diesem Ort glücklich.

Lama Ösel ist jetzt drei Jahre alt; er fängt an, Englisch und Spanisch recht flüssig zu sprechen, und er lebt in Lama Yeshes früheren Räumen über der Hauptgompa auf dem Hügel. Er fühlt sich hier eindeutig zu Hause. Alles mußte sich verändern, damit alles gleich bleiben konnte.

Er lebt jetzt seit etwas über einem Jahr hier. In den Wochen, seit ich hier bin, konnte ich die Ereignisse seit unserer letzten Begegnung zusammenfügen. Nach seiner Inthronisation in Dharamsala nahm sein Leben langsam, aber unaufhaltsam Gestalt an. Nachdem alle Reporter und Kameraleute mit ihren Geschichten den Ort eilig wieder verlassen hatten, die Exschüler von Lama Yeshe in ihre Heimatländer zurückgekehrt waren und über die Bedeutung dieses Ereignisses nachdachten, machte sich Ösel auf den Weg zu seinem früheren Zuhause nach Nepal und nahm dort sehr ernsthaft die Fäden seines vorigen Lebens wieder auf. Seine Kindheit war zu Ende. Jetzt mußte er sich von Paco, seinem Vater und ständigen Gefährten dieser beiden kurzen Lebensjahre, trennen; er kam in die Obhut von Gloria Mallol, einer fünfzigjährigen spanischen Nonne. Gloria ist eine kleine, dunkelhaarige Frau aus Barcelona, die Ösel kennengelernt hatte, als er gerade sieben Tage alt war; sie war mit der Familie Hita Torres von Spanien nach Indien gereist. Die Trennung von Paco in Dharamsala schmerzte, aber nicht lange. Nachdem man ihm die Umstände erklärt hatte, versiegten seine Tränen, und er weinte deshalb nie wieder. So ist es immer bei ihm. Er braucht nur eine Erklärung, und sofort ändert sich seine Stimmung.

So kehrte er mit seiner Familie im Schlepptau zurück nach Kopan, an den Ort, wo alles angefangen hatte. Seine Angehörigen lebten ganz in seiner Nähe, in dem Haus, in dem ich jetzt wohne, und sie sahen sich täglich. Paco baute ihm eine Schaukel unter einem Mangobaum, und jeden Nachmittag kam Ösel mit Gloria und spielte mit seinen Geschwistern. Auch wenn sie sich körperlich sehr nahe standen, entfernten sich ihre Welten doch immer weiter voneinander.

Ösel lebt jetzt in dem System der Tulkus (der reinkarnierten Lamas). Er schläft nicht mehr in einem Kinderbett, sondern in dem geschnitzten Holzbett, das Lama Yeshe gehört hatte; seine Betreuerin schläft auf dem Fußboden auf einer Matratze. Es gibt Regeln, an die sich alle zu halten haben. Niemand darf sich über ihn beugen, niemand darf ihn unnötigerweise berühren; das gilt insbesondere für seinen Scheitel. Er darf nur von seinem eigenen Teller essen, nur aus seiner eigenen Tasse trinken und nur sein eigenes Besteck benutzen – alles muß getrennt abgewaschen und abgetrocknet werden. Er hat seine Wäsche und seine eigenen Handtücher. Wenn er in einem anderen Haus zu Besuch ist, darf man seinen Körper nur mit Tüchern und Decken bedecken, die ihm gehören. Insbesondere darf man ihn weder liebkosen noch küssen, es sei denn, er macht den Anfang. Ösel darf soviel kuscheln und küssen, wie er will, aber soll er nicht zum Objekt für die emotionalen oder körperlichen Bedürfnisse einer anderen Person werden, einschließlich denen seiner Mutter.

Niemand soll je vergessen, wer da in ihrer Mitte lebt. Ösel soll sogar als Kleinkind mit der vollen Achtung behandelt werden, die einem erwachsenen spirituellen Meister gebührt. Ein Tibeter erklärte mir: »Wir behandeln unsere Tulkus mit der besonderen Umsicht und Aufmerksamkeit, die man im Westen Menschen mit ansteckender Krankheit gegenüber an den Tag legt, doch läuft die Sache bei uns genau umgekehrt – wir isolieren unsere Tulkus soweit wie möglich, damit sie sich nicht durch uns anstecken! Wir halten sie für so rein, daß wir glauben, sie können Schaden nehmen, wenn sie in zu engen Kontakt mit uns kommen.« Die Tibeter gehen in ihrem Respekt viel weiter als westliche Menschen – sie stehen auf, wenn ein kleiner Tulku in den Raum tritt, sie achten darauf, daß ihr Sitz immer niedriger als sein Sitz ist, und sie gehen stets hinter ihm.

Als Lama Zopa Gloria seine Anweisungen gab, ermahnte er sie:

»Lama Ösel ist kostbarer, als sich irgend jemand vorstellen kann. Wir müssen uns alle auf eine besondere Weise ihm gegenüber verhalten.« Für Gloria war das eine große Verantwortung. Sie mochte kleine Kinder zwar gerne und hatte auch früher auf ihre kleinen Geschwister aufgepaßt, aber sie hatte keinerlei Erfahrungen im Umgang mit einem kleinen inkarnierten Lama, der außerdem noch die Inkarnation ihres früheren Guru ist. Ironischerweise war Gloria Lama Yeshe zusammen mit Paco, Maria und dem nächsten Betreuer seiner Inkarnation, dem spanischen Mönch Basili Llorca, auf Ibiza begegnet. Die Aufgabe wurde dadurch erschwert, daß Gloria in der Anwesenheit von Lama Yeshe immer sehr aufgeregt gewesen war. »Ich hatte immer das Gefühl, er ist so groß und ich bin ein Nichts, auch wenn er immer sehr nett zu mir war«, erzählte sie mir in der kleinen Hütte auf dem Kopan-Hügel, wo sie jetzt die meiste Zeit im Retreat verbringt.

Es war Lama Yeshe gewesen, der Gloria nach Ösel-Ling geschickt hatte; vielleicht damit sie dort auf seine Wiedergeburt warten würde. »Kurz bevor er starb, rief er mich zu sich und sagte: ›Du wirst jetzt auf meine Sachen aufpassen.‹ Ich wußte nicht, was er damit meinte. Seine Worte ergaben für mich überhaupt keinen Sinn. Heute glaube ich, daß er die ganze Sache geplant hatte. Lama Ösel brauchte eine Frau, eine reife, spanische Frau, die ihn in der ersten Zeit in Kopan betreuen sollte – in diesem Stadium, mit zwei Jahren, ist die ›Mutter-Energie‹ wichtiger als die männliche Energie«, erklärte Gloria, die ein ganzes Jahr lang mit Ösel gelebt hat, bevor sie ihn Basilis Obhut und der männlichen Klosterwelt übergab.

In dieser Zeit des ständigen Beisammenseins lernte sie den kleinen Lama sehr genau kennen. Es war für sie eine umfassende Lernerfahrung. »Er machte mich frei von allen Erwartungen. Meine Beziehung zu ihm war keine Beziehung zu einem Kind. Sie war völlig anders – auf eine unbeschreibliche Weise tief. Wenn Lama Ösel dich anschaut, dann schaut er dir genau in die Augen, in dein tiefstes Wesen. Kinder schauen dich nicht so an – sie interessieren sich nicht auf diese Weise für Menschen. Lama Ösel aber schaut direkt in dich hinein und bezieht sich auf das, was er da findet. Und so verhält er sich bei jeder Person anders. Wenn ich mit ihm zusammen war, hat er meinen Geist völlig gespiegelt«, erklärte mir Gloria auf dem Meditationskissen in ihrem kleinen Häuschen, während ich auf ihrem Bett saß.

»Einmal«, erinnerte sie sich, »wollte er nicht ins Bett gehen, und ich schimpfte ihn aus. Das half nichts, und so fing ich an zu singen. Er mochte Gesang, und so sang ich eine Stunde lang, aber er wollte immer noch nicht schlafen. Ich ärgerte mich über ihn und verlor dann die Fassung. Lama Ösel schaute mich daraufhin an und lächelte, als ob er sagen wollte: ›Das ist doch alles leer – du glaubst doch selbst nicht, daß das wirklich so ist?‹, schloß die Augen und schlief sofort ein. Manchmal sah es so aus, als sei dieser Körper, dieses Leben zuerst als Säugling und dann als Kind, ein Spiel für ihn – etwas, was er eben durchmachen muß. Wenn er weinte, fragte ich ihn: ›Was machst du denn da?‹, und er hörte sofort auf und äffte sich selbst nach. ›Buh, buh, buh‹, tönte er dann, grinste und nahm sich überhaupt nicht mehr ernst. Als ob kein Ego vorhanden sei.«

Sie hatte zahlreiche Einsichten in diesen Kind-Mann, die sie völlig davon überzeugten, daß Lama Yeshe zurückgekehrt war. »Er konnte es nicht ertragen, wenn jemand litt. Wenn er einen Kranken sah oder ein Kind weinen hörte, wollte er sofort zu ihnen gehen. Und mehr noch, er wollte etwas tun. Er versuchte auf die Wunde oder den verletzten Körperteil zu blasen, um den Schmerz zu lindern, wie das die tibetischen Lamas tun. Ösels körperliche Geschicklichkeit ist äußerst ungewöhnlich. Er hat all seine Bewegungen völlig unter Kontrolle, was mir zeigt, daß er absolute Kontrolle über seinen Geist hat. Er ist unglaublich reinlich und genau, stößt nie etwas um, sondern behandelt alle Dinge sehr sorgsam. Er konnte beispielsweise schon mit zwei Jahren Tee servieren, Milch eingießen, Zucker hinzugeben und die Teekanne hochnehmen und Tee eingießen, ohne einen Tropfen zu verschütten. Ich fand diese Präzision erstaunlich. Er hat ungemeine Konzentrationskräfte. Wenn er für etwas Interesse entwickelt, geht er ganz tief in diese Erfahrung hinein, alles um ihn herum verschwindet, und nichts kann ihn ablenken. Das kann man beobachten, wenn er mit etwas spielt oder wenn er fernsieht. Er sieht gerne fern, genau wie Lama Yeshe, doch das interessante ist, daß er das von klein auf stundenlang tun konnte. Seine ältere Schwester Dölma konnte nie zwei Stunden lang einem Programm folgen, doch Ösel schaut regungslos zu.«

Für Gloria ist Lama Ösels Geist unbestreitbar kraftvoll, doch sie glaubt auch, daß er sich noch entwickeln muß. Lama Zopa hatte ihr gesagt: »Lama Ösels Geist ist schon von Natur aus klares Licht, doch muß dieser Geist zum Vorschein gebracht werden. Was innen ist, muß nach außen gebracht werden. Lama Yeshe mußte nicht wiedergeboren werden – er kam nur um unseretwillen, uns zur Freude. Er wird alles werden, was wir wollen. Wenn wir einen Lama wollen, müssen wir uns einen heranziehen – wenn wir jemanden haben wollen, der uns Freude schenkt, dann werden wir auch das bekommen.« Gloria stimmte dem bei. »Diese hohen Lamas kommen zurück, aber sie müssen durch den gesamten Lernprozeß noch einmal hindurchgehen. Sie lernen schnell, brauchen aber unsere Hilfe. Wir müssen sie lehren, und wir müssen sie gut lehren«, sagte sie.

Vor diesem Hintergrund gibt sie ihrem Schützling einen Klaps, wenn er sich nicht der Vernunft beugen will. Denn zusammen mit all den Regeln, wie man Ösel behandeln solle, als ob er ein kostbares Juwel sei, hat Lama Zopa Gloria auch angewiesen, ihn zu korrigieren, wenn er unartig ist. Gloria hat sich in ihrer strengen und doch gütigen Art strikt an Lama Zopas Anordnungen gehalten. »Ich habe ihn nie aus Wut geschlagen – das ist der Kernpunkt –, und hinterher hat er mich immer in die Arme genommen. Er hat eine sehr starke Persönlichkeit, ist aber auch sehr liebenswürdig. Er will nie, daß ich mich über ihn ärgere, und wenn er einsieht, daß er etwas falsch gemacht hat, ist er immer zerknirscht. Normalerweise gibt es keinen Anlaß, ihn zu schlagen. Ich muß ihn nur bitten, aufzuhören, und das macht er dann auch. Er ist sehr bescheiden – sehr sanft. Er lernt leicht. Für mich hat er überhaupt keine Fehler, er ist völlig rein«, sagte sie.

Die Verbindung zwischen dem Kind und Gloria vertiefte sich weiter, als Gloria Ösel auf seiner dreimonatigen Reise nach Australien und Neuseeland begleitete, wo sie zusammen mit Lama Zopa alle Zentren besuchten, die Lama Yeshe gegründet hatte. Wenn Gloria von dem anstrengenden Programm und dem ständigen Reisen erschöpft war, fühlte sich Ösel in seinem Element. Wo er konnte, befreite er sich von Glorias Aufsicht und nahm Kontakt zu völlig fremden Menschen auf, die offensichtlich von dem kleinen Jungen in den Roben der tibetischen Buddhisten fasziniert waren.

Auf dem Hinflug unterhielt er die Leute im Flugzeug mit seinen Späßen – Gloria konnte zwar nicht immer alles sehen, was er machte, doch sie hörte das laute Gelächter von den hinteren Sitzen. Er baute Sandburgen mit Menschen, die er am Strand traf, ergriff die Hände von Müttern, denen er auf dem Spielplatz begegnete, setzte sich zu Menschen im Restaurant und bestand darauf, daß man ihm das Essen an diesen bestimmten Tisch brachte, damit sie zusammen essen konnten. Der extrovertierte Ösel machte seine Rundgänge und ging auf Menschen zu – wie das Lama Yeshe in Australien getan hatte, als er Shorts anzog und einen großen Hut aufsetzte, um herauszufinden, wie normale Menschen im Westen leben.

Eine Frau, die mit Ösel im gleichen Flugzeug gekommen war, sagte zu der Frau, die sie abholte: »Ich weiß nicht, wer dieses Kind ist, doch es ist anders als alle Kinder, denen ich bisher begegnet bin. Seine Ausstrahlung ist bemerkenswert.«

Wie bei seiner vorigen Reise durch die USA und nach Europa, fühlte sich Ösel in den verschiedenen FPMT-Zentren wie zu Hause; er wußte von allein, wer die Fäden in der Hand hatte, und bemühte sich ganz besonders, diesen Menschen Aufmerksamkeit zu schenken. »Er bevorzugte sie, spielte mehr mit ihnen, streichelte ihren Arm, zog sie voller Zuneigung an den Ohren, als wolle er ihnen für ihre Liebenswürdigkeit und ihre schwere Arbeit danken. Wohin er auch immer ging, er fühlte sich wohl und war entspannt. Als ob er wüßte, daß das seine Familie war. Auf jeden Fall machten ihn diese ständigen Ortswechsel und die neuen Gesichter nicht nervös, was für ein Kind seines Alters ungewöhnlich ist.«

Im Chenrezig-Institut in Eudlo, Queensland, dem ersten FPMT-Zentrum, gab Ösel seine erste Belehrung. Er versammelte die Kinder der Familien um sich, die gekommen waren, um ihn zu sehen, und lehrte sie das Mantra von Manjushri, dem Buddha der Weisheit: er sprach ihnen das Mantra immer wieder vor und wartete darauf, daß die Kinder es wiederholten. Er hatte eindeutig Spaß an seiner Aufgabe und führte sie mit viel Begeisterung und Freude durch. In Neuseeland versetzte er noch mehr Menschen in Erstaunen, als er einen religiösen Text nahm und so tat, als »lese« er ihn den Ziegen auf der Weide vor. Er kletterte auf einen Holzzaun, beugte sich zu ihnen, so daß kaum ein Meter Abstand zwischen ihm und den Tieren war, und »las« ihnen die spirituelle Botschaft der berühmten »Herz-Sutra« vor, die tiefgründige Abhandlung des Buddha über Leerheit. Wie Lama Yeshe entwickelte Ösel mit der Zeit eine außerordentliche Liebe und großes Interesse für alle Tiere. Er zeigte auf dieser Reise erstaunlich wenig Angst vor all den seltsamen und riesigen Tieren, denen er begegnete. Auf einer Fotografie steht er inmitten einer Gruppe riesiger Kängururhs, ganz allein und völlig entspannt.

Der Abschluß der Reise nach Australien und Neuseeland war auch das Ende von Glorias Zeit als offizielle Betreuerin von Ösel. Nach ihrer Rückkehr nach Kopan übergab sie ihre Position an den spanischen Mönch Basili Llorca. Die Trennung von Ösel war äußerst schmerzhaft für Gloria. »Ich hing sehr an ihm«, sagte sie. Ösel nahm die Veränderung auf seine Weise hin. »Das ist vielleicht das erstaunlichste an ihm; wenn er nicht jemand besonderer wäre, wäre er inzwischen schon völlig verrückt geworden; so viele verschiedene Menschen haben sich um ihn gekümmert, und dann mußte er sie alle verlassen. Er mag die Menschen sehr, mit denen er zusammen ist – Paco, mich, seine Mutter oder Lama Zopa –, aber er hängt nicht an ihnen. Wenn es an der Zeit ist, sich zu trennen, macht ihm das nichts aus. Es fiel mir viel schwerer, mich von ihm zu trennen«, sagte Gloria.

Zur selben Zeit wurden auch Maria, Paco und die anderen Kinder der Familie Hita Torres vom Schicksal auf Herz und Nieren geprüft. Während sich Ösel sehr leicht in sein neues, unabhängiges Globetrotterleben einfand, war das neue Leben für seine Familie nicht ganz so romantisch und abenteuerlich, wie es vielleicht von den stillen Bergen von Bubión aus erschienen war; sie hatten mutig ihr Zuhause verlassen, um ihrem jüngsten Familienmitglied nach Nepal zu folgen.

»Zuerst war es *sehr* schwierig«, bekannte Maria. »Wir hatten alle ein Trauma – packen, umziehen, ohne zu wissen, wohin es ging, nach Dharamsala oder Nepal. Alles war neu für uns, und alles war ungewiß. Die Kinder waren sehr verunsichert und verängstigt. Auch ich war unsicher. Ich wußte nicht, was die Zukunft bringen würde, was wir tun würden. Was alles noch erschwerte, war die Tatsache, daß ich schon wieder schwanger war, schon wieder, trotz Empfängnisverhütung, und dadurch war ich noch empfindlicher.«

Nach der Inthronisation ging es nach Kopan, doch auch das löste nicht alle Probleme. Das Leben auf dem wunderschönen, friedlichen Hügel, mit seinen Bäumen, Büschen und Tieren war ein herrlicher Spielplatz für die Kinder. Überdies waren sie in der Nähe von Ösel und wurden mit der Achtung und Liebenswürdigkeit behandelt, die der Familie des wiedergeborenen Gründers des Klosters gebührt. Doch waren die Dinge in den praktischen Bereichen nicht in Ordnung. Das Haus war viel zu klein für eine so große Familie, es gab keine richtige Küche, kein heißes Wasser, und alle Kinder mußten in einem Raum schlafen. Sie mochten das Klosteressen nicht, und ein Kind nach dem anderen bekam Durchfall, die häufigste Krankheit in Nepal.

»Es war klar, sie mußten in eine richtige Schule gehen, nicht nur wegen ihrer Ausbildung, sondern auch um Freunde zu finden und Anteil an der Außenwelt zu nehmen. Es gab in Kopan einen Spanischlehrer, doch das war nicht genug. Ihre Energie mußte in strukturiertere Bahnen gelenkt werden – damit sie aufhörten, miteinander zu streiten. Doch ich wußte nicht, was ich tun sollte. Die einzigen Schulen hier waren entweder Nepali-Schulen oder Internationale Schulen, und meine Kinder sprachen nur Spanisch. Die Situation war wirklich schwierig, und ich war sehr niedergeschlagen. Und was die Sache noch schlimmer machte, der Monsun wurde erwartet, und das hieß, die Kinder mußten den ganzen Tag im Haus bleiben. Wir hatten kein Geld – und dann ging Paco mit Lama Zopa nach Tibet, ich war allein und schwanger und mußte mit der Situation fertig werden.«

Als mutige und starke Frau beschloß Maria, die Dinge selbst in die Hand zu nehmen. Während Paco noch in Tibet war, entschied sie, daß es das einzig Vernünftige war, Kopan zu verlassen, ein größeres Haus in Katmandu zu beziehen und die Kinder in die Amerikanische Internationale Schule zu schicken. Der Entschluß, Ösel zu verlassen, fiel allen schwer, war aber notwendig. Ihre Welten bewegten sich immer weiter auseinander.

»Ich wollte Ösel nicht verlassen, doch ich sah, daß er glücklich und sehr gesund war, meine anderen vier Kinder aber nicht. Ich hatte auch ihnen gegenüber eine große Verantwortung. Sie waren verstört und verunsichert. Ich mußte ihnen ein richtiges Zuhause schaffen und gutes Essen vorsetzen, damit ihre Probleme mit dem Magen aufhörten. Zuerst vermißte ich Ösel ein wenig, doch ehrlich gesagt, ich hatte so viel mit den Bedürfnissen meiner anderen Kinder und mit meiner Schwangerschaft zu tun, daß ich mir keine Sorgen um ihn machte. Ich hatte für ihn und Basili einen besonderen Raum in dem neuen Haus eingerichtet, und er besuchte uns eine Zeitlang immer für einige Tage und später ein, zwei Mal in der Woche. Das war schön«, sagte sie.

Am 27. August kamen die Kinder in die Amerikanische Schule, und am 3. September kam das Kind zur Welt – zu Hause, im Beisein von Paco, einer Krankenschwester aus Kopan und einem spanischen Au-pair-Mädchen. Es war wieder eine leichte, schmerzfreie Entbindung, und das Kind, dem Lama Zopa den Namen Kunkyen (Allwissenheit) gab, gab sich auch als ein besonderes Kind zu erkennen. »Man hat uns mitgeteilt, daß es möglicherweise auch ein Lama ist, doch wird man die Beobachtungen erst später durchführen«, sagte Maria; sie ist es jetzt fast schon gewöhnt, Mutter von heiligen Wesen zu sein. »Ich nehme an, daß wir jetzt eine ideale Familie sind für hohe Lamas, die eine Wiedergeburt suchen. Wir leben an einem glückverheißenden Ort, in der Nähe von tibetischen Klöstern, wir haben Verbindungen zu tibetischen Lamas, es gibt bereits einen anerkannten Lama unter uns, der den Weg geebnet hat. Als ich zu Lama Zopa sagte, daß ich jetzt wirklich keine weiteren Kinder mehr haben wollte, entgegnete er: ›Warum nicht, wenn es besondere Kinder sind?‹«

»Zumindest fügen mir meine Kinder keinerlei Schaden zu«, sagte Maria, die nach sechs Kindern, die sie alle gestillt hat, immer noch die Figur einer Zwanzigjährigen besitzt.

Inmitten dieser großen Veränderungen teilte Lama Zopa Maria und Paco mit, daß er gerne mit Ösel nach Australien gehen wolle. Auch wenn sie jetzt räumlich getrennt von ihm lebten und innerlich auf sein unabhängiges Leben vorbereitet waren, kam die Nachricht trotzdem völlig überraschend. Der Gedanke, daß Ösel dann auf einem anderen Kontinent wäre, erschütterte sie mehr, als sie für möglich gehalten hatten. Es wurde ihnen schließlich klar, daß das ihr Leben als Eltern von Lama Yeshes Reinkarnation war.

»Wir waren beide völlig aus der Fassung geraten, Paco sogar noch mehr als ich. Ich konnte intellektuell die Gründe für seine Reise verstehen, war aber trotzdem nicht glücklich damit. Ehrlich gesagt, war mir schon unwohl bei dem Gedanken, daß Gloria jetzt die ganze Zeit um ihn sein sollte. Ich dachte, nach drei Monaten reisen mit ihr würde er mehr an ihr hängen als an mir und daß er mich vielleicht nach seiner Rückkehr gar nicht mehr wiedererkennen würde. Ich wollte das alles überhaupt nicht«, sagte Maria ganz ehrlich. Sie hatten die Nachricht von Lama Zopa über Dritte erfahren, denn er war bereits auf Reisen. Sie waren der Meinung, wenn er wirklich wollte, daß Ösel nach Australien und Neuseeland reisen sollte, sollte er sie persönlich davon in Kenntnis setzen. Ohne große Umstände setzte sich Lama Zopa ans Telefon, rief Maria und Paco an und bat sie, ihren Sohn bitte reisen zu lassen. Für Maria war das der Wendepunkt. »Ich akzeptierte den Vorschlag von da an völlig. Ich erinnerte mich daran, wie gut es für die Menschen in Amerika und Europa gewesen war, Lama Ösel zu sehen – und ich wußte, es würde auch für die Menschen in Australien und Neuseeland gut sein, den lebendigen Beweis für Reinkarnation in Augenschein nehmen zu können. Sie mußten Ösel sehen. Ich erkannte auch, wie sehr Ösel sich über das lange Zusammensein mit Lama Zopa freuen würde. Ich begriff, daß es keine ›schlechten‹ Gründe gab, weshalb Ösel diese Reise nicht unternehmen sollte – ich hing einfach an ihm. Ich versuchte Paco all das zu erklären, aber er war noch sehr wütend. Als wir drei – Paco, Ösel und ich – zusammen zur Botschaft gingen, um Ösels Visum für Australien zu besorgen, mußten wir eine Erklärung unterschreiben, in der wir Ösel erlaubten, ohne uns zu reisen. Da fing ich an zu verstehen, was Entsagung bedeutet«, erzählte Maria.

In der letzten Minute geschahen Dinge, die das Denken von Maria und Paco völlig veränderten. Zusammen mit Marias Eltern, die gerade zu Besuch waren, und einer Gruppe von Lama Yeshes Schülern gingen sie zum Flughafen, um Ösel zu verabschieden. Ösel war entspannt und spielte mit den Kindern, wie das ein Zweieinhalbjähriger tut. Als der Abschied kam, veränderte er sich plötzlich. »Er hörte auf, unser Kind zu sein und wurde zum Lama – er segnete uns und gab uns Katags. Wir waren nicht mehr länger seine Familie, wir wurden ›Lebewesen‹, wie alle um uns herum. Er faltete seine Hände und sagte liebenswürdig zu allen ›Auf Wiedersehen‹. Er winkte, als er Hand in Hand mit Gloria wegging. Mein Vater, er ist Agnostiker, war völlig verblüfft. ›Ich weiß nicht, wer dieses Kind ist, aber es ist kein gewöhnliches Kind‹, sagte er.

Danach wurden Paco und ich ganz ruhig. Ösel hatte uns bei seiner Abreise nicht in irgendeiner Weise besonders behandelt. Er brauchte uns offensichtlich nicht. Paco sah ein, daß es für ihn keinen Grund gab, sich aufzuregen. Als wir nachts allein waren, sprachen wir lange darüber. Wir wußten, daß wir getan hatten, was für das Kind das Beste war. Wir gaben unseren Sohn, damit er die Menschen in Australien und Neuseeland glücklich machen konnte. Da fing unsere Entsagung an. Ich verstand, daß Lama Ösel ein Schatz ist, den wir alle in unseren Herzen tragen, ein Schatz, den uns niemand wegnehmen kann, der nicht verlorengeht. Wir werden ihn unser ganzes Leben besitzen.«

Nach seiner Rückkehr erkannte Ösel seine Eltern jedoch sofort und freute sich, sie wiederzusehen. Er faßte ihre Hände und sprach Spanisch und Englisch mit ihnen. Maria und Paco merkten, was für Fortschritte er in den Monaten seiner Abwesenheit gemacht hatte. Er blieb drei Tage bei ihnen, und sie luden einen australischen Jungen zum Spielen ein. »Paß auf, er ist ein kleiner Lama«, sagte seine Mutter. »Nein, ein großer Lama«, scherzte Ösel. Sein Verstand und sein Wortschatz entwickelten sich schnell.

Maria und Paco sehen Ösel jetzt einmal in der Woche (Paco fährt jedoch häufig mit seinem Motorrad nach Kopan, um seinen Sohn zu besuchen), und sie fühlen sich wohl mit dieser Regelung.

»Das reicht. Sonntag ist ein besonderer Tag, es gibt ein besonderes Essen, wir erzählen Geschichten, und der ganze Tag gehört den Kindern. Wenn Lama Ösel nicht käme, wäre es ein Tag wie jeder andere, aber so machen wir uns alle einen schönen Tag. Wir haben immer noch eine besondere Beziehung zu Ösel, er ist immer noch unser Sohn, und wir sind immer noch seine Eltern. Vor allem aber wissen wir, daß er sich in Kopan wohlfühlt«, erzählt Maria.

Maria ist jetzt sehr froh über den Verlauf der Dinge, so daß sie bereit ist, Kunkyen Lama Zopa zu übergeben, wenn es sich herausstellen sollte, daß auch er ein inkarnierter Lama ist. Ich fragte sie einmal, woher sie diese ungewöhnlich unabhängige Haltung gegenüber ihren Kindern habe.

»Ich weiß es nicht«, entgegnete sie. »Bei allen Kindern war meine goldene Regel, ihnen den Raum zu geben, die Welt auf eigene Faust zu entdecken, ihre eigene Vision vom Leben zu entwickeln und nicht die ihrer Eltern zu übernehmen. Die meisten Frauen brauchen ihre Kinder, sie hängen an ihnen, und so entsteht eine abhängige Beziehung, wo weder die Mutter noch das Kind eine Trennung verkraften können. So war ich nie. Ich wollte meinen Kindern Freiheit geben. Das ist für mich echte Liebe. Alle können ohne Probleme getrennt von Paco und mir leben. Das bedeutet nicht, daß wir sie weniger lieben, wenn wir sie loslassen. Wir lieben sie mehr«, sagte sie.

Und dann erinnerte ich mich der Worte, die Lama Yeshe kurz vor seinem Tod zu der Amerikanerin Marietta gesagt hatte: »Maria hat genau die Eigenschaften, die ich gerne bei einer Mutter hätte.«

Im Augenblick geht es der Hita-Torres-Familie gut, allerdings fühlt sich Paco, der immer noch kaum Englisch spricht, manchmal etwas einsam und möchte dann gerne nach Spanien zurückkehren. »Alles ist sehr schnell geschehen – manchmal habe ich das Gefühl, daß ich in Ereignisse hineingeraten bin, die mir über den Kopf wachsen«, sagt der scheue, zurückhaltende Mann, der weniger gesellig ist als seine Frau. »Doch ich vertraue Lama Zopa und werde weiterhin das tun, was er vorschlägt.«

Die Kinder fühlen sich immer noch wohl in der amerikanischen Schule, und Maria hat einen Weg gefunden, wie sie die enorm hohen Schulgebühren bezahlen kann. Sie reist mit einer Kollektion edler handgemalter Seidenkleider nach Spanien und verkauft sie dort. Ihr Geschäftssinn ist so ausgeprägt wie früher, als sie lange vor dem Beginn dieses Abenteuers Briefmarken verkaufte. »Das ist eine Geschichte über Liebe und Mitgefühl, über das Wunder des Geistes und über Hoffnung. Die Menschen möchten solche Dinge hören. Sie sind der vielen bösen Dinge in der Welt, all der schlechten Nachrichten müde. Ich erhalte Briefe von Menschen aus aller Welt, sie gratulieren mir zu meinem Glück. Das sind keine Buddhisten. Sie schreiben mir und bitten mich, Ösel von ihnen zu grüßen, und hoffen, daß sie das Glück haben, ihm einmal zu begegnen«, sagte sie.

Sie hat recht. In der Eintönigkeit und Dunkelheit unseres stumpfsinnigen Lebens ist die Geschichte von Ösel zu einem Ereignis geworden, das von Liebe und Hoffnung kündet.

17
Die Gegenwart

Drei Monate habe ich nun auf dem Kopan-Hügel gesessen und dem kleinen Lama Ösel bei seinem Alltag zugeschaut. Es war mir eine Freude und ein Privileg, denn die Tage, an denen man einfach die gewundenen Steintreppen neben der Gompa hinaufsteigen, ohne anzuklopfen sein Zimmer betreten und mit ihm nach Herzenslust spielen kann, sind gezählt. Die Zeit seiner völligen Freiheit nähert sich ihrem Ende. Pflicht und Disziplin rufen – sein ihm bestimmtes Schicksal, für das er geboren wurde.

In dieser kurzen Zeit habe ich voller Faszination und Freude die kräftige, stämmige, kleine Person beobachtet, die in ihrem kastanienbraunen Rock und in gelben Hosenträgern hier herumtollt. Um seinen Hals hängt immer die silberne Schutzkapsel von Lama Zopa, und er trägt stets eine gelbe Baseballmütze, die seinen rasierten Kopf vor der sengenden Hitze des nepalesischen Sommers schützt. Wohin er auch immer geht, er bringt ein Lachen mit. »Seht ihr«, sagte Lama Zopa, »er macht schon jetzt so viele Menschen einfach durch sein Dasein glücklich.« Und so geht er umher, streichelt die riesigen Hunde und spielt im Sandkasten; ein selbständiger, gelassener, kleiner Junge mit einer Aura der Zufriedenheit um sich. Meist erscheint er ernst und nachdenklich, auch wenn seine Vitalität allgegenwärtig ist und man seinen Sinn für Humor stets spürt.

Er zeigt Augenblicke der Kindlichkeit, wenn er weint, weil er seinen Kopf nicht durchsetzen kann, doch sind sie selten und kurz. Meist erscheint Ösel nicht wie ein Kind – eher wie ein Erwachsener, der in einem Kinderkörper lebt und sich der Form halber wie ein Kind benimmt, weil man das von ihm erwartet. Er scheint auf eine merkwürdige Art alle Situationen unter Kontrolle zu haben. »*Nicht* ›Lama‹ – Tenzin Ösel«, stellte er sich mir vor, als er an meinem ersten Tag in Kopan ruhig, aber bestimmt das Wort an mich richtete. »Ich heiße Tenzin Ösel«, wiederholte er. Ich hörte zu und nahm zur Kenntnis, daß er mir vielleicht damit nicht nur mitteilen wollte, daß er den zweiten Namen »Tenzin« kürzlich vom Dalai Lama erhalten hat (als ihm Seine Heiligkeit auch die Haare abschnitt und ihn im klösterlichen Leben willkommen hieß), sondern daß er einen Unterschied macht zwischen sich selbst und Lama Yeshe oder »Lama«, wie ihn alle nennen. Tenzin Ösel wollte mir offensichtlich mitteilen, daß er seine eigene Identität habe.

Er kommt mich oft besuchen. Er betritt mein Zimmer, schaut mir beim Arbeiten zu und sieht mich mit entwaffnend langen Blicken an. Ich erzähle ihm, was ich gerade mache, und er hört aufmerksam zu. Er versteht alles, was ich sage und noch viel, viel mehr. Es überrascht mich immer wieder, daß er trotz all der Aufmerksamkeit, die ihm entgegengebracht wird, nicht verwöhnt ist. Das könnte so leicht geschehen bei den vielen Journalisten, Kameraleuten, TV-Teams, den Niederwerfungen, Geschenken und den hingebungsvollen Schülern, die ihm alle Wünsche von den Augen ablesen. Daß das nicht geschieht, scheint einerseits mit seinem Wesen zu tun zu haben, und andererseits mit der gütigen, aber festen Hand seines Betreuers, Basili Llorca.

»Ich sehe es nicht gerne, wenn er verwöhnt wird – wie das bei einigen anderen Rinpoches geschieht, denen man Rolex-Uhren schenkt und andere teure Geschenke macht. Ich kann nur mein Bestes tun, ihm dabei zu helfen, daß er die inneren Eigenschaften eines Lamas wie Bescheidenheit, Großzügigkeit, Unabhängigkeit und Güte manifestiert. Wenn er ein wertvoller Lama ist, muß das von seiner Seite kommen – ich tue mein Bestes, damit er so konditioniert wird«, sagte Basili, der, wie seine erste Betreuerin Gloria, nicht abgeneigt ist, Ösel wenn nötig einen Klaps, ein »Pam pam«, wie er es nennt, auf sein Hinterteil zu geben.

Jetzt lebt Ösel also mit Basili, der mit ihm Spanisch spricht, und mit dem australischen Mönch David Marks, der mit ihm Englisch spricht, in den Räumen, in denen seine vorige Inkarnation gewohnt hat; es gibt ein kleines Schlafzimmer mit Blick auf die Gärten vor der Gompa, einen noch kleineren Raum zum Spielen und ein gemeinsames Eßzimmer. Um ihn herum leben Lamas und Geshes, die angeregt durch Lama Yeshes stolze, große Vision, den »Injis« (Westlern) das Buddha-Dharma zu vermitteln, nach Kopan gekommen sind. Ihre Räume liegen ebenfalls neben dem Eßzimmer und den allgemeinen Aufenthaltsräumen. Es ist ein entspanntes, informelles Leben, wie es den Tibetern entspricht; jede Person hat ihre eigenen Räume und teilt die Aufenthaltsräume mit den anderen.

Ösels Tage verlaufen einfach und folgen alle demselben Muster. Er steht um halb acht auf – mit einem Lachen und in guter Stimmung, sagt Basili, der neben ihm auf dem Fußboden schläft – und springt Basili auf den Rücken, wenn dieser seine Morgenmeditation noch nicht beendet hat. Er zieht sich an und frühstückt dann im Spielzimmer – Porridge, Toast und Milch, was er schneller ißt als Basili. Dann macht er seine morgendlichen »Vorschulübungen«, Rechnen und Zeichnen, zur Stärkung seiner motorischen Fähigkeiten. Dann fängt das ernsthafte Geschäft des Tages an – das Spielen. Ösel beginnt mit einer Hingabe und Konzentration zu spielen, die in der Tat einem hohen Lama entsprechen. Er kann stundenlang Lego spielen; mit seinen Lastwagen und Jeeps erfindet er Spiele, die alle, die er zum Mitspielen abkommandiert, schneller ermüden als ihn (seien es kleine oder große Mönche oder westliche Schüler). Am Morgen spielt er im Haus, doch nach dem Essen, das er gemeinsam mit seinen Betreuern und den ansässigen Lamas einnimmt, geht er nach draußen und spielt dort weiter.

Nachmittags empfängt er Besucher – Menschen, die nach Kopan gekommen sind, um ihn zu sehen und seinen Segen zu erbitten – und die Presse. Für gewöhnlich erfüllt er seine Verpflichtungen gut; er gibt denen, die kommen und sich vor ihm verbeugen, Katags, legt seine Hände auf ihren Scheitel – und verhält sich gegenüber den Presseleuten wie ein alter Profi. Kameras machen ihm nichts aus, er posiert gelassen und geduldig, aber wenn er genug hat, sagt er mit bestimmter Stimme: »Aufhören«, und geht weg. Die Presseleute sind selten enttäuscht. Ösel ist immer noch ein ausgezeichnetes Motiv. Basili, David und der Rest der klösterlichen Gemeinschaft haben gelernt, mit diesem Interesse der Öffentlichkeit an ihrem Leben gleichmütig umzugehen. Sie wissen, daß das Interesse der Welt an Ösel weitergehen wird und ein Teil von Ösels Aufgabe in diesem Leben ist.

Um sechs Uhr gibt es Abendessen, und um halb acht geht Ösel ins Bett; Basili liest ihm dann eine Geschichte vor – seine Lieblingsgeschichte handelt von einem Kind (er nennt es »Ösel«), das in einem Flugzeug reist. Basili bleibt dann bei ihm, bis er eingeschlafen ist.

Es ist offensichtlich, daß sich der kleine spanische Lama in seinem buddhistischen Klosterleben sicher fühlt. Dieselbe emotionale Unabhängigkeit ist spürbar, die er zeigte, als er im Jahr zuvor seine Familie verließ und nach Australien reiste. Es gibt keine Anzeichen, daß er sie in den sechs Tagen, in denen er sie nicht sieht, vermißt. Auch wenn er sich an den Sonntagen, an denen ich ihn bei seinem Besuch in dem großen Haus in Katmandu begleitete, deutlich sichtbar freute, sie alle zu sehen. Er spielt mit seinen Geschwistern und richtet besondere Aufmerksamkeit auf den Säugling Kunkyen, den er anbetet. Er gibt ihm Wasser zu trinken, bietet ihm immer wieder kleine Stückchen Obst an, als ob er ihn bedienen würde. Er paßt sich leicht an das Familienleben an, doch wenn es Zeit ist, zu gehen, nimmt er zufrieden Basilis Hand, steuert zielstrebig und ohne jedes Theater auf den Jeep zu, steigt hinein, segnet Maria und Paco schnell, winkt zum Abschied und geht. Es scheint fast, als habe er genug und freue sich auf den Frieden des Klosters.

»Wir brauchen ihn immer noch mehr, als er uns braucht«, sagt Maria. Und man kann sehen, daß das stimmt. Ich beobachtete einmal Maria, wie sie in Kopan nach zwei Monaten Abwesenheit ankam – sie hatte in Spanien Kleider verkauft. Sie kam direkt vom Flughafen, um Ösel zu sehen, bevor sie nach Hause ging und Zeit mit den anderen Kindern verbrachte. Ösel begrüßte sie herzlich, aber nicht mit besonderer Aufmerksamkeit. Er hing gewiß nicht an ihr wie die meisten Kinder, die so lange von ihrer Mutter getrennt gewesen sind. Und als sie gehen mußte, war er gerade mit seinem Sandkasten beschäftigt, daß David ihn überreden mußte, aufzuhören und sich zu verabschieden. David durfte ihn hochheben, als seine Mutter zum Jeep ging, er schloß die Tür hinter ihr und sagte: »Auf Wiedersehen.« Als der Jeep losfuhr, rannte er hinterher und schaute zu, wie er den Hügel hinabfuhr. Als er außer Sicht war, machte Ösel kehrt und ergriff mit einem Lächeln Davids Hand und ging ruhig zurück ins Kloster. »Nein, das ist kein gewöhnliches Verhalten«, pflichtete Basili bei, »aber schließlich ist er kein gewöhnlicher Mensch.« Ich nehme an, daß Ösel in dem Zustand der Unabhängigkeit lebt, in der Freiheit von emotionalen Bedürfnissen und Banden, die uns den Buddhisten zufolge vom spirituellen Weg abhalten, da sie uns daran hindern, wirklich zu lieben – frei und ohne Bedingungen.

Das heißt nicht, daß Ösel ohne Wärme und menschliche Gefühle ist. Ich habe im Gegenteil gesehen, mit welchem Interesse er sich Menschen zuwendet, vor allem, wenn er glaubt, sie seien krank; das ist ziemlich verblüffend für ein Kind seines Alters. Er fragt nach den Ursachen von Blutergüssen, fragt danach, was unter den Pflastern steckt, will wissen, was es mit Schnitten und Wunden auf sich hat. Einmal sah er, daß mein Bein voller Moskitostiche war, und führte mich schnell in sein Schlafzimmer, wo sich die Insektensalbe befand, und bestrich damit eigenhändig jeden einzelnen Einstich mit seinen kleinen, flinken Fingern. Er spricht viel über »Pupa«, sein Allerweltswort für alle Arten von Schmerzen oder Krankheit, und zeigt in seinen Bilderbüchern, welche Tiere »Pupa« haben und welche nicht. Er macht sich auch Sorgen um die Tiere, die man als Nahrung schlachtet. »Wird das geschlachtet?« fragt er, wenn eine Kuh oder ein Huhn über die Straßen von Katmandu läuft; er ist besorgt, daß die großen Messer, die er gesehen hat und mit denen am Straßenrand Kadaver zerteilt werden, für dieses Tier bestimmt sind.

Zusammen mit allen Menschen, die um ihn herum leben, beobachte ich Ösel und versuche das Geheimnis zu ergründen, vor das wir uns gestellt sehen – das lebende Beispiel der Reinkarnation. Einen wissenschaftlichen Beweis gibt es und kann es, das begreife ich mittlerweile, wohl nicht geben. Man kann niemals eindeutig beweisen, daß sich der Geistesstrom von Lama Yeshe erneut in Ösel Hita Torres manifestiert hat. Doch kann man genausowenig schlüssig beweisen, daß das nicht der Fall ist. Wenn die Wissenschaft beweisen kann, daß der Geist (oder das Bewußtsein) nicht unabhängig vom Gehirn oder einem anderen Teil unseres materiellen Körpers existiert, dann wissen wir, daß die Lehre von der Reinkarnation nicht stimmt. Wenn das so ist, dann muß man sie, so lehrt es der Buddhismus, zurückweisen, denn vor allem anderen gilt es, die Wahrheit zu achten.

Trotzdem erkenne ich viele von Lama Yeshes Eigenschaften wieder, die beredte, wenn nicht gar schlüssige Beweise liefern. Diese Eigenschaften zeigen sich so oft, daß man sie nicht als bloßen Zufall abtun kann.

In erster Linie ist er großartig im Kommunizieren, er will in Kontakt treten, er ist extrovertiert und gesellig. »Komm! Komm, spielen«, sagt er zu jeder Person, die vorbeikommt; er lädt sie ein, stundenlang mit ihm im Sandkasten zu sitzen oder mit seinen Legosteinen zu spielen. Er gibt Menschen gerne etwas zu essen, gibt ihnen Kuchen und viele Tassen Tee. Eines seiner Lieblingsspiele besteht darin, imaginäre Mahlzeiten zu kochen – unweigerlich mit mehreren Gängen – für die vielen Menschen, die er sich um sich herum vorstellt; er hat seine Freude daran, sich die Bestandteile auszumalen, sie zuzubereiten und sie in einen Topf zu geben. Unweigerlich wandern die Gedanken zu Lama Yeshe, dem großen Ernährer.

Jetzt, wo er beginnt, besser Spanisch und Englisch zu sprechen, wird zunehmend deutlich, daß Kommunikation und kommunikative Fähigkeiten für ihn von großer Bedeutung sind. Er ist eifrig bedacht, das richtige Wort in der jeweiligen Sprache zu finden und es auch richtig auszusprechen, und er spricht neue Wörter immer wieder vor sich hin, bis er sie fehlerlos wiederholen kann. Interessanterweise hat er ein unfehlbares Gedächtnis für die Nationalität der Menschen, ob sie nun Spanisch oder Englisch sprechen, und wechselt von der einen Sprache in die andere, je nachdem, mit wem er gerade spricht. Es hat einige vorsichtige Versuche gegeben, ihm Tibetisch beizubringen – eine Sprache, die er beherrschen muß, wenn er die Schriften studieren und debattieren lernen möchte –, doch bislang stieß das auf Widerstand. Es scheint, zwei Sprachen sind alles, was er im Augenblick zu verarbeiten bereit ist.

Er gleicht Lama Yeshe auch darin, daß er möchte, daß alle Menschen um ihn herum sich wohl fühlen und glücklich sind, und er versucht mit kleinen Dingen, zu ihrer Entspannung beizutragen. Er versteht sich schon sehr gut auf die Kunst der Konversation, was dazu beiträgt, sich willkommen zu fühlen. Als ich einmal nach einem Einkaufstag in Katmandu zurückkehrte, erschöpft vom Lärm, von der Hitze und dem Staub, rief mich Ösel von seinem Schlafzimmer aus und bat mich zu sich. Er erzählte mir, was es zum Abendessen gegeben hatte und fragte, ob ich schon gegessen hätte. Als er hörte, das sei nicht der Fall, holte er ein kleines Päckchen Käsegebäck und fragte, ob ich einen Keks essen wolle. Die nächsten drei Minuten verbrachte er damit, die kompliziert verpackte Blechdose auszupacken, und lehnte jede Hilfe ab: »Nein, ich mache das, du sollst essen«, insistierte er. Diese Großzügigkeit und Sorge erinnerte sehr an Lama Yeshe.

Diese für ein kleines Kind ungewöhnliche Liebenswürdigkeit drückt sich in vielen Dingen aus. Er schlägt niemandem direkt etwas ab, und statt »Nein« zu sagen, sagte er eher »Morgen«. Er will eindeutig niemanden kränken oder dessen Gefühle verletzen. Wenn ein anderes Kind das Auto nimmt, mit dem er gerade spielt, so nimmt er es ihm wieder weg, steht auf und holt ein anderes Auto für das Kind. »*Das* ist jetzt deines«, sagt er dann liebenswürdig. Ich beobachtete einmal, wie ihn ein älterer Mönch neckte und vorgab, seine Gummischuhe wegzunehmen. »Die gehören mir«, sagte der ältere Mönch. »Nein, mir!« rief Ösel verärgert. »Ich mag sie und ich will sie haben«, neckte der Mönch. Ösel dachte lange und angestrengt darüber nach. »Gut – ich nehme dann deine«, war die kluge und großherzige Antwort.

Er ist auch sehr liebenswürdig seinen Eltern gegenüber. »Ösel will mir nie Kummer bereiten«, erzählt Maria. »Beispielsweise schimpfe ich mit Yeshe, wenn er nicht ißt. Ösel hört wortlos zu, und wenn ich dann in der Küche bin, klettert er von seinem Stuhl herunter, geht zu Yeshe und will ihn füttern, obwohl er erst drei Jahre alt ist und Yeshe neun. Und wenn Lobsang unartig ist, will er ihm einen Klaps geben. Es ist hinreißend.«

Es gibt noch weitere subtile, aber regelmäßige Hinweise auf Lama Yeshe. Ösels Energie ist so stark und lebensbejahend, daß er jeden Raum erfüllt, den er betritt. Sein Körper wird Lama Yeshe jeden Tag ähnlicher – rund, fest und selbstsicher. Obgleich er bislang noch niemanden mit tiefgründigen buddhistischen Lehren in Erstaunen versetzt hat, weiß er doch, wer er ist. Bei all seiner Freundlichkeit schätzt er offensichtliche Vertraulichkeiten nicht. Eine Nonne, die ihn auf den Arm nahm, damit er aus dem Fenster schauen konnte, und ihre Arme um ihn legte, erntete einen erstaunten Blick. »Zu nah«, sagte er und schob sie sanft mit einer Hand zur Seite – und erinnerte sie damit daran, was sich gehört. Jeder, der die Grenzen überschreitet und die Achtung vergißt, die einem hohen Lama gebührt, erntet ebenfalls einen strengen tadelnden Blick oder wird einfach nicht beachtet.

Ösel kennt seine Position, ob er nur auf dem Thron sitzt, eine Puja leitet oder mit seinen Betreuern spielt. Als David Marks ankam, brachte er ihm ein Geschenk mit. Ösel aß gerade sein Frühstück. Er schaute zu, wie David sich vor ihm niederwarf und nahm das wundervoll eingepackte Geschenk entgegen, öffnete es jedoch nicht, wie das jedes andere Kind getan hätte. Er reichte es schweigend an Basili weiter. Erst nachdem er sein Frühstück beendet hatte, bat er Basili, ihm das Geschenk zu geben. Er knüpfte sorgfältig das Band auf, wickelte das Geschenk aus und lächelte erfreut, als er ein Buch entdeckte. Er nahm es an sich, setzte sich auf Davids Schoß und blätterte darin. Es war die liebenswürdigste Art, ein Geschenk entgegenzunehmen, die ich je beobachtet habe.

Trotz meiner wachsenden Überzeugung, daß Lama Ösel zweifellos auf bestimmte Art mit Lama Yeshe verbunden ist, zögern doch andere, die in seiner Nähe leben, wie Basili und David, kategorisch zu behaupten, er sei die Reinkarnation von Lama Yeshe.

»Ich glaube schon, daß er ein besonderes Kind ist, gewiß. Er ist sehr klug und besitzt ein ausgezeichnetes Gedächtnis. Er hat auch eine starke Persönlichkeit und seine eigenen Ansichten. Er kennt seinen eigenen Geist und ist äußerst bestimmt, aber auch sehr liebenswürdig, und er sorgt sich sehr um das Leiden von anderen. Er besitzt auch einen ausgeprägten Sinn für Humor und kann über einer Situation stehen und lachen. Ich mag ihn sehr, hoffe jedoch, daß ich nicht zu sehr an ihm hänge. Ich sehe, daß er jetzt schon viele Menschen glücklich macht und sie inspiriert. Er hat immerhin ganz Spanien, ein katholisches Land, dazu veranlaßt, über Reinkarnation nachzudenken! Ich höre zu, was Lama Zopa und der Dalai Lama sagen, und versuche, offen und aufgeschlossen zu bleiben«, erklärt Basili.

»Doch kann ich weder sagen, ich glaube es, noch ich glaube es nicht«, fährt er fort. »Für mich ist Lama Yeshe nicht dieser Junge, dieser Körper. Lama Yeshe war ein großer Mensch; er vermittelte Weisheit und spiegelte den besten Teil der Menschen wider. Diese klugen Dinge, die Ösel vollbringt, sind für mich irrelevant. Sie sind gute Unterhaltung, und wir haben genug Entertainer im Fernsehen. Von meinem bescheidenen Standpunkt aus gesehen, werde ich seine Größe anerkennen, wenn er ein Lama wird und anfängt, unsere innere Weisheit zu entwickeln. Meine Aufgabe besteht darin, dazu beizutragen, daß diese Weisheit zum Vorschein kommt.«

Zweifellos wird diese Debatte noch einige Jahre weitergehen; das ist keine schlechte Sache – denn im tibetischen Buddhismus gilt das Infragestellen als ein wichtiger Bestandteil des Verstehens. Vielleicht wird Ösel, wenn er größer ist, deutlicher sprechen und anfangen, das Rätsel selbst zu lösen; uns mitteilen, wer er ist und woher er kommt, wie das der Dalai Lama vermutet. Er gibt jetzt schon in seiner Kindersprache Hinweise. Kürzlich hat er mir ein Bild mit tibetischen Menschen gezeigt. »Sind das Buddhas?« fragte ich ihn. »Nein, Rinpoches«, entgegnete Ösel bestimmt. »Du bist auch ein Rinpoche«, sagte ich. »Nein, nein«, widersprach Ösel und lachte. »Aber du heißt Lama Tenzin Ösel Rinpoche«, beharrte ich. Er wurde ganz aufgeregt. »Nein, nein, nicht Rinpoche, Tenzin Ösel«, beharrte er.

Und ich erinnerte mich an die ersten Worte an mich, die ebenfalls seine Identität betrafen. Die Unterscheidung zwischen Lama Yeshe und Lama Ösel ist wichtig. Ösel ist *nicht* Lama Yeshe – wir werden die Person, die Lama Yeshe war, nie sehen, hören oder berühren. Aber wir haben Lama Ösel, eine Fortsetzung des Geistes von Lama Yeshe mit einer eigenen Persona. Der Name selbst ist ebenfalls von Bedeutung. Es ist ein anderer Name, wie Ösel immer wieder betont. Doch auf der tiefsten Ebene ist ein Name »eine bloße Benennung« – er hat keine absolute Wirklichkeit. Und meine Gedanken wanderten zurück zur letzten Belehrung von Lama Yeshe, in der er fragte: »Bin ich dieser Körper, bin ich dieser Name?«

In jenen Monaten mit Ösel habe ich erkannt, daß er mir auf eine subtile Weise Hoffnung gegeben hat. Hoffnung auf einen Sinn des Lebens, der über die einfachen, alltäglichen Werte hinausgeht. Er hat mir gezeigt, daß es mehr gibt als das »bekommen und ausgeben«; denn es gibt eine Kontinuität des Lebens, und das, was wir heute tun, zieht Folgen nach sich für das, was wir morgen sind. Und sicherlich gibt es nichts Schöneres, als gütig zu sein. Lama Yeshe war so; jetzt liegt die Hoffnung bei Lama Ösel. Vielleicht gibt es bei aller Unbeständigkeit in der Welt doch etwas Beständiges.

Die Hoffnung zielt auch dahin, daß Ösel in der Lage sein wird, über die wörtliche Übersetzung des tibetischen Buddhismus hinauszugehen und uns die Lehren in unserer eigenen Sprache zu vermitteln, mit unseren kulturellen und geistigen Bezügen. Das alte Tibet ist vergangen, wie die jüngsten politischen Unruhen gezeigt haben, und die Butterlampen vor den alten Buddhastatuen sind am Verlöschen. Doch der Schatz aus dem Land des Schnees, seine unschätzbare Weisheit, wurde gerettet und ist zu uns in den Westen gelangt. Diese Weisheit wird eine neue Gestalt annehmen. Ösel ist meines Erachtens ein Vorbote dieser Bewegung. Er wird uns einen »westlichen« Buddhismus lehren, wie das Lama Yeshe so oft gefordert hat.

Je besser er sprechen kann, desto mehr wird er, wie Lama Zopa voraussagt, Dinge sagen, die uns in Erstaunen versetzen werden. Er fängt bereits damit an. Als er kürzlich mit Maria allein war, begann er von seinem früheren Leben zu erzählen. Er erzählte ihr, er habe in Amerika ein schönes Auto besessen. »So?« meinte Maria aufgeregt. »Und welche Farbe hatte es?« fragte sie, auf der Suche nach einem Beweis. Schweigen. Ösel wußte es nicht. »Rot?« fragte sie, weil sie wußte, daß das seine Lieblingsfarbe ist, und im Versuch, ihm zu helfen. »Nein«, sagte er bestimmt. Dann schaute er sich im Badezimmer um, wo sie sich gerade befanden, und entdeckte plötzlich die Wasserhähne. »*Diese* Farbe«, sagte er voller Erleichterung, daß er endlich einen Weg gefunden hatte, das auszudrücken, was er sagen wollte. Maria wußte, daß er recht hatte. Lama Yeshe besaß in der Tat ein silberfarbenes Auto, mit dem er gewöhnlich in Kalifornien fuhr.

Sie fragte ihn dann, was mit Lama Yeshe geschehen war. »Lama Yeshe pupa, pupa, pupa«, antwortete er und berührte verschiedene Stellen an seinem Körper mit einem Ausdruck des Schmerzes. »Dann, totschneiden«, sagte er und warf sich auf die rechte Seite, wie jemand, der gerade gestorben ist. Voller Erstaunen über die Enthüllungen, die sie aus dem Mund ihres Sohnes gehört hatte, fragte sie, wo Lama Yeshe jetzt sei. »Lama Yeshe, klein, klein, immer spielen. Dann wachsen, wachsen – ganz groß«, fügte er begeistert hinzu.

Ich war ganz aufgeregt über das, was mir Maria gerade erzählt hatte, und nahm all meinen Mut zusammen und beschloß, vor meiner Abreise Ösel selbst damit zu konfrontieren. Der Augenblick war ruhig, entspannt und informell. Wir waren allein im Haus seiner Familie und saßen mit dem Säugling im Schlafzimmer. »Kunkyen hat Haare«, bemerkte Ösel und hob die dunklen Locken des Babys hoch. »Wo sind deine Haare?« neckte ich Ösel, der sich gerne den Kopf scheren läßt. »Weg«, sagte er mit einem Grinsen und hob beide Arme in die Luft. »Warum sind sie weg?« fragte ich und wollte wissen, ob er den Grund kannte. »Ich bin ein Mönch«, antwortete Ösel ganz ernst.

Dann fragte ich: »Bist du Lama Yeshe?« und Ösel entgegnete: »Nein, ich bin Tenzin Ösel.« Dann hielt er eine Weile inne, dachte nach und suchte nach Worten: »Früher war ich Lama Yeshe. Jetzt Tenzin Ösel, ein Mönch.«

Ösel hatte es gesagt, und er hatte es so gesagt, daß es keine auswendiggelernte Antwort sein konnte, die man ihm beigebracht hatte. Ich wußte, daß Basili, David und seine Eltern ihn *nie* dahingehend beeinflußt hatten; denn sie wollten genau wie alle anderen, daß er selbst sagen sollte, wer er ist. Diese Aussage war seinem eigenen Geist entsprungen.

Die Zukunft von Lama Tenzin Ösel Rinpoche, um ihn bei seinem vollen Titel zu nennen, ist noch unklar. Übereinstimmend sagen Basili und andere westliche und tibetische Mönche, daß sie nicht so recht wissen, was sie mit ihm anfangen sollen. Es gibt in der Hierarchie der tibetischen Buddhisten keinen Präzedenzfall. Einerseits ist er ein anerkannter tibetischer Lama, andererseits hat er durch seine Geburt deutlich gemacht, daß er die Tradition hinter sich läßt. Schon jetzt gibt es kleine Auseinandersetzungen darüber, ob man richtig mit ihm umgeht. Einige meinen, man solle ihn mehr von den Besuchern isolieren, die ihn sehen wollen; und er solle nicht soviel spielen und mehr religiöse Dinge tun, die seinem Status entsprechen. Das Problem ist, daß er noch so klein ist. Die meisten tibetischen Rinpoches kommen erst ins Kloster, wenn sie vier oder fünf Jahre alt sind. »Wir müssen alle erst unseren Weg erspüren«, sagt Basili.

Bislang gelten die Pläne des Dalai Lama und von Lama Zopa als Orientierung. Im nächsten Jahr wird auf dem Gelände des Klosters Sera, in der Nähe von Mysore in Südindien, ein Haus für ihn gebaut.

Es soll groß genug sein für Ösel, drei Betreuer (die Englisch, Spanisch und Tibetisch sprechen), einen ständigen spirituellen Meister, Lama Zopa, und ausgewählte westliche Besucher. In Sera wird Ösel mit seinen eigentlichen buddhistischen Studien beginnen. Er wird Belehrungen erhalten, Schriften auswendig lernen, debattieren, Retreats durchführen und seine eigene spirituelle Praxis entwickeln. Er wird dort wohl zehn bis fünfzehn Jahre verbringen, eine wesentlich kürzere Zeit, als das tibetische Geshes für gewöhnlich tun, die ihr Studium meist erst abschließen, wenn sie über dreißig sind. Lama Zopa ist der Meinung, er brauche eine solide Kenntnis der buddhistischen Philosophie und Meditation. Für Ösel ist das nicht so sehr eine Frage des Lernens als des Erinnerns, daher wird er alles in kürzerer Zeit bewerkstelligen als andere.

Seine Familie wird ihn dabei nicht begleiten. Sie haben diese Tatsache mit Ruhe, ja sogar mit ein wenig Begeisterung akzeptiert. »Ich glaube, es ist gut, wenn er dahin geht. Er muß *alles* wissen, alles. In Sera wird er mehr Raum haben, und den braucht er zum Wachsen. In Kopan ist er meines Erachtens nicht genug allein. Immer hat er Menschen um sich, die etwas von ihm wollen«, sagt Maria.

Doch wie es die besondere Ausbildung von Ösel erfordert, wird er in diesen Jahren nicht völlig von der Bildfläche verschwinden. Während seiner tibetischen spirituellen Ausbildung wird er seinen Kontakt mit dem Westen aufrechterhalten. Einerseits wird das durch seine ständigen westlichen Betreuer geschehen, die ihn an seine Kultur und seine Wurzeln erinnern, und andererseits durch regelmäßige Besuche im Westen. Es gibt Pläne, daß er zu einem bestimmten Zeitpunkt seine buddhistischen Studien durch eine moderne westliche Ausbildung ergänzen soll, insbesondere auf dem Gebiet der Naturwissenschaften und der Mathematik. So wird er hoffentlich in der Lage sein, die Sprache der Physik und der Chemie zu sprechen und die tiefgründige Weisheit des Geistes in sie einzupflanzen. Damit wird er das große Werk von Lama Yeshe fortsetzen, die Kluft zwischen Ost und West zu überbrücken, und er wird die universelle Wahrheit aller Dinge suchen und erläutern.

So sehen zumindest die Pläne aus. Ob Ösel die Mittel besitzt und gewillt ist, all diese an ihn gestellten Erwartungen zu erfüllen, wird man sehen. Wie er sich entwickeln wird, ist eine Geschichte mit offenem Ende. Einige Menschen, insbesondere die Mönche, werden um so glücklicher sein, je früher sich Ösel als Lama offenbart. Für sie wird er sich als Reinkarnation beweisen, wenn er anfängt, als hochentwickelter, vollausgebildeter, traditioneller tibetischer spiritueller Meister zu handeln. »Ich kann nicht beurteilen, ob er ein Buddha ist oder nicht – wir müssen jedoch für eine gute Umgebung sorgen und ihm die bestmögliche Erziehung geben, damit er der große Lehrer und Kommunikator wird, der er in seinem letzten Leben gewesen war«, sagt Basili und gibt damit wieder, was viele ordinierte Männer und Frauen fühlen.

Für andere, wie auch seine Eltern, bedeutet Heiligkeit nicht notwendigerweise die Rezitation von Gebeten und Mantras. Maria und Paco sind sogar darauf vorbereitet, daß er seine Roben abgibt, wenn er erwachsen ist, und eine andere Rolle als die des Mönches übernimmt. »Vielleicht wird er nie ein Lama mit einer Mala«, sagt Maria. »Ich persönlich glaube nicht, daß er ein konventioneller Lama wird, aber das macht nichts, Lama Yeshe war auch nicht konventionell.

Ich sehe, wie Ösel Lama Yeshe jeden Tag ähnlicher wird! Ich erinnere mich, wie Lama Yeshe einmal in Italien in marokkanischen Kleidern und einem riesigen Hut auftauchte. Er hat alle Ideen und Vorstellungen von einem Lama über den Haufen geworfen. Er wollte die Augen, die Ohren und den Geist öffnen, das konnte man deutlich sehen. Lama Ösel zeigt zunehmend diese Energie. Wenn man möchte, daß er ein Mantra rezitiert, dann murmelt er irgendeinen Unsinn. Er möchte niemandes Puppe sein! Schon jetzt zerstört er alle Erwartungen an sein Verhalten. Wenn er jedoch glaubt, man würde ihn nicht beobachten, und er sieht ein sterbendes Insekt, geht er zu ihm hin, bläst darauf und spricht Mantras. Er macht das von allein, nicht als Show.«

Auch das steht in Übereinstimmung mit Lama Yeshe. Hatte er nicht immer wieder betont, daß es nicht darum ginge, Mantras zu rezitieren und die äußeren Rituale des Buddhismus zu vollziehen? Für Lama Yeshe bestand der Kernpunkt jedes spirituellen Weges darin, zu begreifen, wie der menschliche Geist funktioniert, und zum Kern aller Religionen vorzudringen, nämlich Güte auszustrahlen und ein gutes Herz zu entwickeln.

Maria fährt fort: »Für mich besteht der Sinn von Lama Ösels Leben darin, die Arbeit von Lama Yeshe fortzuführen. Lama Yeshe konnte den westlichen Menschen nicht so helfen, wie er es gerne getan hätte, denn seine tibetische Herkunft setzte ihm Grenzen. Er hat sich für eine Wiedergeburt entschieden, in der er mehr tun kann. Mit tibetischer Weisheit und westlichen Wissenschaften als Hintergrund kann er meines Erachtens die Menschen wirklich erreichen. Ich kann mir vorstellen, wie er vor großen Versammlungen spricht und doch stets dieselbe Botschaft verkündet: ›Hört bloß auf zu leiden – ihr seid völlig verrückt! Ihr steckt völlig in diesem verrückten Leben und wißt nicht, wie ihr damit aufhören könnt.‹ Und wie früher wird er Menschen einen Weg aus dem Leiden zeigen. Für mich besitzt Ösel denselben Geist wie Lama Yeshe, und er wird denselben Weg gehen. Was auch immer er tun wird, es wird anderen nützen.«

All das sind Spekulationen. Denn es mag durchaus sein, daß Ösel ein zweiter Krishnamurti wird (der indische Weise, der es ablehnte, die Rolle des neuen Messias zu spielen, die ihm eine eifrige Gruppe von Theosophen geben wollte, die ihn als Kind fanden und von klein auf erzogen). Doch wenn die Hochzeit zwischen Ost und West von Ösel vollzogen wird, dann wird die Zukunft sehr vielversprechend sein. Die Verbindung der wissenschaftlichen Erfahrung des Westens durch Erforschung der äußeren Dinge mit dem tiefen Wissen um die Natur der Wirklichkeit, einschließlich des menschlichen Herzens, die auf jahrhundertelanger Innenschau beruht, könnte sehr spannend werden und einen höchst abenteuerlichen Schritt vorwärts in der Evolution der Menschheit bedeuten. Die Heilung der Welt. Ein Weg, den der Dalai Lama nur zu gerne propagiert; er empfängt Delegationen von Wissenschaftlern, die gerne ihre Ansichten über Themen wie das Wesen des Geistes austauschen möchten.

Eines ist sicher. Was auch immer Ösel in der Zukunft tun wird, die Welt ist bereit. Sie wartet auf ihn. Sein einzigartiges Schicksal hat ihn von Geburt an bekannt gemacht, und seine Referenzen sind klar. Welchen Weg er auch einschlagen wird, er braucht sich nicht vorzustellen. Alles ist bereit.

Als ich Kopan verließ, kam Ösel die Stufen des Klosters herunter und verabschiedete sich. Ich sagte ihm, ich würde jetzt wegfliegen, hoffe aber, ihn bald wiederzusehen. »Ich werde auch in ein Flugzeug steigen – und weit, weit weg fliegen«, sagte er und deutete auf den fernen Horizont. »Bald, zu einem großen Haus mit vielen Kühen und Wasser.« Die Anwesenden schienen erstaunt. Es gab keine Pläne für eine solche Reise, doch Ösel sprach mit einer solchen Überzeugung, daß ich mir das merkte. (Kurz danach übersiedelte Lama Ösel mit seinem Betreuer Basili in ein buddhistisches Kloster am Genfer See in der französischen Schweiz, wo er bis Ende 1990 bei tibetischen Mönchen lebte. Den Winter 1990/91 verbrachte er in Indien und Nepal. Anm. d. Ü.)

Als das Taxi losfuhr, drehte ich mich um und sah den kleinen, stämmigen Jungen in den kastanienbraunen und goldenen Gewändern; er winkte. Da kam mir der Gedanke, daß es vielleicht nicht so sehr darum geht, was er tut, sondern darum, daß es ihn gibt.

Glossar

(S.: Sanskrit, T: Tibetisch)

Achtfacher Pfad: Der buddhistische Moralkodex für Körper, Rede und Geist: rechte Rede, rechtes Handeln, rechter Lebenserwerb, rechtes Bemühen, rechte Achtsamkeit, rechte Konzentration, rechte Sicht und rechte Absicht.

Bodhicitta (S., Aussprache: Bodhitschitta): Altruistische Haltung; der Wunsch, alle Wesen vom Leiden zu befreien.

Bodhisattva (S.): Eine Person, die nach Erleuchtung strebt, mit dem einzigen Wunsch, alle Wesen zu befreien.

Buddha (S.): Ein Erwachter, ein vollständig erleuchtetes Wesen; eine Person, die alle Hindernisse des Geistes überwunden und Allwissenheit und Mitgefühl verwirklicht hat.

Chenrezig (T., Aussprache: Tschenresig; S.: *Avalokiteshvara*): Eine Gottheit; eine Ausstrahlung des Buddha, die für allumfassendes Mitgefühl steht.

Dharma (S.): Die spirituellen Lehren, der spirituelle Weg, »der Weg«.

Die Vier Edlen Wahrheiten: Das Thema von Shakyamuni Buddhas erster Lehrrede: die Edlen Wahrheiten vom Leiden, von der Ursache des Leidens, von der Beendigung des Leidens und vom Weg, der zur Beendigung des Leidens führt.

Dorje (T., Aussprache: Dordsche): Kleiner Ritualgegenstand mit einem fünfzackigen Zepter, Symbol für Mitgefühl.

Einweihung: Ermächtigung zum Erhalt und zur Praxis tantrischer Lehren.

Erleuchtung: Buddhaschaft.

Gelugpa: Eine der vier Schulen des tibetischen Buddhismus, auch unter dem Namen Gelbmützenschule bekannt; sie wurde von dem Reformer Je Tsongkhapa im 15. Jahrhundert gegründet.

Geshe (T.): Ein Titel, der nach Abschluß der traditionellen klösterlichen Ausbildung verliehen wird; er entspricht in etwa dem Doktorgrad der Theologie bzw. der Philosophie und Religion.

Gleichmut: Eine Haltung, die nicht zwischen Freunden, Feinden oder Fremden unterscheidet, sondern allen Wesen gegenüber gute Gefühle hegt; die erste Stufe in der Entwicklung von *Bodhicitta.*

Glocke: Ritualgegenstand, Symbol der Leerheit, der höchsten Weisheit, der wahren Natur des Seins.

Gompa (T.): Kloster, Tempel.

Heruka (S.): Männliche Meditationsgottheit des höchsten Yoga-Tantra.

Inkarnierter Lama: Hochentwickeltes, spirituelles Wesen, das aus freien Stücken wiedergeboren wurde, um allen Lebewesen zu helfen.

Kalachakra (S., Aussprache: Kalatschakra): Wörtlich »Rad der Zeit«, höhere Lehren und Meditationen des Mahayana.

Karma (S.): Wörtlich »Handeln«; die Philosophie von Ursache und Wirkung, die besagt, daß jede Handlung von Körper, Rede und Geist eine Folge nach sich zieht, die sich insbesondere als Eindruck im Geist auswirkt.

Lama (T.): Spiritueller Berater und Lehrer.

Lamrim (T.): Wörtlich »Stufenweg«; hier: ein Werk von Je Tsongkhapa, das die Stufen auf dem Weg zur Erleuchtung beschreibt.

Leerheit (S: *Shunyata*): Die Art und Weise, wie alle Dinge in Wirklichkeit existieren; die Widerlegung einer scheinbar unabhängigen Existenz aller Dinge; Leere.

Mahamudra (S.): Wörtlich »großes Siegel«; höhere Lehren und Meditationen des Mahayana.

Mahayana (S.): Wörtlich »das große Fahrzeug«; Bezeichnung für die nördlichen Schulen des Buddhismus, in deren Zentren das Bodhisattva-Ideal steht.

Mandala (S.): Ein symbolisches Schaubild des gesamten Universums, das häufig in der Meditation verwendet wird.

Manjushri (S., Aussprache: Mandschuschri): Eine Gottheit; eine Ausstrahlung des Buddha, die für vollständig erleuchtete Weisheit steht.

Mantra (S.): Wörtlich »Schutz des Geistes«; geheime Worte der Macht, für gewöhnlich in Sanskrit.

Meditation: Der Vorgang des »Nach-innen-Denkens«; sich mit dem Gegenstand der Meditation durch analytische Untersuchung und gezielte Konzentration völlig vertraut machen.

Mitgefühl: Der Wunsch, alle Wesen mögen frei von ihrem Leiden sein.

Nihilismus: Die falsche Anschauung, die Leerheit mit Nichtexistenz verwechselt.

Nirvana (S.): Der Zustand jenseits von Kummer und Leid; Freiheit von Karma.

Ösel (T.): »Klares Licht«, d. h. der reinste Zustand des Geistes.

Ösel-Ling (T.): »Ort des klaren Lichts«.

Puja (S.): Religiöse Zeremonie, Zeremonie der Gabendarbringung.

Rinpoche (T., Aussprache: Rinpotsché): »Kostbares Juwel« oder »das große Juwel«; ein inkarnierter Lama.

Saddhu (S.): Ein indischer Wanderasket.

Samsara (S.): Daseinskreislauf; der ohne unser Wollen wiederkehrende Kreislauf von Geburt und Tod, unter der Herrschaft der Unwissenheit, die die wahre Natur der Wirklichkeit nicht versteht.

Shakyamuni Buddha (S.): Gautama Buddha, der historische Buddha, der im 6. Jahrhundert v. u. Z. in Indien lebte; der vierte Buddha unseres Zeitalters.

Shunyata (S.): Leerheit, Leere.
Stupa (S.): Reliquienschrein; Symbol für den göttlichen Geist der erleuchteten Wesen.

Tantra (S.): Wörtlich »Faden«, »Kontinuität«; höhere Lehren und Übungen des Buddhismus, die nur nach einer Einweihung verfügbar sind; der schnellste Weg zur Erleuchtung.
Tenzin (T.): »Halter der Lehren«.

Vajrapani (S.): Wörtlich »Halter des Vajra«; tantrische Gottheit, die den allmächtigen Geist der Erleuchtung symbolisiert.

Yeshe (T.): »Weisheit«.
Yoga (S.): Spirituelle Praxis zur vollständigen Integration von Körper und Geist.
Yogi (S.): Ein Praktizierender und Meister des spirituellen Weges.

Zopa (T., Aussprache: Sopa): »Geduld«.

Leserinnen und Leser, die sich näher mit den in diesem Buch erwähnten Lehren des Tibetischen Buddhismus befassen möchten, können sich an das von Lama Thubten Yeshe und Lama Thubten Zopa 1981 gegründete deutsche Zentrum der Stiftung FPMT und den angeschlossenen Buchverlag wenden.

Aryatara Institut e. V. (ATI), Buddhistisches Haus, Holzhamer Str. 5, D-8382 Arnstorf-Jägerndorf. Diamant Verlag für buddhistische Literatur, Holzhamer Str. 5, D-8382 Arnstorf-Jägerndorf.

Über Veranstaltungen der verschiedenen buddhistischen Traditionen in Deutschland informiert Sie die Deutsche Buddhistische Union (DBU), Dachauer Str. 109, D-8000 München 2.